„*Das Auge sieht,*
was es sucht,
und was es nicht versteht,
sieht es nicht."

Max Slevogt
(1868 – 1932)

Für Lea,

Hez...

2/202?

GRUSSWORT

HEIMATLIEBE – DER WELT ZUGEWANDT

Heimat ist wieder populär, nicht mehr verpönt, sondern anerkannt. Im Zeitalter der Globalisierung ist sie zum Haltepunkt geworden. Vielreisende und Weltenbummler verschnaufen bewusst zu Hause. Heimattreue reisen, damit sie sich umso mehr auf ihr Zuhause freuen können. Die Pandemie macht es manchem leicht, seine Reiseunlust zu begründen. Den Reiselustigen aber führt sie fast zwangsweise vor Augen, wie entdeckenswert auch ihre Heimat ist. Das ungewohnte Gedränge aus Einheimischen und deutschen Urlaubern in der Pfalz während der Pandemie wird aber nach ihr neue Heimatflucht und Reiselust auslösen.

Jedenfalls ist mit jener Heimattümelei kaum noch Staat zu machen, die Nährboden für falschen Patriotismus und für Nationalismus war. Wir haben gelernt, dass jede Region, jedes Land, jede Nation anders ist, aber nicht besser als andere. Der Stolz auf die eigene Heimat ist ja nur dann etwas wert, wenn Menschen von woanders her kommen, denen man sie zeigen kann. Wie schön die eigene Heimat ist, wird man den Gästen und Fremden nur näherbringen können, wenn man auch bereit ist, sich mit der Schönheit ihrer Heimat zu befassen. Solcher Heimatstolz ist Antriebsfeder für die Freundschaft zwischen Regionen und Nationen. Kein Pfälzer, aber ein Europäer, Tschechiens Präsident Václav Havel, hat das mal wunderbar zum Ausdruck gebracht: „Wir sollten lernen, die Heimat wieder als unseren Teil der Welt im Ganzen zu empfinden, das heißt als etwas, das uns einen Platz in der Welt verschafft, statt uns von der Welt zu trennen."

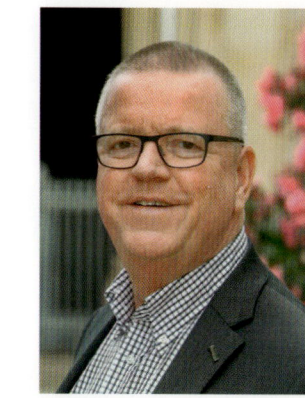

Rolf Schlichers Überraschungsführer durch die Pfalz ist ein Buch für die heimattreuen und für die reisefreudigen Pfälzer, ein Buch für Wochenendausflüge und Urlauber, für Naherholung und für Weltenbummler. Den Heimattreuen zeigt es, dass sie doch noch nicht alles wissen über die Pfalz und all ihre Besonderheiten. Den Weltenbummlern führt es vor Augen, dass auch die kleine Welt voller Abenteuer und Geheimnisse steckt. Rolf Schlicher, jahrzehntelang Redakteur bei der pfälzischen Tageszeitung DIE RHEINPFALZ, ist nicht nur Pfälzer mit Leib und Seele, sondern Heimatbummler mit nie versiegender Neugier und dem Gespür für das Einzigartige. Sein Buch ist eine Fundgrube für das Originelle in der Pfalz, also eine Stimulanz für die Heimatliebe der Pfälzerinnen und Pfälzer. Es ist gleichsam eine Wundertüte für alle, die sich in nah und fern für diese Pfalz interessieren.

Michael Garthe, Chefredaktion
DIE RHEINPFALZ

VORSTELLUNG DES AUTORS ━━━━━━

MEINE SCHÖNSTEN HEIMSPIELE

Es war ein Festtag für die Pfalz, der als „Wunder vom Betzenberg" in Erinnerung bleiben sollte. Am 20. Oktober 1973 siegte der 1. FC Kaiserslautern mit 7:4 gegen den FC Bayern München. Nach 1:4-Rückstand. Einfach Wahnsinn. Selbst die Nicht-Fußballfans unter den Pfälzern waren in diesen Tagen stolz und glücklich. Und genossen es, Pfälzer zu sein. Was für ein gutes Gefühl! Ich war leider bei diesem legendären Spiel nicht dabei. Vermutlich, weil keine Karten mehr zu bekommen waren. Und das als gebürtiger Kaiserslauterer.

Wie auch immer: Einige Jahre später, nach dem Studium, war ich zu einem Bewerbungsgespräch bei der FAZ eingeladen, die einen neuen Sportredakteur suchte. Wir redeten natürlich auch über das 7:4. Die Stelle bekam ich nicht. Was für ein Glück. Denn so war der Weg frei, auch beruflich diesem Pfälzer Gefühl nachzuspüren. Bei der RHEINPFALZ, einer der großen deutschen Regionalzeitungen, durfte ich nach Stationen in Lokalredaktionen 20 Jahre lang das Südwest-Ressort leiten. Dort liefen die Nachrichtenströme aus allen Teilen der Pfalz zusammen. Dort stellte ich mich aber auch der Herausforderung, Pfälzer und Gäste, Einheimische und Touristen jeden Tag aufs Neue wieder neugierig zu machen: auf die Pfalz. Eine fortwährende Entdeckungsreise vor der Haustür, ein Heimspiel schöner als das andere. Spannend, auf- und anregend.

Als Kaiserslautern 2006 Spielort bei der Fußballweltmeisterschaft war, wollten wir bei der RHEIN-PFALZ von unseren Lesern wissen, was die Gäste aus aller Welt in der Pfalz auf jeden Fall besichti-

gen müssen. Das Ergebnis dieser Abstimmung: der Kaiserdom in Speyer, gefolgt von Weinstraße und Hambacher Schloss. Also die Klassiker, die deshalb auch in keinem Pfalz-Reiseführer fehlen. Und die man gesehen haben muss. Als Einheimischer und Tourist.

Aber daneben gibt es viele große und kleine Besonderheiten, versteckte Schönheiten, Unerwartetes in der Pfalz. Für eine RHEINPFALZ-Serie hatte ich mich beispielsweise, zusammen mit Gabi Himmer (Fotos), auf die Suche nach den schönsten Picknickplätzen der Pfalz gemacht. Nach Orten, wo sich der Genuss von Landschaft und raffinierten Speisen perfekt verbinden lässt. Und an denen sich dieses gute Gefühl einstellt: Pfalz, Pfälzer, am Pfälzischsten. Unser Buch zur Serie – „Das Pfälzer Tischleindeckdich" – wurde 2015 mit dem Medienpreis Pfalz des Bezirksverbandes ausgezeichnet. „Potzblitz – die Pfalz!" macht die Tür zu den Überraschungen dieser tollen Region noch ein großes Stück weiter auf. Viel Vergnügen!

Rolf Schlicher

INHALTSVERZEICHNIS

DIE BAUMRIESEN IM BIENWALD
WIE EIN MORD 10

HÖHEPUNKTE AN DER WEINSTRASSE
PATENT AUFS HIMMELREICH 22

DAS MONDPAPIER AUS FRANKENECK
ABSTECHER INS ALL 32

DIE GLETSCHERMULDEN AM KESSELBERG
SCHNEE VON GESTERN 44

DAS ÄLTESTE KARUSSELL DER PFALZ
AUFGEDREHTE NOSTALGIE 58

DIE TIEFSTE HÖHLE AM TOTENKOPF
PIROUETTEN IM STUDERBILDSCHACHT 70

HOCHGEFÜHLE IM PFÄLZERWALD
EINFACH OBEN BLEIBEN 82

DIE SCHWEFELQUELLEN BEI LANDAU
GERUCHSKUR AM GESUNDBRUNNEN 92

DIE SCHÖNSTEN ECHOS DER PFALZ
IMMER IN RUFBEREITSCHAFT 106

DIE PFÄLZER HINKELSTEINE
MARILYN UND DER MENHIR 120

ABSCHUSS BEI PIRMASENS
DER LETZTE AUERHAHN 136

HEILIGE ORTE
ST. MARTIN & CO. 150

DER KRÄHENBERG-METEORIT
EIN GANZ SELTENER FALL 164

DIE CHRISTKINDELSFELSEN IM WASGAU
WELT VOLL WUNDER 178

DER ERSTE PFÄLZER BLITZABLEITER
FÜNFFACHER GENIESTREICH 192

EINLEITUNG

DAS LESEAUSFLUGSBUCH

„Potzblitz – die Pfalz" ist ein Lesebuch. Und ein Tourenbuch. Ein Buch für Zuhause; aber gleichzeitig ein Buch, das Lust machen soll auf Ausflüge in die Pfalz. Ein paar Dinge gilt es auf den Wegen zu den Überraschungszielen zu beachten.

Die Tourtipps: Zu jedem der 15 Kapitel gibt es eine Empfehlung für eine Tour, die zum Thema passt. In der Regel sind es Wanderungen mit einer Länge von sieben bis zehn Kilometern. Also genau das Richtige für einen Tagesausflug, zu dem auch Zeit für eine Einkehr oder Rast gehören soll. Mit Auf- und Abstiegen muss man freilich rechnen, denn in der Pfalz sind die Berge teils über 600 Meter hoch. Wer gerne ausgiebiger wandert, für den sind auch zwei Vorschläge dabei (S. 75, 155 und 183). In etlichen Fällen wird zur genauen Routenbeschreibung auf Internetportale wie www.outdooractive.com und www.tourenplaner-rheinland-pfalz.de verwiesen: Dort bitte die Suchfunktion nutzen und den Titel der jeweiligen Tour eingeben. Wir haben die 15 Tourtipps ausprobiert und die Angaben dazu mit größtmöglicher Sorgfalt zusammengestellt. Für die Richtigkeit und Vollständigkeit kann dennoch keine Garantie übernommen werden. Eine Warnung: Absperrungen wie am Studerbildschacht (S. 71) oder am Brauwasser-Speicher (S. 118) auf keinen Fall missachten, dahinter besteht Unfall- oder gar Lebensgefahr.

Hinkelsteine, Echo-Stellen, Schwefelbrunnen: Diese besonderen Ziele liegen meist an keiner markierten Route. Wir haben deshalb die Wege so gut wie möglich beschrieben. In einzelnen Fällen, wie beispielsweise auf dem Weg zum Menhir bei Frankenstein (S. 133) oder bei der Spurensuche unterhalb der Christkindelfelsen (S. 183 und 187), ist etwas Trittsicherheit erforderlich. Jedes dieser Ziele lässt sich mit einer Wanderung oder Radtour verbinden. Die Hinweise dazu verstehen sich als Anregung.

Gastrotipps: Die Empfehlungen gelten Lokalen, die in der Nähe der Tour liegen oder mit dem Thema des Kapitels in Verbindung stehen. Es ging uns auch dabei um besondere, überraschende Orte: wie das Restaurant auf einem Schiff (S. 158), die Burgschänke (S. 78) oder das Bistro in einer alten Apotheke (S. 128). Die genannten Öffnungszeiten haben den Stand Februar 2022 und können deshalb coronabedingt teils reduziert sein. Man erkundigt sich deshalb am besten vorab nach dem neuesten Stand, in vielen Fällen lohnt ohnehin eine Reservierung. Bei den Hinweisen zu Führungen und Betriebszeiten ist zu beachten, dass bei Fortdauer der Pandemie Einschränkungen und Abweichungen möglich sind.

Kontakt: Falls Ihnen Änderungen und Abweichungen bei den beschriebenen Routen auffallen, dann sind wir Ihnen für Hinweise dankbar. Falls Sie Fragen zu den Überraschungszielen haben, können Sie sich gerne an den Autor wenden.

Unsere E-Mail-Adresse: potzblitz@pilgerverlag.de

Ältester Baum im Bienwald: die Bismarckeiche

DIE BAUMRIESEN IM BIENWALD

WIE EIN MORD

Am 1. Dezember 1923 wurde im Gasthaus „Zur Pfalz" in Hambach groß gefeiert. Es war ein Samstag. Auf der Speisekarte standen „Hecht mit Salzkartoffeln und heißer Butter", „Hasenpfeffer mit Kartoffelknödeln" und „Pfälzer Handkäse mit Butter und Brot", dazu „Weine 1922 u. 1923 aus dem Krug". Es war eine illustre Gästeschar, die an diesem Abend im großen Saal des Hambacher Wirtshauses zusammengekommen war: Künstler, Maler, Dichter, Sanitäts- und Archiväte, Ökonomieräte, Weinbaudirektoren. Bei allen beruflichen Unterschieden gab es etwas, das diese Gäste einte: Sie waren alle Pfälzer und Pfalzliebhaber aus Überzeugung.

Zu feiern war an diesem Tag der 50. Geburtstag von Heinrich Kohl. Dass es zum Nachtisch keine Süßspeise wie beispielsweise „Rostige Ritter" gab, sondern deftigen Pfälzer Handkäse, passte trefflich zu Kohl. Der Neustadter Bankier war ein Tausendsassa der Pfälzer Ideen und Initiativen. 1902 gehörte er zu den fünf Mitbegründern des Pfälzerwald-Vereins; er war ein rastloser Hei-

Professor Max Slevogt: Pfälzer Freunde

Ölgemälde „Pfälzer Freunde" (1926) von Max Slevogt (von links): Ökonomierat August Hoffmann, Georg Christmann („Rieslingschorsch"), Heinrich Kohl und Walter Finkler (Schwager von Max Slevogt)

matforscher und lebenslang ein unermüdlicher Werber für die Schönheiten dieser Heimat. Seine Maxime lautete: „Wer sich erst in die Pfalz verguckt hat, ist schon im besten Sinne Pfälzer." Und Kohl sorgte stets mit Nachdruck dafür, dass sich möglichst viele in seine Pfalz verguckten. Heinrich Kohl war von riesenhafter Statur, ein „Rübezahl", wie Zeitgenossen sagten. Legendär war die vielknöpfige, braune Weste, die er meist unter seiner Anzugsjacke trug. Das Kleidungsstück war so berühmt, dass der Neustadter „Stadt- & Dorfanzeiger" am 28. Mai 1928 bei einem Wettbewerb die Frage stellte: *„Wie viele Knöpfe hat die Weste eines sehr bekannten Pfälzerwäldlers? Der betreffende Herr trägt, wie jedes Kind in Neustadt an der Haardt weiß, infolge seiner hünenhaften Gestalt und seiner starken Rundungen ausnahmsweise viele Knöpfe an seiner Weste."* Wie viele richtige Antworten damals bei der Lokalzeitung eingingen, ist nicht überliefert. Gemeint war natürlich Heinrich Kohl.

Er hatte Schuhgröße 50 oder sogar 54. Mit solch großen Füßen bahnte er angeblich selbst zahlreiche neue Wege durch den Pfälzerwald – heute das größte zusammenhängende Waldgebiet Deutschlands. Seine Freunde nannten ihn gerne den „Pädelstreter". Gesichert ist: Kohl hatte bei seinen Wanderungen oft Pinsel und Farbe dabei; er markierte Routen, schmiedete Pläne für Schutzhütten, Waldhäuser und Türme. Und Kohl erarbeitete auch die acht Blätter der damaligen Wanderkarte der Pfalz.

Der Vollblutpfälzer war zudem ein Mäzen und großer Künstlerfreund. Zu der Geburtstagsgesellschaft am 1. Dezember 1923 in Hambach zählte so auch Max Slevogt, der berühmte Maler Pfälzer Landschaften. Die beiden hatten sich schon als Kinder beim Spielen kennengelernt und

Von Slevogt gezeichnete Speisekarte
für den 50. Geburtstag von Heinrich Kohl

Mitgliedskarte des Pfälzerwald-Vereins für 1925
mit Slevogt-Zeichnung der gefällten Kaiserineiche

waren Freunde fürs Leben geworden. Später als Bankier half Kohl dem Maler oft uneigennützig, für Slevogt war Kohl denn auch die „Verkörperung des pfälzischen Menschen" schlechthin.

Etliche Gemälde Slevogts gehen auf Anregungen von Heinrich Kohl zurück. Wie Zeitgenossen berichteten, kam Kohl häufig vorbei, packte Maler samt Staffelei in sein Auto, um beide zu einem Motiv zu bringen, das ihm selbst am Herzen lag. Wenn Kohl den Künstler dort abgesetzt hatte, ließ er ihn allein, nahm seinen Stock und marschierte durch den Wald. In seinem Auto hatte Kohl aber stets eine inspirierende Flasche Wein und gute Zigarren für Slevogt deponiert. Es war eine Freundschaft, die von einer beiderseitigen hohen Wertschätzung getragen wurde.

Zu der Geburtstagsfeier nach Hambach geladen waren nur die engeren Freunde, weil selbst der geräumige Tanzsaal, über den das Gasthaus „Zur Pfalz" verfügte, zu klein für Kohls großen Bekanntenkreis gewesen wäre. Auch der Wirt Georg Christmann, genannt „Rieslingschorsch", gehörte zu Kohls besten Freunden. 1926 malte Slevogt im Garten seines Landsitzes Neukastel bei Leinsweiler – ein Weindorf nahe Landau – eine kleine Pfälzer Tischrunde: Der „Rieslingschorsch" Georg Christmann und Heinrich Kohl sitzen sich dort gegenüber. Zwischen ihnen steht ein gut gefülltes Schoppenglas. Über was sie an diesem Tag wohl geredet haben mögen? Sicher über die Pfalz. Über den Wein. Vermutlich auch über den Pfälzerwald-Verein. Denn Christmann war gerade Vorsitzender der Hambacher Ortsgruppe geworden.

Das Gasthaus „Zur Pfalz" – am Dorfplatz neben dem heutigen alten Rathaus gelegen – war damals eine hervorragende Adresse: Die Werbung, die der Wirt Georg Christmann in großen Buch-

Heinrich Kohl (links) 1924 mit Freunden an der von den Franzosen gefällten Kaisereiche

staben auf die Fassade hatte malen lassen, ließ keine Wünsche offen: „Große Säle, Gartenwirtschaft, Riesenorchestrion". 1898 war der große Tanzsaal mit Nebenräumen gebaut worden. Alte Hambacher erinnerten sich später so: „Vom Tanzsaal aus konnten die Pärchen in der Gartenwirtschaft, die schön mit Blumen und Sträuchern terrassenmäßig angelegt war, flanieren."

Das Gasthaus selbst gibt es schon lange nicht mehr, 1962 wurde der Tanzsaal zur Wohnung umgebaut. Doch wer heute am Hambacher Dorfplatz vor dem Gebäude steht und die Augen schließt, glaubt vielleicht das Riesenorchestrion zu hören. Oder das Lachen aus der Gartenwirtschaft – und er ahnt, dass es dort bestimmt zu manch erstem Kuss der flanierenden Pärchen gekommen war.

Am 1. Dezember 1923 waren in dem Haus vor allem viele Lobeshymnen auf Heinrich Kohl zu vernehmen, obwohl der sich zuvor gewünscht hatte: „Nur kee Redde halte!" Die Gäste hielten sich nicht daran. Musik, Verse, Lichtbildvorträge und sogar ein Theaterstück kamen zu Ehren des Jubilars zur Aufführung. Im Kohlschen Gästebuch wurde der große Auflauf dieses Tages in Reimen festgehalten:

„Was isch norr los, ehr liewe Leut?
Was gibt`s beim Rieslingschorsch denn heut?
Die Mensche sträme grad so anne,
Zwee Dutzend sin vorm Haustor gschtanne!
Un immer mähner laafen nei,
Du, Hannes, was wird das dann sei?
Weeschd du nit, was beim Schorsch geht vor?"

TOURTIPP

WESTWALL-WANDERWEG SCHAIDT

Die Strecke:
Schaidt, Parkplatz Sportplatz – gesprengter B-Werk-Bunker „Kiefernwald" (0,6 km) – Beginn Heilbach-Pfad (3 km) – Jakobshäuschen (3,5 km) – Bismarckeiche (5,2 km) – Schaidt, Parkplatz Sportplatz (8 km). Markierung: roter Punkt, mehrere Rastplätze und Bänke entlang der Strecke. Einkehrmöglichkeit an Start und Ziel: Clubhaus TuS 08 Schaidt.

Früherer Panzergraben am Westwall-Wanderweg

ÖPNV:
Der Bahnhaltepunkt Schaidt ist von Neustadt/Weinstraße beziehungsweise Landau stündlich zu erreichen.

Herzstück und Höhepunkt dieser Rundwanderung, die zur gewaltigen Bismarckeiche führt, ist der Abschnitt entlang des Heilbachs: Auf einem schmalen Pfad geht es windungsreich durch die Bienwald-Wildnis. Auf insgesamt 1680 Hektar wurde in diesem Bereich die forstwirtschaftliche Nutzung eingestellt, seit 2007 entsteht dort ganz allmählich ein Urwald. Gefallene Baumstämme bleiben liegen, werden überwuchert. Keine Hektik, kein Alltagsstress mit Stundenplan und Ordnungszwang, sondern ein großartiges Idyll. Das entschleunigt und entspannt auch den Wanderer.

Der Bienwald, der als schönster Niederungswald Deutschlands gilt, ist flach wie ein Brett. Spektakuläre Ausblicke gibt es dort deshalb nicht, dafür aber tiefe Einblicke in die Natur und auch in die Zeitgeschichte. Man begegnet so auf dieser Rundwanderung Relikten der Westwall-Befestigungsanlagen aus dem Zweiten Weltkrieg: wassergefüllte Panzergräben, Höckerlinien, Schützenstände und Bunkerruinen,

die mit ihren Hohlräumen heute als wertvolle Lebensräume für Wildkatzen, Fledermäuse oder Eidechsen dienen. Den Wahnsinn des Krieges machen gerade die kleinen Ein-Mann-Bunker deutlich: ein einzelner Soldat gegen anrollende Panzer. Die Bismarckeiche hat dies alles überdauert. Sie konnte sich durch ihren freien Stand im Bereich der früheren Westwall-Linie zu einem Baumriesen entwickeln. Ihr Alter wird auf 350 Jahre geschätzt. Wer neben diesem Baum steht, fühlt sich unendlich klein.

Als die Bismarckeiche ihren Namen bekam, hatte sie schon zwei Jahrhunderte erlebt: Sie erinnert an den ersten Reichskanzler, Fürst Otto von Bismarck, der am Ende des 19. Jahrhunderts in Deutschland die Sozialversicherung einführte. Ein Tipp: Maßband mitnehmen, um den aktuellen Stammumfang der Rieseneichen ermitteln zu können.

Alternative:
Der Schaidter Westwall-Rundweg lässt sich zu einer großen, 16 km langen Wanderung erweitern: Dazu ab Jakobshäuschen der Markierung weißer Punkt folgen.

Mehr Infos: www.pwv-schaidt.de

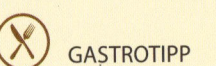 GASTROTIPP

RESTAURANT/WEINSTUBE „DER FUXBAU"

Das alte Wirtshaus „Zur Pfalz" am Dorfplatz in Hambach, wo 1923 der 50. Geburtstag des Neustadter Bankiers und Kommerzienrats Heinrich Kohl groß gefeiert worden war, gibt es schon lange nicht mehr. Doch nur wenige Schritte weiter lädt eine Weinstube mit wohl noch längerer Tradition ein: der Fuxbau. Das Gebäude beherbergte schon 1640 ein Gasthaus. 2010 knüpfte Sissi Czaya an die langjährige Familiengeschichte an und eröffnete dort wieder eine Weinstube. Die herzliche Wirtin hat den Gewölbekeller liebevoll zu einer Wohlfühl-Stube eingerichtet. Serviert wird dort eine frische Pfälzer Küche, die vor allem auf regionale Zutaten setzt. Auch aus Omas altem Kochbuch ist manches dabei. Gebackene Scheiben von der Krokant-Blutwurst mit Apfel, geschmorten Zwiebeln, Bratkartoffeln und Senf stehen ebenso auf der Karte wie Forelle aus dem Eußertal oder ein Hambacher Flammkuchen mit Münster-Käse. Die Weine kommen von Betrieben aus der Umgebung.

Weinstube „Der Fuxbau",
Weinstraße 240,
67434 Neustadt-Hambach,
Telefon: 06321/32044,
info@fuxbau.biz
www.fuxbau.biz

Sitzplätze innen: 60, Innenhof: 30
Öffnungszeiten: Mi bis Fr ab 17 Uhr,
Sa und So ab 12 Uhr. Ruhetag: Mo, Di.
Hauptgerichte: 12,50-24 Euro.

„Jetzt horsch, heut wird „er" fufzig Johr!"
„Ja, wer dann?" – „Er, de Heinrich Kohl!"
„Was der? Daß dich der Deiwel hol,
De Hennrich, unser Kohlehenner?
Du bischt e schlechter Menschekenner,
De Henner heit schun fufzig Johr?
Ihr liewe Leut, esch das dann wohr?
Der isch jo noch so frisch und jung,
So voller Saft un voller Schwung!
So hortig un so gut zu Fuß,
Daß mer als wirklich staune muß."

„Ja, Männel, der wird halt nit alt,
Den halt uns jung de Pälzerwald!
Un kenner kennt de Wald so gut,
Wie's unser Kohlehenner dut!
Jed Päddel kennt er, jeden Weg,
Jed Tälche, jeden Fels un Steeg,
Mit seine Sohle, seine breete,
Kann der am beschde Päddel trete."

Es gibt aus diesen Jahren viele Schwarz-Weiß-Fotos, die Heinrich Kohl zeigen – im Kreis seiner Pfälzer Freunde und seiner Familie, bei einer Sitzung des Hauptvorstandes des Pfälzerwald-Vereins, bei der Hüttenweihe auf dem Hohe-Loog-Gipfel nahe Neustadt. Kohl schaut auf diesen Aufnahmen meist optimistisch, in sich ruhend, manchmal leicht verschmitzt. Man erkennt seine Lebensfreude, seine große Heimatliebe. Leider sind von der ausgelassenen Geburtstagsfeier am 1. Dezember 1923 im Gasthaus „Zur Pfalz" keine Fotos aufzufinden. Sie hätten bestimmt viele lachende Gesichter festgehalten und von einem fröhlichen Tag gekündet. Ein Jahr später entstand im südpfälzischen Bienwald ein Foto, auf dem ein tieftrauriger Heinrich Kohl zu sehen ist. Er hockt am Boden, niedergeschlagen, sein Blick ist leer. Mit dem Rücken lehnt er an einem mächtigen, rund 30 Meter langen Baumstamm. Die französische Besatzungsmacht hatte damals auch im Bienwald die alten, großen Eichen fällen lassen – pfalzweit wurden rund 180.000 Festmeter Eichenholz aus dem Forst geholt. Die Holzlieferungen waren Teil der Reparationen, die Deutschland nach dem Ersten Weltkrieg leisten musste.

Die Rinde der Salzleckeiche

Dieser Verpflichtung war auch die imposante Kaiserineiche im Bienwald zum Opfer gefallen, die einen Umfang von 4,80 Metern hatte. Das war der Stamm, an dem Heinrich Kohl an diesem Tag so niedergeschlagen kauerte. „Für Pariser Küchenschränke", soll er damals gezürnt haben. Die Kaiserineiche wurde allerdings nicht an Möbelschreiner, sondern an einen Landauer Fassholzfabrikanten verkauft. Zeitgenossen haben später berichtet, Kohl habe den Baum in seinem Herzen betrauert wie den Verlust eines Freundes: *„Es war eine große Erschütterung für ihn, vor dem gestürzten Riesen zu stehen, vor diesem in Jahrhunderten gewachsenen Monument seiner Heimat, das noch viele Jahrhunderte hätte überdauern können; in Kohls Augen war es ein Mord, der da geschehen war."* Er nahm seinen Freund Max Slevogt im Dezember 1924 mit in den Bienwald, um ihm das Unglück zu zeigen. Wieder einmal stellte Kohl also den Maler vor ein Motiv, das ihm am Herzen lag. Auch Slevogt war ob dieses Frevels an der Natur entsetzt. Erschüttert hat er die gefällte Kaiserineiche mehrfach gezeichnet und gemalt. Eine dieser Skizzen zierte später den Mitgliedsausweis des Pfälzerwald-Vereins.

Wenn Johannes Becker vom Forstamt in Kandel heute über die bewegte Vergangenheit des Bienwaldes redet, zeigt er gerne das alte Schwarz-Weiß-Foto der umgehauenen Kaiserineiche, vor der Heinrich Kohl so voller Kummer zu Boden gesackt war. „Vielleicht stand Slevogt ja hinter der Kamera", mutmaßt Becker. Dass die Eichen im Bienwald größer und stärker werden als im Pfälzerwald, liegt an der Feuchtigkeit, der Wärme und den nährstoffreicheren Böden dieses großen Gebietes im Süden der Landkreise Germersheim und Südliche Weinstraße. Aber auch an der nachhaltigen Waldwirtschaft. Schon lange vor dem Entstehen der Naturschutzverwaltung hatten die Forstämter im Bienwald besonders charakteristische und starke Eichen als Naturdenkmäler klassifiziert und bis zum Absterben erhalten, berichtet Becker, der im Forstamt für Umweltvorsor-

Foto: S. 17: Gabriele Himmer-Gumpp

Immerwährender Kreislauf: Nachwuchs für die Bienwaldeichen

ge und Öffentliche Planung zuständig ist. Seine besondere Liebe gehört den Bienwald-Eichen, deren Entwicklung er seit über 20 Jahren verfolgt und dokumentiert. Dabei entstehe „fast ein persönliches Verhältnis", sagt er: „Bei den meisten der ganz starken Eichen kann ich anhand von Fotos der Krone sagen, welcher Baum es ist und wo er steht."

Derzeit gibt es im Bienwald etwa 60 vitale Eichenkolosse mit Umfängen von über vier Metern, sieben davon messen sogar mehr als fünf Meter. „Das ist die Königsklasse", sagt Becker. Der momentan stärkste Baum ist die Salzleckeiche. Ihr Umfang liegt bei 5,85 Metern, Maß genommen wird jeweils in Brusthöhe. Jeweils 20 Zentimeter hat der Koloss zuletzt innerhalb von zehn Jahren zugelegt. Falls die Salzleckeiche dieses Wachstumstempo beibehalten würde, könnte sie die Sechs-Meter-Marke erreichen, ehe Becker in Ruhestand geht. Für den Naturliebhaber war dies lange Zeit ein schöner Gedanke. So etwas wie die Krönung eines gemeinsamen Lebensabschnitts. Doch dann kamen erste Zweifel auf. Inzwischen befürchtet Becker, dass aus dem Sechs-Meter-Rekord nichts wird. Schon gar nicht bis zu seinem Ruhestand. Denn am Stammfuß der Salzleckeiche fand er Bohrmehl, in der Rinde Ausbohrlöcher. Beides Spuren des Eichenheldbocks. Der gehört mit fünf Zentimeter Körperlänge zu den größten Käfern Europas. „Die schaffen es, solch einen Baumriesen zu killen, das geht über Jahre", sagt Becker. Die Blaubrückeiche im Bienwald ist dafür ein Beweis; der Baum mit einem Umfang von 5,30 Metern ist seit 2016 abgestorben. Dort verteilen sich die Bohrlöcher des Heldbocks über den ganzen Stamm, begonnen hatte das Drama 2009. Die Larven fressen sich drei bis vier Jahre und teils einen halben Meter tief durchs Holz. Die Förster sind machtlos: Der Heldbock kommt im Bienwald zwar relativ häufig vor, in Deutschland insgesamt gilt er jedoch als vom Aussterben bedroht. Dieser Käfer steht deshalb unter Naturschutz und darf auch nicht bekämpft werden.

Ausbohrlöcher des Eichenheldbocks   *Förster Johannes Becker*

Umso wichtiger ist das Nachwachsen junger Eichen. Die Förderung dieser Baumart im Bienwald ist seit über tausend Jahren belegt: Eichen brauchen Licht und damit intensive Pflege, mit gezielten Eingriffen werden immer wieder Schattenbaumarten wie beispielsweise die Buche zurückgedrängt. Wo sich der Mensch zurückziehe, sei langfristig auch mit einem deutlichen Rückgang der Eichen zu rechnen, sagt Becker. Bisher ist das Forstamt Bienwald mit der Strategie, die nächsten Baumgenerationen immer im Blick zu haben, gut gefahren: Es gibt heute mehr dicke Eichen als zu Max Slevogts und Heinrich Kohls Zeiten – trotz der Heldbock-Plage. Den damaligen Umfang der Kaisereiche übertreffen rund ein Dutzend der aktuellen Bienwald-Riesen.

„Slevogt hätte heute mehr zu malen als damals", meint Becker. Dass es Slevogt war, der 1924 die Kaisereiche mit dem deprimierten Heinrich Kohl fotografiert hatte, bezweifeln übrigens Kunsthistoriker. „Slevogt hat nicht selbst fotografiert, das hat sein Sohn Wolfgang meistens gemacht", meint Sigrun Paas, die langjährige Leiterin der Max-Slevogt-Galerie in der Villa Ludwigshöhe bei Edenkoben. Mit einer Mär räumt auch Förster Becker auf: „Tausendjährig", wie es in den Chroniken mitunter zu lesen ist, war die von den Franzosen gefällte Kaisereiche nicht. So lange stehen selbst die Bienwald-Veteranen nicht.

Wie damals bei Heinrich Kohl sorgt das Ende eines solch langen Baumlebens auch heute bei Wegbegleitern für Wehmut und Traurigkeit. Becker erzählt die Geschichte zweier Eichen, die am Saugraben – ein ehemaliger Bewässerungskanal – wie zwei Lebensgefährten über 300 Jahre dicht nebeneinander gestanden haben. Eine Schicksalsgemeinschaft. Dann brach vor einiger Zeit bei dem einen Baum die Krone auseinander, seine Vitalität schwand und er starb ab. Die andere Eiche wurde wenig später bei einem Sturm umgeworfen. „Wie bei einem alten Paar – wenn der eine geht, will der andere folgen", sagt Becker. Als derzeit ältester Baum im Bienwald gilt mit ihren rund 350 Jahren die Bismarckeiche, die am Westwall-Wanderweg Schaidt (Tourtipp S. 15) steht. Über die Rinde eines solchen Veteranen zu streichen, ist ein starkes, bewegendes Gefühl. Dabei kribbelt es in den Fingern, wenn sie sich durch die Furchen schieben. „Diese Eichen sind ganz knorrige Individualisten, je älter sie werden, umso mehr", sagt Becker.

Die Baumriesen im Bienwald sind ein besonderes Stück Pfalz. Die Vielfalt dieser Region begeistert stets aufs Neue, so wie damals immer wieder auch Heinrich Kohl, den „Pädelstreter", und Max Slevogt, den Maler der Pfälzer Landschaften. Zwei Individualisten mit einem großen Herzen. Und mit dem Blick für die Schönheiten der Natur. Und wer heute in Hambach vor dem imposanten Gebäude steht, das so lange das Gasthaus „Zur Pfalz" beherbergte, vernimmt das leise Plätschern des Brunnens, fröhliches Lachen aus einem Fenster, Schuhgeklacker auf den Pflastersteinen. Wer noch einmal die Augen schließt, hört vielleicht, wie ein Mann energisch-fröhlich fordert: „Mehr Worscht, weniger Gscherr!" Das soll Heinrich Kohl an einem Abend einer Bedienung zugerufen haben. Vielleicht im Gasthaus „Zur Pfalz". Vielleicht am Abend seiner Geburtstagsfeier an jenem Samstag, dem 1. Dezember 1923.

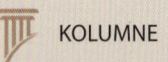 KOLUMNE

SAPPERLOT
VON DER ALTBACKENHEIT DER MILCHBRÖTCHEN

Das ist alles andere als eine gute Nachricht: Das gute alte Milchbrötchen, hierzulande meist kurz und knackig „Milchweck" genannt, verschwindet zunehmend aus den Auslagen unserer pfälzischen Bäckereien. Ausgerechnet dieses Brötchen mit seiner einprägsamen Form und der klassischen Kerbe in der Mitte soll als altbacken aussortiert werden? Ausgerechnet ein Brötchen, das sich wie kein anderes mit einem Knick so einfach teilen lässt, soll ein Auslaufweck sein?

Ach, dabei passt ein halbes Milchbrötchen doch so prima zum Tunken in die Kaffeetasse. Und es

half früher, als es noch keine Milchschnitten gab, Legionen von Schülern bei langweiligem Unterricht über das ominöse Elf-Uhr-Loch hinweg. Alles offenbar bloß noch Erinnerungen. Der Obermeister der Vorderpfälzer Bäckerinnung hat beispielsweise festgestellt, dass unser Milchbrötchen nur „noch ganz wenig" nachgefragt wird: „Das ist ein Stück Nostalgie geworden", sagt er.

In der Welt der neumodischen Back-Kreationen, wie beispielsweise der Kürbiskern-, Wellness-, Fitness-, Käsekartoffel-, Rosinen- oder Walnussbrötchen, ist offenbar kein Platz mehr für den ganz normalen Milchweck. Und schon gar nicht in den glänzenden Apparaten der Billig-Bäckereien, die an jeder Ecke der Fußgängerzonen wie Hefeteig aufgehen.

Es ist höchste Zeit, auf die weitreichenden Konsequenzen solcher Umwälzungen in

Bienwaldromantik

den Backstuben hinzuweisen. Denn in Dutzenden von Pfälzer Kochbüchern taucht das Milchbrötchen als äußerst wichtige Zutat auf: nämlich für die leckeren „Rostigen Ritter". Für diesen Klassiker sind pfalzauf, pfalzab stets – wie es heißt – „sechs bis acht altbackene Milchweck" erwünscht. Wohlgemerkt: Altbackenheit ist hier keine Schande, sondern Zierde. Denn so lassen sich die Milchweck bestens in einer Eier-Milch-Mischung einweichen und schließlich zu einer leckeren Nachspeise knusprig ausbacken. Man muss sie dann nur noch in Zimt und Zucker wälzen. Es geht aber auch raffinierter: Im Kuseler Land ist beispielsweise eine Variante mit Tannenhonigparfait und Beerensauce überliefert.

Die Rezeptsammlung „Riwwelsupp und Fluddeknepp", die vor Jahren vom Heimatmuseum Ramstein-Miesenbach unter dem Motto „Was mer so gess hat bei uns in de Hinnerpalz" zusammengestellt wurde, serviert die „Rostigen Ritter" dagegen mit Weinschaumsoße. Auch lecker.

Dass nun künftig diese süßen Versuchungen vielleicht notgedrungen mit dem einfachen, schnöden Wasserweck zubereitet werden müssen, wäre wahrlich bitter. Denn um den Leumund dieses Brötchens ist es gar nicht gut bestellt. Wer früher gemein und abfällig über Begriffsstutzige und Lange-auf-der-Leitung-Steher herziehen wollte, sagte einfach nur: „Der is hohl wie en Zehner-Wasserweck".

Und mal ehrlich: Eine solche Schmähung haben unsere „Rostigen Ritter" einfach nicht verdient.

Die dreijochige Vorhalle der Stiftskirche in Neustadt an der Weinstraße

Fotos: S. 22/23: Gabriele Himmer-Gumpp

HÖHEPUNKTE AN DER WEINSTRASSE
PATENT AUFS HIMMELREICH

Die Deutsche Weinstraße zwischen Bockenheim und Schweigen ist kein flaches Brett. Radfahrer merken dies rasch. Vor allem dann, wenn sie keine E-Biker sind: Ständig geht es rauf und runter, auf der 85 Kilometer langen Gesamtstrecke sind rund 1000 Höhenmeter zu meistern. Doch wo ist der höchste Punkt dieser Touristikroute? Ihr absoluter Gipfel?

Herxheim am Berg lockt gerne mit einem Superlativ: „Willkommen im höchsten Ort an der Deutschen Weinstraße." Also auf nach Herxheim am Berg. Der Anstieg hat zehn Prozent Steigung – das spürt man als Radler in den Waden, aber es gibt an der Weinstraße sicher noch härtere Passagen. Herxheim am Berg liegt den offiziellen Angaben zufolge 212 Meter hoch. Am Ortseingang ein kurzer Blick zum Himmel. Weit weg. „Sucht ihr das Himmelreich?", ruft da ein Herxheimer lachend und zeigt nach rechts: „Da liegt es!" Dieses Himmelreich beginnt hinter Kalksteinmauern und Eisengittern. Zum Greifen nah, aber trotzdem meist unerreichbar, weil das Tor geschlossen

Hinter Mauern: Das historische Herzstück der Lage Himmelreich war ursprünglich nur 3,5 Hektar groß.

ist. „Himmelreich" ist eine der berühmten Weinlagen von Herxheim am Berg. Die Wingerte hinter dieser Mauer sind das alte Herzstück des heute insgesamt 25 Hektar umfassenden Herxheimer „Himmelreichs". Eine riesige Sonnenterrasse mit einem traumhaften Blick bis zum Odenwald: Sie gehörte früher zu einem Klostergut, heute ist sie im Besitz des Weinguts Schumacher.

Laura Franke öffnet das große, schmiedeeiserne Tor. Die junge Frau kümmert sich in dem Familienbetrieb vor allem um den Verkauf. „Dieser Ursprung vom Himmelreich ist komplett ummauert , wie ein französischer Clos", sagt Franke. Die Weine aus diesem Areal kennzeichnet das Gut deshalb mit dem Zusatz „Garten". Es sind vor allem Rieslinge und Spätburgunder. „Das ist eine einzigartige Lage", schwärmt Franke. Die Höhe und der Muschelkalkboden würden ganz besondere, eher pfalzuntypische Rieslinge hervorbringen: „Sie sind nicht so floral, sondern filigraner, mineralischer", meint die Agraringenieurin: „Sie schmecken mehr nach Zitrus und Weinbergpfirsich als nach Aprikosen."

Aber wie kam dieses „Himmelreich" überhaupt zu seinem Namen? Im alten Herxheimer Weinlagenbuch von 1749 ist diese Bezeichnung noch nicht zu finden. Rund hundert Jahre später taucht der Begriff dann aber in Reiseführern auf, auch das älteste erhaltene Herxheimer Weinetikett von 1862 enthält die Angabe „Himmelreich". Was war passiert? Der Herxheimer Ortshistoriker Eric Hass weiß die Antworten. Das Gut samt Herrenhaus hat eine bewegte Geschichte. Immer wieder wechselten die Besitzer, 1843 gehörte es einem Eduard Fasbender. Dieser Gutsherr soll ein schlechter Kirchgänger gewesen sein. Was passierte, als der Pfarrer damals den vermögenden Herrn zum Gottesdienstbesuch drängen wollte, wird in Überlieferungen, die Hass aufgrund seiner Nachforschungen für plausibel hält, so geschildert: Dieser Gutsbesitzer nahm den Pfar-

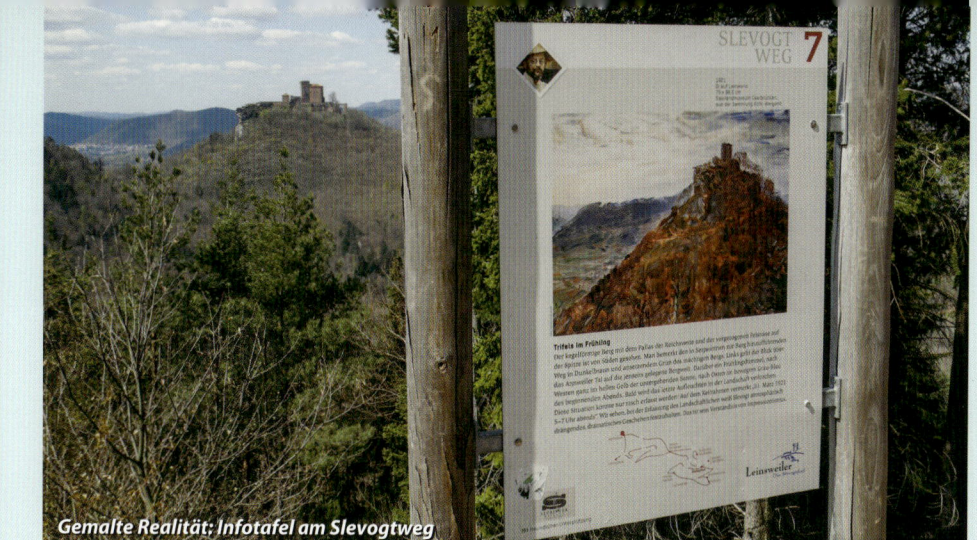

Gemalte Realität: Infotafel am Slevogtweg

 TOURTIPP

DER SLEVOGTWEG BEI LEINSWEILER

Die Strecke:
Slevogthof – Burgruine Neukastel (1 km) – Hexentanzplatz (1,6 km) – Wettereck (2,7 km) – Slevogtfelsen (3,2 km) – Föhrlenberg (3,8 km) – Hexentanzplatz (5,7 km) – Slevogthof (6,4 km). Markierung: Raute mit Selbstporträt des Malers, mehrere schöne Rastplätze entlang des Wegs. Einkehrmöglichkeiten in Leinsweiler.

ÖPNV:
Stündlich Busverbindung vom Hauptbahnhof Landau nach Leinsweiler (QNV-Linie 530).

Der Slevogtweg wurde 2018 anlässlich des 150. Geburtstags des großen deutschen Impressionisten konzipiert und ausgeschildert. Startpunkt ist der Slevogthof oberhalb von Leinsweiler in der Südpfalz, wo der Künstler viele Jahre gelebt und gewirkt hat. Themenwege können belehrend und langatmig sein, dieser aber ist atemberaubend. Denn er führt zu einem Dutzend Orte, an denen Max Slevogt (1868-1932) in freier Natur gemalt hat.

Die Infotafeln zeigen und beschreiben die jeweiligen Gemälde, der Wanderer kann gleichzeitig den authentischen Platz ihrer Entstehung in Augenschein nehmen. Der Rundweg wird so zu einem ungewöhnlichen Freiluftmuseum. Besonders eindrucksvoll wird dies an der Station Wettereck, dort hat Slevogt in den Abendstunden des 31. März 1921 die Reichsburg Trifels gemalt. Motiv und Werk sind sich ganz nah, an diesem Doppelspiel kann man sich nicht sattsehen. Der magischste Platz der Tour ist aber der sogenannte Slevogtfelsen – eine grandiose Aussichtsterrasse. Sie soll der Künstler oft und gerne aufgesucht haben. Kein Wunder: Dieser Fels bietet eine Traumkulisse. Wer sich noch nicht in die Pfalz verliebt hat, wird es dort endgültig tun. Eine zusätzliche, drei Kilometer lange Schleife des Wegs führt vom Slevogthof aus dem Wald heraus und durch Obstwiesen und Weinberge hinunter nach Leinsweiler und wieder zurück zum Wanderparkplatz am Slevogthof.

Info: „Leinsweiler – Auf den Spuren von Max Slevogt", www.tourenplaner-rheinland-pfalz.de (über Suchfunktion)

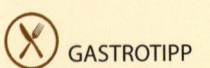

GASTROTIPP

WEINSTUBE „ZUM KIRCHHÖLZEL"

Keine rot-weiß karierten Tischdecken, keine Butzenscheiben: Die Weinstube „Zum Kirchhölzel" von Ulrike und Gunter Stübinger im südpfälzischen Leinsweiler fällt aus dem Rahmen. Vor 25 Jahren wurde aus einem alten Seitentrakt mit imposantem Kreuzgewölbe ein stilvolles und gemütliches Schmuckstück – warme Farben, Kronleuchterlicht, hohe Rundbögen. Hier könnte ein Schickimicki-Lokal residieren. Tut es aber nicht; fein ist es dennoch. Auf dem Speiseplan stehen die Pfälzer Weinstuben-Klassiker, ein Gast lobt: „So ein saftiges Winzersteak habe ich noch nie gegessen." Dazu kommt eine wöchentlich wechselnde, saisonale Karte, die im Winter Gänsekeule oder auch mal Grünkohl mit Mett-Enden auftischt und im Frühling Pfannkuchen mit Spargel. Weine und Sekte stammen aus eigenem Anbau, der Familienbetrieb bewirtschaftet zwölf Hektar. Die Bilder an den Wänden sind knallig und harmonieren trotzdem mit dem Kellerflair. Gemalt hat sie die Kölner Künstlerin Inge Hartwich, die mehrmals im Jahr Feriengast in Leinsweiler ist.

Weinstube „Zum Kirchhölzel",
Trifelsstraße 8, 76829 Leinsweiler,
Telefon: 06345/2847,
info@stuebinger.com,
www.stuebinger.com

Sitzplätze innen: 45, außen: 25.
Öffnungszeiten: Do bis Sa ab
17 Uhr, So und feiertags ab 12 Uhr.
Ruhetage: Mo bis Mi. Haupt
gerichte: 8,50-18,80 Euro.

rer an die Hand und führte ihn an seine Südfensterfront im ersten Stock des um 1718 erbauten barocken Anwesens. Dort angekommen, zeigte er dem Pfarrer die wunderschöne, weitläufige Aussicht und sagte: „Seht doch, Herr Pfarrer, welch eine wunderbare Aussicht ich von hier über die sonnigen Weinberge bis in die Speyerer Bischofsstadt habe, das ist ‚mein Himmelreich', was soll mir dann noch der sonntägliche Kirchgang mehr Himmlisches bringen." Damit war der Name in der Welt. Und hat sich eingeprägt. „Man denkt hier wirklich, man ist im Himmelreich", sagt auch Laura Franke und lacht doch etwas über diese Anekdote aus der Gutsgeschichte.

Ihr Uronkel ließ sich übrigens 1927 den Namen „Himmelreich" für seine Weinberge im „Garten" beim Reichspatentamt in Berlin als Warenbezeichnung schützen. Das Aktenzeichen: W37615. Erst mit der Weinrechtsreform 1971 war es vorbei mit dem exklusiven Himmelreich, jetzt durfte diese Lagenbezeichnung auch von anderen Winzern für außerhalb der Gutsmauer erzeugte Weine genutzt werden. „Damit stand der Himmel also wieder jedem offen", hat der Bad Dürkheimer Pfarrer Norbert Leiner dazu einmal treffend formuliert. Ob allerdings das mit Herxheim am Berg als dem höchsten Ort der Weinstraße stimmt? Zweifel sind erlaubt, etliche Weinstraßen-Gemeinden in der Südpfalz wie Frankweiler oder Burrweiler dürften höher liegen. Richtige Gipfelgefühle erlebt ein Weinstraßenradler auf jeden Fall rund 50 Kilometer südlich von Herxheim: am Leinsweiler Hof. Wer dort über die kantige Hügelkuppe fährt, passiert einen steinernen Torbogen. Das ist fast wie eine Zieldurchfahrt beim Radrennen, der Höhenmesser zeigt 261 Meter an.

Ist das nun das Finale? Nicht ganz. Wer es genau wissen will, muss von Leinsweiler ein Stück weiter Richtung Ranschbach radeln. In dem Abschnitt gibt es zwischen mehreren Kurven eine längere Gerade: Dieses Stück liegt auf einer Höhe von 270 Metern – und ist damit der höchste Punkt der Deutschen Weinstraße. Das hat zumindest das rheinland-pfälzische Landesvermessungsamt nach längeren Überprüfungen und

Torbogen über der Weinstraße bei Leinsweiler

Nachforschungen herausgefunden. Aber ist man dort dem Himmel über der Weinstraße auch tatsächlich am nächsten?

Diese Suche sollte man besser in Edenkoben fortsetzen: Wer dort in der vor einigen Jahren frisch renovierten protestantischen Kirche nach oben schaut, der blickt tatsächlich mitten in den Himmel. Ganz nah ist er. Das Deckengemälde zeigt fünf Engelsgestalten, drei schweben über den Wolken – sie stellen Glaube, Liebe und Hoffnung dar. Die Renovierung war ein Kraftakt, berichtet Pfarrerin Judith Geib. Neun Monate war die Kirche, die aus dem 18. Jahrhundert stammt, wegen der Bauarbeiten geschlossen, rund 560.000 Euro kostete die Sanierung.

Ein Großteil wurde über eine Spendenaktion finanziert. Ihr Titel: „Dein Stück vom Himmel". Die Unterstützer konnten sich konkrete Sanierungsobjekte für ihre Spende aussuchen: Emporenbilder, Boden, Säulen, den Altar oder eben das Deckengemälde. Dass die Engel bleiben dürfen, war anfangs gar nicht sicher. Sie waren erst bei einer früheren großen Kirchensanierung im Jahr 1876 an die Decke gemalt worden. Zuvor prangte an dieser Stelle eine goldene Sonne. „Eine pausbäckige Sonne soll es gewesen sein", sagt Geib. Denn von diesem alten Gemälde gibt es keine Darstellungen mehr; niemand weiß daher genau, wie es ausgesehen hat. Dennoch stellte sich der Denkmalschutz zunächst auf den Standpunkt, dass – wenn die Kirche schon wieder in den Originalzustand versetzt wird – dann auch die Sonne wieder an die Decke müsse. Die Sanierungsarbeiten zogen sich 2014/15 über den Winter hin. „Es war teils bitterkalt, die Restauratorin hat an der Decke im Skianzug gearbeitet", erzählt Geib. Wärmende Sonnenstrahlen wären in jenen Tagen sicherlich sehr willkommen gewesen – und seien es auch nur gemalte. Doch Geib, seit 2008 Pfarrerin in Edenkoben, blieb standhaft: „Seit 1876 ist den Menschen hier dieses Stück Him-

Blickfang bei Maikammer: das Tempelchen in der Weinlage Heiligenberg

mel vertraut, warum sollte man das plötzlich ändern." Anderes änderte sich hingegen. Als man die Kirche im Jahr 1960 innen letztmals gestrichen hatte, war reichlich Rosa verwendet worden. Dazu Gelb und Lindgrün. Geib: „Die Farben haben mich an das Küchendesign der 1960er-Jahre erinnert, offenbar wollte man damals ganz modern sein." Die Restauratorin kratzte sich durch Schicht um Schicht der alten Anstriche im Kirchenschiff. Rosa war nicht dabei; das war also nicht der Originalton. Jetzt dominieren Weiß, Gelb und Blaugrün – die Farben sorgen für einen hellen, herzlich-warmen Empfang. Selbst an kalten Wintertagen.

Von Edenkoben ist es nach Neustadt nur ein Katzensprung, für E-Bike-Fahrer sowieso. Auf dieser Strecke kommt man an Weinsweiler vorbei, dem Atlantis der Weinstraße. Sehen kann man diesen Ort nicht. Denn Weinsweiler, dessen Namen so gut zu dieser Landschaft passt, ist schon vor Jahrhunderten aus ihr verschwunden. Untergegangen wie das sagenumwobene Atlantis. Die Spurensuche ist mühsam. Weinsweiler lag irgendwo zwischen Edenkoben und Maikammer. „Da hinter der Hecke", sagt Matthias Seyler vom Maikammerer Traditionsweingut Dengler-Seyler. Dort, wo er das einstige Dorf vermutet, hat er bereits mehrfach Ziegel und Tonscherben gefunden. Reste von Weinsweiler? In einer alten Chronik von Maikammer heißt es: „Aus vielen Angaben lässt sich schließen, dass der Weinsweiler Hof auf einer Fläche stand, wo heute das Häuschen steht." Das „Häuschen" sieht mit seinen vier weißen Säulen aus wie ein kleiner römischer Tempel, errichtet wurde es jedoch erst im 19. Jahrhundert. Der Hingucker ist das Wahrzeichen der Weinlage Heiligenberg und gehört heute zum Besitz der Winzerfamilie Dengler-Seyler. Wer von der Weinstraße hoch zum Tempelchen blickt, schaut immer auch in den Himmel. Ein verheißungsvoller Vorgeschmack: Die Rieslinge des Betriebs stammen aus unterschiedlichen Parzellen des Heiligenbergs – jede hat ihren ganz eigenen, prägenden Charakter.

Deckengemälde mit fünf Engeln in der protestantischen Kirche Edenkoben

In Neustadt am Marktplatz findet man dann, wie zuvor in Edenkoben, ebenfalls an einer Kirche ein Stück vom Himmel. Dieses Paradies hat die Hausnummer 2. Es wartet gleich am Eingang zwischen Nord- und Südturm der zwischen 1383 und 1400 errichteten Stiftskirche. Sie gilt als der wichtigste gotische Kirchenbau in der Pfalz. In der mittelalterlichen Architektur wird die Vorhalle oder der Vorhof einer Kirche mitunter als „Paradies" bezeichnet, als „Pforte zum Himmel". So auch in Neustadt. Dort machen die prächtigen Deckengemälde dieses Paradies mit seinen drei markanten Gewölbejochen zu einem besonderen Kleinod. Die Eingangshalle ist zur Fußgängerzone hin offen. Wer herantritt, dessen Blick fällt zuerst auf die musizierenden Engel im Mitteljoch. Zauber und Anmut der wohl um 1500 entstandenen Fresken entfalten sich sofort.

Der Neustadter Historiker Paul Habermehl hat die acht Engel in einem Büchlein über das Neustadter „Paradies" sehr genau und fast hörbar beschrieben: Die Engelsmusik ertönt aus einem Organetto, einer tragbaren Orgel, sowie aus Fidel, Basslaute, Harfe und Knickhalslaute. Und aus einem Clavicymbalum, einem dem Cembalo verwandten Instrument. Eine Metallplatte am Boden der Vorhalle liefert die Deutung: „Die musizierenden Engel aus den himmlischen Heerscharen umschweben den Sohn Gottes, den Retter." Der ursprüngliche Schlussstein im Mitteljoch soll das Antlitz Christi gezeigt haben, später wurde dort das Wappen eines Vertreters des Kurfürsten angebracht. Die Fresken sind mehrfach restauriert worden, zuletzt hat man 2004 entstellende Retuschen und Übermalungen beseitigt. Seitdem hat das „Paradies" wieder Strahlkraft. Christine Conrad, Vorsitzende des 2006 gegründeten Bau- und Fördervereins der Stiftskirche, ist überzeugt: „Unser Paradies ist das wunderschönste."

Es ist ein Paradies, das man im 19. Jahrhundert sogar mieten konnte, wie Recherchen Habermehls im Stadtarchiv ergeben haben. Im März 1836 versteigerte die protestantische Stiftskirchengemeinde die Nutzung der Vorhalle auf neun Jahre an den Kaufmann Heinrich Fritzweiler. Die Jahrespacht betrug 23 Gulden. Das „Paradies" wird in der Urkunde sehr profan als „Behälter" bezeichnet, Fritzweiler nutzte die Vorhalle offenbar als Lagerraum für Eisen. Im Verpachtungsprotokoll wurde dem Kaufmann allerdings zur Auflage gemacht, dass „nichts darin aufbewahrt werden darf, was die Fresco-Bilder beschädigt, und müssen sie in dem jetzigen Zustand geschützt bleiben". Für den Ortshistoriker belegt dies, dass die Deckengemälde damals nicht, wie mitunter angenommen wird, unter einer Putzschicht verborgen waren.

Es folgten weitere Verpachtungen, schließlich nutzte die Stadt das „Paradies" als Spritzenhaus der Feuerwehr. Das Präsidium der Königlich Bayerischen Regierung sorgte mit einem Schreiben vom 4. Oktober 1878 dann dafür, dass der „für dieses interessante Bauwerk höchst unpassende Zustand" beseitigt wurde. Was vier Jahre später auch geschah: durch den Einbau gusseiserner Gittertore im neugotischen Stil. Auch wenn sie geschlossen sind, lassen die Stäbe genügend Freiraum, um ins „Paradies" zu spähen. Der Blick zur Decke lohnt sich. Und wenn die kleine Tür neben dem Schild mit der Hausnummer 2 gerade offen steht, erwartet Neugierige noch eine zusätzliche Attraktion – dahinter geht es 187 Stufen hoch zur Spitze des Südturms. Wie die Aussicht dort oben ist? Einfach himmlisch natürlich …

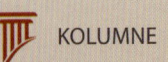 KOLUMNE

SAPPERLOT
„BIN ICH SO FEIN"

Wer hat das Pfälzer „Dubbeglas" erfunden? Die Überlieferung gibt dazu eine eindeutige Antwort: Das waren Dürkheimer Metzger. Die hatten bei Schlachtfesten gerne einen kräftigen Wein getrunken, dabei war ihnen aber mitunter das Schoppenglas glatt durch die fettigen Hände gerutscht. Mit den „Dubben", fingerkuppengroße Einbuchtungen im Glas, passierte das nicht mehr. Das echte „Dubbeglas" fasst einen halben Liter und ist deshalb ideal für eine Pfälzer Weinschorle. Wer diese prickelnde Mischung erfunden hat, ist indes viel schwieriger zu ergründen. Eine Spur führt zu Johann Wolfgang von Goethe. Er saß einst im Gasthaus an

einem Tisch und trank eine Schorle. Ein Genuss in Ruhe war ihm dabei freilich nicht vergönnt. Denn eine Herrenrunde, die nebenan zechte, spottete unüberhörbar über das verwässerte Getränk. Darauf kritzelte Goethe diese Verse auf die Tischplatte:

Wasser allein macht stumm,
das zeigen im Bach die Fische.
Wein allein macht dumm,
siehe die Herrn am Tische.
Da ich keins von beiden will sein,
trink ich Wasser mit Wein.

Verbürgt ist, dass Goethe zwischen 1774 und 1815 mehrfach in Dausenau im „Wirtshaus an der Lahn" weilte. Noch bis 1935 sollen dort seine Verse auf dem Tisch – unter einer Glasplatte geschützt – zu lesen gewesen sein. Doch ist der große Dichter damit auch der Erfinder der

Die Stiftskirche in Neustadt

Weinschorle? Wohl nicht. Denn diese geniale Mischung hatte man schon viel früher ausprobiert – nachzulesen ist dies in „Des Knaben Wunderhorn", einer Sammlung alter deutscher Volkslieder. Die Texte vom Mittelalter bis ins 18. Jahrhundert füllen drei dicke Bände, dort findet sich auch das Lied „Vom Wasser und vom Wein":

Ich weiß mir ein Liedlein, hübsch und fein,
wohl von dem Wasser, wohl von dem Wein.
Der Wein kanns Wasser nit leiden,
sie wollen wohl alleweg streiten.

Genau das tun Wein und Wasser dann – 18 Strophen lang hacken sie mit Vehemenz aufeinander herum und prahlen abwechselnd mit ihren Vorzügen. Ein Auszug:

Da sprach der Wein: Bin ich so fein,
man schenkt mich in Gläser und Becherlein,

und trinkt mich für süß und sauer,
der Herr als gleich, wie der Bauer.
Da sprach das Wasser: Bin ich so fein,
man trägt mich in die Küche hinein,
man braucht mich die ganze Wochen,
zum Waschen, zum Backen, zum Kochen.

Selbst als am Ende der Redeschlacht der Wein zerknirscht einlenkt, weil er ohne Wasser letztendlich nicht gedeihen kann, stichelt das Wasser weiter. So lange, bis es einem anderen zu bunt wird. Im letzten Vers des Liedes heißt es:

Sie wollten noch länger da streiten, –
Da mischte der Gastwirth die beiden.

Die Geburtsstunde der Weinschorle war also eine Art resolute Befriedungsaktion. Ein Akt der Streitschlichtung. Ein feiner Kompromiss, der bis heute überzeugt.

Zwischen 1969 und 1972 gelingen den USA sechs bemannte Mondlandungen.

DAS MONDPAPIER AUS FRANKENECK

ABSTECHER INS ALL

Der frühere Ortsbürgermeister von Frankeneck, Erwin Flockerzi, hat vor 30 Jahren bei seinen Führungen durch das Papiermacher- und Heimatmuseum der Gemeinde eine Geschichte gerne erzählt: Selbst auf dem Mond würden Besucher heutzutage, sofern sie dort irgendwann noch einmal einen Fuß auf den Boden setzten, Papier aus dem Walddorf Frankeneck finden. Denn die erste Mondfähre, die 1969 auf dem Erdtrabanten landete, habe Produkte aus einer Papierfabrik des Ortes mit an Bord gehabt.

Doch wie es zu dieser Mission kam, um welches Papier es sich genau handelte und warum die Raumfahrer es offenbar wie Abfall in die Kraterlandschaft warfen, dazu gibt die Ortschronik so gut wie keine Auskunft. Auch im Frankenecker Museum, das Ende 2021 wegen der Kündigung der Räume schließen musste, waren zur Mondfahrt dieses ganz besonderen Pfälzer Papiers keine Ausstellungsstücke zu sehen. Altbürgermeister Flockerzi starb 1999. Die erstaunli-

Modell einer Papiermaschine im früheren Heimatmuseum in Frankeneck

che Geschichte, wie da ein Stück Pfalz durchs All geflogen war, geriet danach vorübergehend in Vergessenheit.

Heimatforscher mutmaßten gar lange Zeit, dass an dieser Episode nichts dran ist: Das baden-württembergische Papierunternehmen Scheufelen habe für die US-Weltraumbehörde NASA in den 1960er-Jahren Papier geliefert, das sei aber damals im Stammwerk in Lenningen und nicht im Pfälzer Zweigwerk produziert worden. „Die Frankenecker Papiermaschine war auf anderes spezialisiert und für das anspruchsvolle Mondpapier nicht geeignet, Frankeneck hat damit damals nur geprotzt", so lautete noch vor etlichen Jahren die Erinnerung eines Kenners der Ortsgeschichte.

Wer das nicht glauben wollte, für den war die Spurensuche schwierig. Denn Scheufelen hatte 1971 sein Zweigwerk in Frankeneck (Landkreis Bad Dürkheim) aufgegeben, die frühere gründerzeitliche Fabrikantenvilla beherbergte später 32 Jahre lang das Papiermacher- und Heimatmuseum. 2008 meldete das traditionsreiche Familienunternehmen dann Insolvenz an und wurde zunächst von einem finnischen Konzern übernommen; mehrere weitere Besitzerwechsel folgten. Wen also könnte man fragen?

Ein ehemaliger Produktionsleiter am früheren Frankenecker Scheufelen-Standort kann einen ersten Hinweis geben: Das Rohpapier für den Auftrag aus USA sei im Pfälzer Zweigwerk hergestellt und danach am Stammsitz in Lenningen weiterverarbeitet worden. „Das war nichts Spektakuläres", meint er. Auf die Art der Papierproduktion selbst mag dies vielleicht zutreffen, auf den Anlass der NASA-Bestellung aber sicher nicht. Denn an ihrem Anfang steht eine der größten Katastrophen der US-Raumfahrtgeschichte.

Alte Stechuhr der Papierfabrik Goßler   *Firmengründer Johann Erhard Goßler*

Am 27. Januar 1967 waren die Astronauten Edward H. White, Virgil I. Grissom und Roger B. Chaffee in ihrer zwiebelförmigen Apollo-Kapsel verbrannt. Zu dem Unglück kam es nicht im fernen Weltall, sondern bei einem Routinetest am Boden. Das amerikanische Mondlandeprogramm wurde dadurch weit zurückgeworfen. Die Untersuchungen zeigten, dass viele einzelne Mängel zu dem Feuer geführt hatten, zahlreiche Korrekturen und Verbesserungen am und im Raumschiff waren die Folge.

Und eine dieser Schlussfolgerungen der NASA-Ingenieure führte dazu, dass sie dringend einen kreativen Papiermacher benötigten. Die Astronauten in den Apollo-Raumschiffen atmeten nämlich reinen Sauerstoff. Für die körperliche Verfassung der Männer an Bord sollte dies vorteilhaft sein, zudem ließ sich damit Gewicht einsparen. Eine Mischgas-Atmosphäre in der Kapsel hätte dort obendrein einen beträchtlichen Aufwand an zusätzlichen Mess-, Kontroll- und Reinigungsapparaturen erfordert. Der Nachteil: In einer reinen Sauerstoffatmosphäre entzünden sich die meisten Materialien schon bei niedrigeren Temperaturen. Sie verbrennen dazu fast explosionsartig, fünfmal so rasch und mit weit höheren Hitzegraden als in normaler Luft. Nach dem tragischen Unglück von 1967 hatte sich die NASA deshalb entschlossen, für die Ausrüstung nur noch schwer entflammbares Material zu verwenden. Das galt nicht nur für Textilien, sondern auch für die Hilfsmittel aus Papier: die Bordbücher, die Tafeln mit Verhaltensregeln bei Notfällen und die Karten. Und so kam Scheufelen ins Spiel.

Dass die NASA dafür nicht wie üblich ein US-Unternehmen, sondern erstmals eine deutsche Firma beauftragte, hatte mehrere Gründe. Zum einen verfügte Scheufelen bereits über Erfahrungen mit solchen Papieren und konnte das gewünschte Produkt deshalb schnell entwickeln. Im Wettlauf der Amerikaner mit den Russen um die erste Mondlandung spielte der Zeitfaktor eine sehr

1784 möglicherweise Startplatz des Heißluftballons: eine Wiese im Modenbachtal

TOURTIPP

AUF DEN SPUREN
EINES HEISSLUFTBALLON-PIONIERS

Die Strecke:
*Rhodt unter Rietburg – Schöne Weinsicht
(1,5 km) – Weyher, Kirche (2,7 km) – Gedenkstein
Ballonfahrt 1784 (3,5 km) – Vermutlicher Startplatz (4,5 km) – Burrweiler Mühle (5,2 km) – Skulpturenpark Hainfeld (5,8 km) – Rhodt (9 km). Einkehrmöglichkeiten: Burrweiler Mühle an der Strecke
(S. 38), mehrere Weinlokale in Weyher und Rhodt.*

ÖPNV:
Palatina-Buslinie 500 Neustadt - Landau.

Zum Mond schauen – das kann man fast von
überall. Den Nachthimmel über der Pfalz sieht
man besonders klar und deutlich in jenen Zo-
nen des Pfälzerwaldes, in denen natürliche
Dunkelheit herrscht und die frei von Lichtver-
schmutzung sind. Das sind Orte wie beispielsweise die Burgruine Lindelbrunn bei Vorderwei-
denthal oder der Kirschfels bei Rinnthal. Wer
aber in der Pfalz auf den Spuren der Luft- und
Raumfahrt-Pioniere wandeln möchte, der muss

an eine ganz bestimmte Stelle: ins Modenbachtal nahe der südpfälzischen Orte Weyher
und Burrweiler. Am 17. Oktober 1784 war dort
vor Tausenden von Zuschauern einer der ersten
Heißluftballons in der Pfalz aufgestiegen – und
das gleich zu einem wahren Rekordflug. Konstruiert worden war der Ballon von einem Wun-
derkind seiner Zeit: Johann Andreas von Traitteur (1752-1825). Er war Mathematiker, Ingeni-
eur, Architekt, Rektor der Universität Heidelberg.
Und er zeigte sich begeistert von der Erfindung
der Gebrüder Montgolfier, die 1783 den ersten
Heißluftballon steigen ließen.

Unsere Erinnerungs-Tour an Traitteurs Tat beginnt in Rhodt unter Rietburg. Wir bummeln
zunächst durch die malerische, mitunter aber
auch etwas rummelige Theresienstraße, nach
650 Metern biegen wir dann links in die Neu-
gasse ab. Nach Hausnummer 9 wenden wir uns
nach rechts und nehmen den Wingertweg, der
uns aus dem Ort führt. Nach etwa 500 Metern
gelangen wir zu dem Platz, der 2012 zur
„schönsten Weinsicht der Pfalz" gekürt wurde –
er liegt mitten in den Weinbergen. Dort hat man
einen herrlichen Blick zur Villa Ludwigshöhe.
Wir wandern weiter auf dem Wirtschaftsweg

Die vier Traitteur-Buben in Stein gehauen: Grabmal ihrer Mutter in Weyher

hinauf nach Weyher. Im Ort gehen wir am Alten Rathaus vorbei hinüber zur Kirche St. Peter und Paul. An deren Ostseite befindet sich ein besonderes Grabmal – das von Eva Elisabeth Duras, verheiratete Traitteur. Sie war eine vermögende Frau, unter anderem gehörte ihr die Buschmühle weiter oben im Modenbachtal. Den Grabstein ziert eine Puttengruppe, die vier ihrer Kinder darstellt: Der Bub links, so sagt die Überlieferung, ist Johann Andreas.

Wir gehen wieder hinüber zum Alten Rathaus und von dort die Josef-Meyer-Straße ein kurzes Stück zurück, hinter dem Parkplatz links die Borngasse hoch und nach der Treppe dann links auf einem befestigten Wingertweg weiter. Dieser Weg verläuft in zwei ausgedehnten Bögen bis hinunter zu einem Parkplatz am Ortsausgang von Weyher. Dort steht ein Gedenkstein der Gemeinde, der 1984 aufgestellt wurde und an das damalige Jubiläum „200 Jahre Ballonfahrt" erinnert. Vom Parkplatz folgt man dem Feldweg, der zunächst rechts parallel zur Straße verläuft. Nach rund 400 Metern gelangt man wieder zur Straße, die man überquert. Jetzt geht es auf dem Feldweg kurz links der Straße entlang und dann – von der Straße weg – gera-

deaus einen kurvigen, geschotterten Wingertweg steil hinunter (Hinweisschild: „Aussichtsterrasse Modenbachtal"). Nach 220 Metern rechts abbiegen, über eine Haarnadelkurve gelangt man dann hinunter ins Modenbachtal.

Unten kommt man an einen Wiesenbereich, der unweit der Buschmühle liegt. Genau dort könnte am 17. Oktober 1784 der Startplatz für Traitteurs Heißluftballon gewesen sein: Er stieg laut Zeitungsberichten rund 3000 Meter hoch. Das war, wie es hieß, zum damaligen Zeitpunkt ein Rekord. Der Ballon, der einen Durchmesser von sechs Metern hatte und unbemannt war, landete schließlich rund 14 Kilometer weiter im Elmsteiner Tal. Ein schöner Zufall. Denn am Ende dieses Tals, in Frankeneck, wurde 180 Jahre später jenes schwer entflammbare Spezialpapier gefertigt, das 1969 mit der Apollo 11-Mission zum Mond flog.

Doch bis ins Elmsteiner Tal wollen wir bei dieser Tour nicht: Vom vermuteten Startplatz des Traitteur-Heißluftballons unten im Modenbachtal kann man Richtung Osten über die Burrweiler Mühle und den Skulpturenpark Hainfeld wieder hinauf nach Rhodt wandern.

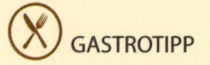

LANDRESTAURANT BURRWEILER MÜHLE

Schon das Ambiente ist besonders: Im lauschigen Mühlengarten sitzt man am Teich, im Inneren unter anderem auf dem ehemaligen Heuboden. Die Burrweiler Mühle, im Modenbachtal zwischen den Südpfälzer Weindörfern Burrweiler und Weyher gelegen, ist seit Jahren eine verführerische Adresse: Die Speisekarte verbindet Pfälzer Tradition mit mediterraner Leichtigkeit: Der Gast kann unter anderem wählen zwischen Pfälzer Bruschetta oder Blutwurst-Lasagne, zwischen einer Dornfelder-Lammhaxe oder dem „Burer Grummbeerpännel" (Burrweiler Kartoffelpfännchen). Die Mühle wurde 1686 erbaut, 1960 stillgelegt und 13 Jahre später als Gutsausschank eröffnet. 2017 wurde das Landrestaurant für die langjährigen herausragenden Leistungen in Küche, Weinauswahl und Service zur „Weinstube der Pfalz" gekürt.

Restaurant Burrweiler Mühle,
Burrweiler Mühle 202,
76835 Burrweiler,
Telefon: 06323/980751,
restaurant@burrweilermuehle.de,
www.burrweilermuehle.de

Restaurant: 100 Sitzplätze,
im Freien: 120 Sitzplätze.
Öffnungszeiten: Mi bis Sa 15-22.30 Uhr,
So u. Feiertage 12-21 Uhr,
Ruhetage: Mo und Di
Hauptgerichte: 9,50-29,50 Euro.

große Rolle. Dazu kam: Der damalige Firmenchef Klaus Heinrich Scheufelen kannte Wernher von Braun, den deutschen und späteren amerikanischen Raumfahrtpionier. Mit ihm hatte Scheufelen nämlich bei dessen Raketenentwicklung zusammengearbeitet: zuerst in den 1940er-Jahren in Peenemünde und später von 1945 bis 1950 in den USA. Anschließend war dann Klaus Heinrich Scheufelen nach Deutschland zurückgekehrt, um in das Unternehmen seiner Familie einzusteigen. Und 1967 erhielt er dann aus den USA den Spezialauftrag, das Mondpapier zu entwickeln: „Die NASA stand unter enormem Zeitdruck, und wir waren da die Schnellsten."

In der Firmenchronik von Scheufelen wurde diese Episode immer wieder gerne als Meilenstein herausgestellt: „Überirdisch! Scheufelen-Papier fliegt zum Mond", heißt es dort. Vom pfälzischen Frankeneck war in diesem Zusammenhang freilich nicht die Rede, sondern nur von der „Lenninger Papierfabrik" in Baden-Württemberg.

Wer wissen möchte, wie die Familie Scheufelen überhaupt zu ihrem Standort in der Pfalz gekommen war, muss lange zurückblenden: Die Geschichte der Papierindustrie in Frankeneck beginnt im Jahr 1800, das Dorf am Eingang zum Elmsteiner Tal ist da gerade gegründet worden. Der gelernte Papiermacher Johann Erhard Goßler, dessen Familie ursprünglich aus England stammt, ersteht dort am Speyerbach ein Gelände für den Bau einer Papiermühle. Um sich dafür das nötige Kapital zu beschaffen, verkauft er die Mitgift seiner Frau, eine Gastwirtschaft in Mußbach bei Neustadt. Die Fabrik floriert, sie wird mehrmals erweitert. Die Urenkelin des Firmengründers, Paula Goßler, heiratet im Mai 1902 den Papierfabrikanten Adolf Scheufelen aus dem baden-württembergischen Oberlenningen.

Die Verbindung hat Konsequenzen: 1925 wird das Frankenecker Unternehmen von Scheufelen als Zweigwerk übernommen. Bei Scheufelen heißt es über die durch die Heirat eingeleitete Fusion: „So bedauerlich es scheinen mag, dass der ehrwürdige Firmenname J. Goßler damit erloschen ist: Der Geist, der hier anderthalb Jahr-

Mitten im Ort: das heutige Frankenecker Zweigwerk des Feinpapierherstellers Julius Glatz

hunderte hindurch am Werk war, die Tradition der pfälzischen Rührigkeit und Gediegenheit ist unter schwäbischer Leitung lebendig geblieben."

Der Sohn von Paula Goßler und Adolf Scheufelen ist jener Klaus Heinrich Scheufelen, der mit Werner von Braun in den USA an Raketen getüftelt hatte. Er leitet später lange das Gesamtunternehmen – zusammen mit seinem Bruder, der 1963 zum Ehrenbürger von Frankeneck ernannt wird. Alles Vergangenheit: Dass der Scheufelen-Clan sein Zweigwerk in der Pfalz aufgegeben hat, ist inzwischen über 50 Jahre her. Das erklärt, warum sich in Frankeneck heutzutage die Suche nach Spuren des Mondpapiers so schwierig gestaltet.

In dem Papiermacher- und Heimatmuseum ließ sich in der Geschichte des Ortes jahrelang stöbern wie auf einem Flohmarkt oder wie auf einem vollgestellten Speicher. Werkzeuge, viele Dokumente, Fotos, das Modell einer Papiermaschine und die alte, riesige Stechuhr, dazu Puppenstuben und Kaufläden. Die Seele des Hauses war Marliese Röhle, seit vielen Jahren Vorsitzende des Museumsvereins. Sie weiß, wovon sie spricht. Röhle hat bis zum Ruhestand in der Papierfabrik Glatz gearbeitet, die ihren Hauptsitz im Nachbarort Neidenfels hat und 1971 auch das von Scheufelen aufgegebene Zweigwerk in Frankeneck übernommen hatte. Röhle blickte bei ihren Museumsführungen mit Wehmut in die Vergangenheit, als es in Frankeneck noch quirliger, bunter, lebhafter zugegangen sei als heute. Wenn sie nach dem Mondpapier gefragt wurde, zog Röhle aus einem der vielen Regale einen Bogen braunes Kondensatorpapier heraus. Solches Papier sei auch für die elektronischen Systeme der Mondflug-Raketen verwendet worden, erklärte sie. Das mag sein. Mit dem schwer entflammbaren Spezialpapier für die Logbücher und Karten der Apollo-Astronauten hat dies aber nichts zu tun.

Foto: S. 39: Rolf Schlicher

Zum Papiermachen braucht man Wasser: der Speyerbach im Elmsteiner Tal

Wer mehr erfahren will, muss deshalb nach Lenningen in den Landkreis Esslingen – zum Sohn des „Raketen"-Scheufelen und Urenkel des Firmengründers. Ulrich Scheufelen (Jahrgang 1943) hatte das Unternehmen in vierter Generation bis 2008 geführt und wohnt auch heute noch am baden-württembergischen Firmensitz. Er bestätigt, dass das Rohpapier für die Apollo-Flüge tatsächlich in Frankeneck produziert wurde. „Der Anteil des Frankenecker Standorts an dem Mondpapier ist sehr groß einzuschätzen", sagt Scheufelen im Rückblick. Denn dort wurde damals Dekorpapier für die Möbelindustrie hergestellt. Auch dieses Material für die Oberflächenveredelung von Holz musste schwer entflammbar sein, wenn auch nicht mit dem Standard, den die NASA verlangte. Aber: Das Unternehmen hatte auf diesem Gebiet bereits eine gewisse Erfahrung vorzuweisen. Und zwar genau am Standort Frankeneck.

Deshalb war man also gegenüber der Konkurrenz im Vorteil und hatte rascher als andere eine Lösung des Problems, als die NASA einen Papierlieferanten suchte. Die Scheufelen-Ingenieure tüftelten an Verbesserungen des Frankenecker Dekorpapiers. Sie mischten ihm unter anderem Antimontrioxid bei, um im Entzündungsfall Sauerstoff zu binden. Im Lenninger Stammwerk wurde das Papier dann zusätzlich mit nicht-brennbaren Pigmenten getränkt und beschichtet, die das Fehlen des Stickstoffs als natürliche Temperaturbremse ausglichen. Das Bindemittel für diese Beschichtung kam übrigens ebenfalls aus der Pfalz – entwickelt wurde es von der BASF in Ludwigshafen.

Doch es blieb ein diffiziler Spezialauftrag. Muster wurden zwischen Deutschland und den USA hin- und hergeflogen. „Das haben wir in Ministückzahlen hergestellt, es gab viel Ausschuss", erinnert sich der Ex-Firmenchef. Wegen der besonderen Beschichtung des Papiers hatten die Amerikaner dann Probleme, das Material zu bedrucken. Auch dafür fand Scheufelens Forschungs- und Entwick-

Lithografierte Ansicht der Papierfabrik J. J. Goßler um 1835

lungsteam aber am Ende eine Lösung. Im Januar 1968 wurden schließlich knapp fünf Tonnen des Papiers an die NASA geliefert. „Schwer entflammbar" hieß allerdings nicht, dass dieses Produkt vor einem Schadensfall geschützt gewesen wäre. Entzündet sich dieses Papier, dann fällt es zu Asche zusammen. Aber es gibt keine Flamme. Kein explosionsartiges Abbrennen.

An Bord der Apollo 11 flog die Sonderanfertigung aus Frankeneck und Lenningen im Juli 1969 erstmals zum Mond. Es folgten bis 1972 weitere sechs Apollo-Missionen. Ob das Papier auch bei späteren Weltraumexpeditionen der USA Verwendung fand, entzieht sich Scheufelens Kenntnis: „Wir hatten noch einmal eine größere Lieferung, danach hörten wir nichts mehr von den Amerikanern."

Die Produktion des Papiers wurde schließlich eingestellt. Zwar habe es Ideen für weitere Einsatzmöglichkeiten außerhalb der Raumfahrt gegeben, sagt Scheufelen und nennt als Beispiele Party-Artikel wie Lampions oder Luftschlangen. Doch die Herstellung des ursprünglich für den Einsatz in reinem Sauerstoff konzipierten Papiers wäre dafür zu teuer gewesen. Später produzierte das Unternehmen in Lenningen vor allem hochwertige Verpackungskartons für Luxusgüter aus den Bereichen Kosmetik, Pharmazie, Gesundheit, Schmuck, Uhren, Elektronik und Alkoholika. Zuletzt versuchte der Betrieb einen Neustart mit der Produktion von Papier aus Gras.

Raumfahrer benutzen schon lange keine Bordbücher aus Papier mehr. Eigentlich ist es im heutigen digitalen Zeitalter kaum vorstellbar, dass auf den Fahrten durchs Weltall tatsächlich einmal Heft und Bleistift mit dabei waren. Nur ein Papiermensch wie Ulrich Scheufelen dürfte diesen Wandel vielleicht etwas bedauern. Wenn sein Gegenüber bei Konferenzen keinen Papierblock verwende, sondern einen Computer benutze, bedrücke ihn das, sagt der Unternehmer. Der Computer führe dazu, dass immer weniger per Hand geschrieben werde. Scheufelen: „Dabei haben Psychologen herausgefunden, dass die Handschrift bestimmte Areale im Gehirn aktiviert, die zu Kreativität und Intelligenz beitragen."

Bleiben zwei Fragen: Haben die Apollo-Astronauten die Blätter aus Frankeneck tatsächlich wie weggeworfenes Butterbrotpapier auf dem Mond zurückgelassen, wie der frühere Ortsbürgermeister so gerne erzählt hat? Und wenn das stimmt, fast noch wichtiger: Wer bringt so ein Stück Mondpapier wieder auf die Erde, damit es dort ausgestellt werden kann?

Dass Teile des Spezialpapiers auf dem Mond blieben, ist freilich kaum vorstellbar. Auch Ulrich Scheufelen glaubt nicht daran. Die Tafeln mit den Anweisungen in Notfällen waren schließlich auch beim Rückflug unverzichtbar. Und das wichtige Logbuch mit den täglichen Eintragungen über Vorkommnisse und Beobachtungen sollte ebenfalls bestimmt zurück zur Bodenstation der NASA in Houston (Texas). Aber vielleicht gab es ja ein kleines Missgeschick: Falls ein Apollo-Astronaut sich einmal verschrieben hätte, könnte er dann diese Logbuch-Seite kurzerhand herausgerissen und auf dem Mond entsorgt haben?

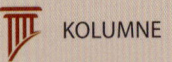 KOLUMNE

SAPPERLOT
NADELSTICH INS HERZ DER PFALZ

Kennen Sie das Gasthaus „Zum Mittelpunkt der Pfalz"? Dort soll ein großer Stammtisch stehen, in dessen Mitte der amtliche Messpunkt zu finden ist. Und wer dort zielgenau sein Schoppenglas abstellt, dem soll vom Wirt per Urkunde bescheinigt werden, dass er eine Pfälzer Mittelpunkt-Schorle genossen hat. Was, Sie kennen das Gasthaus nicht? Das ist nicht verwunderlich. Denn niemand weiß so ganz genau, wo der Mittelpunkt der Pfalz eigentlich exakt liegt – mithin solch ein Gasthaus anzutreffen wäre.

Die Saarländer sind da besser dran: In ihrem Bundesland wurde bereits vor Jahren mit moderner Satellitennavigation die geografische Mitte aufgespürt, ein eigentlich unbedeutendes Waldstück bei Lebach-Falscheid. Eilig wurde dort ein großer, schwerer Findling samt Infotafel hingewuchtet – niemand sollte mehr an dieser Entdeckung rütteln können. Freudetrunken rühmen sich die Lebacher seitdem, das wahre Herz des Saarlandes zu sein.

Und nur wir Pfälzer sollen weiter mittelpunktslos dahinleben? Im Landesvermessungsamt in Koblenz räumt man zähneknirschend ein, dass die Suche nach dem Zentrum unserer Pfalz bisher nicht ins amtliche Koordinatenkreuz genommen wurde. Also bleibt nur der Selbstversuch: Dazu nimmt man eine Pfalzkarte, klebt sie auf einen festen Papierkarton und schneidet das Ganze dann aus. Doch Vorsicht: Wenn die Schere an die zackige Grenze des Donnersbergkreises kommt, kann das Experiment zur zeit-

Weil die Räume gekündigt wurden, musste das Papiermacher- und Heimatmuseum in Frankeneck schließen. Der Trägerverein sucht derzeit ein neues Domizil, die Ausstellungsstücke wurden eingelagert.

raubenden Plackerei werden – jeder Millimeter Karton mehr oder weniger wird bei dieser Probe aufs Exempel schließlich von Gewicht sein.

Dann ist es so weit, die Pfalz liegt vor einem: Auf einer Flasche Schweigener „Sonnenberg", in deren Korken man eine Nähnadel gebohrt hat, wird das Stück Heimat dann ausbalanciert. Denn dass der „Sonnenberg" als äußerste Südpfalz-Weinlage ganz fern jeder Mitte liegt, macht diese Flasche zum völlig unparteiischen Arbeitsgerät. Der entscheidende Moment: Als die Nadelspitze eine Stelle nahe der klitzekleinen Ansiedlung Mückenwiese im Elmsteiner Tal berührt, kommt die Pfalz ins Lot und schwebt ganz gerade über dem Korken – ein Stich ins Herz der Pfalz.

Und gewiss ein Nadelstich für all die anderen, größeren Orte, die vielleicht gerne selbst im Mittelpunkt gestanden hätten: Neustadt, als Perle der Pfalz beispielsweise. Oder Kaiserslautern mit seinem berühmten Fußball-Berg. Oder Johanniskreuz, wo gefühlt sämtliche Pfälzerwald-Wanderwege spinnennetzartig zusammenlaufen.

Das Wirtshaus „Zum Mittelpunkt der Pfalz" samt Mittelpunkt-Schorle wird man aber leider auch nicht bei der Mückenwiese finden. Aber ist das schlimm? Der kleine Ort Bärenbach im Hunsrück war vor Jahren als geografischer Mittelpunkt von ganz Rheinland-Pfalz fixiert worden. Ein Messergebnis ohne Folgen. „Es ist mir noch niemand begegnet, der deshalb hierher wollte", sagt der Bürgermeister.

Nach Bärenbach vielleicht nicht. Aber in die Pfalz. Denn mittendrin ist dort, wo man sich wohlfühlt.

Die rätselhaften Felsmulden auf dem Kesselberg beschäftigten bereits in den 1920er-Jahren Heimatforscher und Wissenschaftler wie Christian Mehlis, Heinrich Kohl und Friedrich Sprater (Foto S. 45, von links).

innerhalb der Heidelberg
bei Waldfischbach 1930

DIE GLETSCHERMULDEN AM KESSELBERG
SCHNEE VON GESTERN

Lag auch die Pfalz zur Eiszeit unter einem großen Gletscher? Schon der Gedanke daran kann an heißen Sommertagen für Abkühlung sorgen. Der Neustadter Heimatforscher Christian Mehlis glaubte vor hundert Jahren, im Pfälzerwald Beweise für eine Vergletscherung gefunden zu haben. Von Zeitgenossen wurde er verspottet, doch ein Bremer Geologe sagt inzwischen: Mehlis hatte recht.

Aber der Reihe nach: Am 23. Mai 1923 wandern drei Männer auf den 662 Meter hohen Kesselberg bei Edenkoben. Einer davon ist Kommerzienrat Heinrich Kohl, Mitbegründer des Pfälzerwald-Vereins, ein anderer der Neustadter Oberzollinspektor Heinrich Wenner. Der Dritte im Bunde ist Christian Mehlis, ein etwas eitler und kauziger Heimatkundler und Historiker aus Neustadt. Schon seit längerem ist er ein Anhänger der Theorie, dass der Haardtrand und der Pfälzerwald vor Hunderttausenden von Jahren einmal vergletschert waren. Als 1886 in Neustadt am Bahn-

Teilweise groß wie ein Spülbecken: die Vertiefungen in den Felsplatten

hof eine Drehscheibe für Lokomotiven angelegt wird, deutet Mehlis die bei den Bauarbeiten ans Tageslicht geförderten Geröllmassen und abgeschliffenen Findlinge als „gewaltige Stirnmoräne" eines Gletschers. Doch Mehlis weiß: Seine Hypothese stößt auf große Skepsis. Es fehlen stichhaltige Beweise.

An jenem Tag im Mai entdecken Mehlis und seine zwei Mitwanderer auf dem Kesselberg mehrere Buntsandstein-Blöcke mit kesselförmigen Vertiefungen und Ablaufrinnen. Es wird gemessen; die Löcher sind den Angaben zufolge zwischen 0,20 bis 1,70 Meter breit und bis zu einem Meter tief. Für den Heimatforscher steht fest: Das sind Gletschermühlen. Solche Hohlformen im Gestein kennt Mehlis aus den Alpen, so hatte er beispielsweise den Gletschergarten bei Luzern besucht. Die dort 1872 bei Bauarbeiten gefundenen beeindruckenden Gletschertöpfe belegen, dass in der Eiszeit weite Teile der Schweiz von Gletschern bedeckt waren. Aber trifft das auch auf die Pfalz zu?

Solche Töpfe entstehen, wenn Schmelzwasser, das unter einem Gletscher fließt, Wirbel bildet. Mitgeführte Sand- und Kiespartikel, hohe Fließgeschwindigkeiten von rund 200 km/h und der Druck des Gletschers sorgen dann dafür, dass Hohlformen im Gestein ausgeschliffen werden. Genau diese Erscheinungen – Mehlis nennt sie auch „Sprudellöcher" oder „Strudellöcher" – glauben die drei Wanderer auf dem Kesselberg vor sich zu haben. Bei einer erneuten Exkursion acht Wochen später machen sie auf dem Bergrücken acht weitere Vertiefungen dieser Art ausfindig. Insgesamt zählen sie 21 Strudellöcher, die sich auf sieben isolierte Felsen verteilen. Christian Mehlis jubelt: „Die Gletschertöpfe, von denen der Kesselberg offenbar seinen Namen erhalten hat, erheben die bisherige Hypothese der Vergletscherung des Haardtgebirges zu einer geologischen Tatsache."

Geologe Winfried Kuhn

Im Zickzack auf den Kesselberg-Gipfel: der Dr.-Sprater-Pfad

In mehreren Aufsätzen – unter anderem für die Zeitschrift des Instituts für Eiszeitforschung in Wien – berichtet Mehlis anschließend von seinen Entdeckungen; seine Schlussfolgerungen sorgen für erhebliches Aufsehen. Doch die Fachleute widersprechen damals entschieden. So nennt beispielsweise Ludwig Rüger (1896-1955), Professor für Geologie und Paläontologie an der Universität Heidelberg, den Pfalzgletscher einen „Spuk". Rüger macht sich am Kesselberg selbst ein Bild und schreibt hinterher: „Von Gletschermühlen kann keine Rede sein." Die topfartigen Aushöhlungen in den Felsblöcken sind für Rüger vielmehr das Ergebnis unterschiedlicher, sehr interessanter Verwitterungsformen; in diesem Fall seien Tropfwasser und verschiedene Flechten am Werk gewesen. Widerspruch kommt auch von dem Pfälzer Prähistoriker Friedrich Sprater (1884-1952), der von 1920 bis 1949 Direktor des Historischen Museums der Pfalz in Speyer ist. In seiner „Urgeschichte der Pfalz" hatte Sprater bereits 1915 kurz und bündig festgestellt: „In der Pfalz sind Gletscher nicht nachgewiesen."

Der Kesselberg ist nach der Kalmit die zweithöchste Erhebung im Pfälzerwald. Markierte Wanderrouten führen nicht über den Gipfel, zufällig kommt man dort auch heutzutage nicht vorbei. Der lange Bergrücken ist ein abgeschiedener, fast mystischer Ort. Wer für den Aufstieg den Pfad wählt, der am Benderplatz abzweigt, taucht wie im Zeitlupentempo in diese besondere Welt ein. Umgestürzte Bäume liegen quer, an anderer Stelle muss man sich unter herabhängenden Zweigen tief bücken. Märchenhaft wird es an Windungen, wo Tannen komplett ihre Nadeln abgeworfen haben und man über einen zentimeterhohen Naturteppich läuft.

Ausblicke gibt es auf dem Kesselberg fast keine. Dafür ganz oben eine Schneise, die gut abgeschirmt ist. Das ist der Ort, um den der Wissenschaftsstreit geht: Die teils vier Quadratmeter

Erhielt schon zu Lebzeiten einen Gedenkstein am Rande von Neustadt: Christian Mehlis

großen Felsformationen mit den eigenartigen Vertiefungen, die Mehlis damals in helle Aufregung versetzt hatten, sind auch heute noch vorhanden. In aktuellen Wanderkarten werden sie als „Gletschermulden" bezeichnet. Manche der Hohlformen wirken wie Kuhlen zum Murmelspielen, andere sind so groß wie eine Salatschüssel oder ein Spülbecken. Die Sandsteine sind teils mit Moos und Flechten überzogen, in etlichen der Schüsseln steht Wasser. Einer dieser Felsen liegt etwas abgerutscht am Beginn des südwestlichen Hangs: Auf ihm sind gleich fünf dieser merkwürdigen Vertiefungen, übereinander angeordnet, zu finden. Wer etwas länger hinschaut, erkennt plötzlich eine Art „6" und glaubt zu sehen, wie sich in den Töpfen das Wasser schnell drehte und sprudelte. In dieser Innenwelt des Pfälzerwaldes kann man seiner Phantasie freien Lauf lassen.

Dass Mehlis angreifbar war, lag in seiner Person: Er ist Archäologe aus Liebhaberei, nicht vom Fach. Mehlis wird 1850 in der Westpfalz als Sohn eines Pfarrers geboren, er macht sein Abitur mit Note 1. In einem seiner Zeugnisse, so ist überliefert, stand die Bemerkung: „eine strebsame, aber etwas rätselhafte Natur". Mehlis studiert Geschichte und Altphilologie. Später ist er Lehrer für Geschichte und alte Sprachen – anfangs in Bayern, wo er gleichzeitig promoviert, dann in Dürkheim und anschließend in Neustadt. Daneben ist Mehlis aber immer wissenschaftlich tätig. Dies intensiviert er noch, als er im Alter von 49 Jahren wegen eines Augenleidens vorzeitig in Ruhestand tritt. Jetzt widmet er sich mit großem Eifer der Erforschung der Vor- und Frühgeschichte des Pfälzerwaldes, der Haardt, des Donnersberges oder der Nordvogesen. Es gibt von Mehlis dazu zahlreiche Veröffentlichungen. Von ihm stammt unter anderem die erste prähistorische Karte der Pfalz (1882), später wird er Herausgeber des „Pfalzführers". Mehlis ist damals bekannt wie ein bunter Hund. Das liegt auch an seinem charakteristischen Aussehen: blaue Brille auf der Nase, Schlapphut, grüner Mantelumhang. Wenn es bei dem Pfälzer Mundartdichter Paul Münch um

TURMWALZER AUF DEM BLÄTTERSBERG

Die Strecke:

Wanderparkplatz Lolosruhe an der K 6 am Ende des Edenkobener Tals – Schänzelturm (1 km) – Benderplatz (1,6 km) – Abzweig Dr.-Sprater-Pfad zu den Gletschermulden auf dem Kesselberg (3,1 km) – Kohlplatz (4 km) – Ludwigsturm (6,6 km) – Rietburg/Bergstation Sesselbahn (8,3 km). Markierung: blau-gelber Balken. Rastplätze entlang der Strecke. Einkehrmöglichkeiten: Nello-Hütte (ab Kohlplatz etwa 400 m, teils nur sonntags geöffnet), Höhengaststätte Rietburg (S. 88).

ÖPNV:

Im Sommer und Herbst an Sonn- und Feiertagen Busverbindung (Palatina-Bus, Linie 506) vom Bahnhof Edenkoben zum Wanderparkplatz Lolosruhe und zurück von Villa Ludwigshöhe/Talstation Sesselbahn zum Bahnhof. Sessellift: www.rietburgbahn-edenkoben.de

Der Ludwigsturm auf dem Blättersberg

An diesem Ort sieht man die Pfalz doppelt. Hier muss nichts mehr verschönert werden. Die Kuppe des 613 Meter hohen Blättersbergs wölbt sich breit und träge wie ein Elefantenbuckel. Der Gipfel ist eine große Lichtung. Mittendrin steht der Ludwigsturm, den der Verschönerungsverein Edenkoben 1889 errichtet hatte. Eine schmale Spindeltreppe führt mit 79 Stufen hoch zur Plattform. Schöne Aussichten gibt es viele im Pfälzerwald, doch diese sind einmalig. Denn dort oben steht man mitten in einer ganz besonderen Pfälzer Sichtachse: Nur auf dem Ludwigsturm erblickt man sowohl das Hambacher Schloss als auch die Reichsburg Trifels. Das Schloss im Norden, die Burg im Süden – man möchte sich deshalb dauernd drehen. Schloss, Trifels, Schloss – Trifels, Schloss, Trifels. Fast ein Turmwalzer ...

Appetit auf Pfälzer Aussichten macht zu Beginn der Wanderung bereits ein anderer Turm: der Schänzelturm auf dem Steigerkopf. Die Tour lässt sich im Sommer an Sonn- und Feiertagen als eine besondere Streckenwanderung gestalten, bei der man mit Sesselbahn und Bus wieder zurück zum Bahnhof Edenkoben gelangt.

Wer den Kesselberg komplett erwandern möchte, für den bietet sich diese Variante an: Etwa 30 Meter nach dem Benderplatz zweigt vom Forstweg mit der blau-gelben Markierung nach links ein Pfad ab. Dieser steigt zunächst steil bergan, nach dem Überqueren eines weiteren Forstweges führt der Pfad dann eher gemächlich durch die urwaldähnliche Landschaft des Kesselbergs (ab Benderplatz: 1,4 km). Zurück auf den Wanderweg (Markierung: blau-gelber Balken) geht es über den nach unten führenden Dr.-Sprater-Pfad, der dabei ebenfalls einen Forstweg quert.

Info: „Rhodt - Rietburg, Ludwigsturm und Schänzelturm", www.outdooractive.com (über Suchfunktion)

Gut abgeschirmt: der Gipfel des Kesselbergs.

Forscher und Historiker geht, dann tragen diese die Züge von Mehlis. In der 1925 erschienenen „Pälzisch Weltgeschicht" heißt es:

Mit dicke Brille uf der Nas
Un unnerem Arm e Metermaß,
Mit Reißzeig, Lupp und Mikroschkop
Sin die Professor angeschob.

Mehlis ist Hobbyarchäologe aus Leidenschaft. Er ist zwar auf diesem Gebiet Autodidakt, aber gleichzeitig eine Art Universalgelehrter. Seine Privatbibliothek umfasst rund 3000 Bände. Doch in seinem Feuereifer und seiner Begeisterung glaubt Mehlis, fast in jeder Ecke der Pfalz auf germanische oder römische Spuren zu stoßen. Dabei unterlaufen ihm auch grobe Schnitzer. So ist sich Mehlis zunächst sicher, im Speyerdorfer Wald bei Neustadt eine steinzeitliche Siedlung entdeckt zu haben. Er nimmt Ausgrabungen vor, berichtet in Aufsätzen über seine Ergebnisse. Weil er in den Gesteinsschichten einen Dattelkern findet, folgert er daraus, dass die Bewohner der Siedlung aus Griechenland oder Italien eingewandert sein müssten. Untersuchungen an der Obst- und Weinbauschule in Neustadt zeigen aber, dass der Kern wohl nur ein Jahr alt ist. Später stellt sich heraus: Zwei Studenten hatten dort bei einem Picknick Datteln gegessen.

Gerne haben Gegner des früheren Lehrers damals auch diese Geschichte aufgetischt: Bei Arbeiten für die Kanalisation von Neustadt wird im Frühjahr 1926 ein großer Knochen ausgegraben, der laut Mehlis vom „Homo Neustadtiensis" stammen sollte. Die Schar der Zweifler und Spötter ist groß, es entwickelt sich ein bizarrer Streit. Mehlis hält den Knochen wochenlang in einem

Bauarbeiten für das Empfangsgebäude des Neustadter Bahnhofs, das 1866 fertiggestellt wurde.

Banksafe unter Verschluss. Das angebliche Überbleibsel eines Urmenschen – mal ist von einem Oberarm-, mal von einem Schienbeinknochen die Rede – stellt sich dann aber als gewöhnlicher Pferdeknochen heraus. Der befragte Experte ist vom Fach: ein Neustadter Metzgermeister.

Der Speyerer Museumsdirektor Friedrich Sprater hält Mehlis immer wieder dessen Irrtümer vor, doch dieser lässt sich nicht einschüchtern. Beide tragen ihre Fehde öffentlichkeitswirksam über die Zeitungen aus. Die Posse um den „Homo Neustadtiensis" wird sogar von der ausländischen Presse aufgegriffen. Sprater war Schüler auf dem Humanistischen Gymnasium in Neustadt zu der Zeit, als Mehlis dort Lehrer war. In ihren späteren, im Verlauf immer schärfer werdenden Auseinandersetzungen schenken sich die beiden nichts, es ist von Hochstapelei und gar Diebstahl die Rede. Und es geht natürlich um Fragen der Reputation, um gegenseitige Verletzungen der Gelehrtenehre. Mehrfach muss Kommerzienrat Heinrich Kohl, der mit Mehlis wie Sprater verbunden ist, vermitteln. Einmal kommt es sogar zu einem „Versöhnungsakt", bei dem 1930 ein bemerkenswertes Foto entsteht: Es zeigt einen überlegen blickenden Sprater, einen selbstbewussten Mehlis und in der Mitte Heinrich Kohl, der den beiden seine Hände auf die Schultern legt. Lange scheint die Aussöhnung nicht gewirkt zu haben. In seinem Testament verfügt Mehlis, dass nichts von seiner umfangreichen Sammlung an Sprater und das Museum in Speyer gehen soll.

Trotz etlicher Fehlschlüsse bei Knochen- oder Dattelkernfunden: Die Mehlis-Theorie einer Vergletscherung des Pfälzerwaldes ist von den Kritikern nicht so schnell aus der Welt zu schaffen. Das Staatliche Amt für Vor- und Frühgeschichte in Speyer (heute: Landesarchäologie) will 1972 den umstrittenen Hohlformen endgültig auf den Grund gehen und beauftragt den Buntsandsteinspezialisten Egon Backhaus mit einer geologischen Stellungnahme. Der damalige Profes-

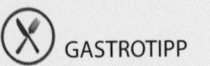 GASTROTIPP

„LUDWIGS RESTAURANT"

Einst brausten hier die Löschfahrzeuge aus den beiden Toren, heute sind diese verglast und geben großzügige Ein- wie Ausblicke. „Ludwigs Restaurant" in Edenkoben (Landkreis Südliche Weinstraße) residiert in der alten Feuerwache. Die war eher knuffig und deshalb verströmt das Lokal auch eine gemütliche Bistro-Atmosphäre. Schwerpunkt der Speisekarte sind opulente Burger, die alle mit Krautsalat und Kräuterkartoffeln serviert werden. Mit Fastfood hat das nichts gemein, die „Ludwigs-Burger" sind exzellent. Zum Standard gehören vier Rindfleisch-Varianten, darunter „Otto" mit Spiegelei. Dazu kommen jede Woche wechselnde Kreationen: beispielsweise ein vegetarischer Gemüse-Haferflocken-Burger oder eine raffinierte Kombination mit Nüssen. Wem nicht nach Burgern ist, der findet Alternativen. „Das richtet sich nach der Saison oder auch nach dem, worauf wir gerade Lust haben zu kochen", sagt die Chefin Eva Herbold. An diesem Tag waren es Trüffeltortelloni und Burgunderbraten.

Ludwigs Restaurant & Hotel,
Ludwigsplatz 23, 67480 Edenkoben,
Telefon: 06323/9898733,
info@ludwigsedenkoben.de,
www.ludwigsedenkoben.de

Sitzplätze innen: 40, außen:
25 (Innenhof), 20 (Terrasse am
Platz). Öffnungszeiten: Mo und Mi
bis Sa, 17-22 Uhr, So 17-21 Uhr,
Ruhetag: Di. Hauptgerichte: 12-
20 Euro, Burger: 14-16,50 Euro.

sor an der TH Darmstadt kommt zu Exkursionen in die Pfalz. Die Hohlformen und Vertiefungen seien „zweifelsfrei" durch das Herauswittern von Gesteinsteilen entstanden, sagt Backhaus hinterher.

1993 dann ein Paukenschlag: Der Bremer Geologe Professor Dieter Ortlam hält auf der Internationalen Polartagung in Obergurgl (Österreich) einen Vortrag über „Hohlformen im außeralpinen Mitteleuropa". Ortlam ist nach eigenen Angaben rund 6000 Kilometer durch die hiesigen Mittelgebirge gewandert und hat seit den 1960er-Jahren bis heute rund 4000 solcher Hohlformen gesichtet und kartiert, die für ihn eindeutig auf Gletschereinwirkungen zurückgehen. Darunter sind auch rund 150 Stellen im Pfälzerwald. „Die Eismassen sind nicht stehen geblieben, wie es in den Lehrbüchern steht, sondern bis in den Südwesten runtergekommen", behauptet Ortlam. Er geht von einer 1000 Meter hohen Inlandeisdecke aus, nur Nord- und Südschwarzwald hätten stellenweise herausgeschaut. Die Inlandeise von Skandinavien und den Alpen hätten sich demnach, wie Ortlam es fast poetisch formuliert, in einer bisher noch nicht datierbaren Kaltzeit „geküsst". Mehlis habe vor über hundert Jahren einen sehr guten Gedanken gehabt, sagt der inzwischen pensionierte Bremer Wissenschaftler: „Doch er wurde damals fertiggemacht, was haben die gegen den Mann gefetzt – ich habe ihn nun rehabilitiert."

Ortlam weiß, was Widerspruch heißt. Er war 25 Jahre lang leitender Mitarbeiter des niedersächsischen Landesamtes für Bodenforschung. Weil er den Salzstock in Gorleben als ungeeignet für ein Atommüll-Endlager hielt, stellte er sich seinerzeit gegen seinen eigenen Dienstherrn. Ortlam, der zeitweise im südbadischen Achern lebt, hat die Beweise für seine Gletscher-Theorie vielfach publiziert. Aus einer Reihe von Gründen bestreitet er, dass bei den Hohlformen Verwitterungsprozesse am Werk waren: Die topfartigen Vertiefungen, wie sie beispielsweise auch auf dem Kesselberg zu finden sind, seien nur oben auf den Felsbrocken anzutreffen, nicht aber auch an den Seiten; ihr Auftreten sei zudem nicht gleichmäßig über Felsgruppen ver-

Sandgrube in den Ur-Rhein-Sedimenten bei Sprendlingen (Landkreis Mainz-Bingen)

teilt, wie das bei Verwitterungen erwartet werden müsste, sondern auf Gipfel und Bergkämme beschränkt. Und: Es existierten die für Gletschertöpfe charakteristischen Abflussrinnen.

Doch Ortlam geht es wie Mehlis, auch seine Zeitgenossen halten von der Gletschertheorie nichts. „Dass die Vereisung nördlich der Pfalz stoppte, hat schlicht daran gelegen, dass die jeweiligen Eiszeiten nicht lange genug anhielten, um derart weit nach Süden reichende Vorstöße zu ermöglichen", sagt beispielsweise Sebastian Voigt, der Leiter des Urweltmuseums Geoskop auf Burg Lichtenberg bei Kusel. Die Lehrmeinung hinsichtlich der maximalen Eisrandlagen lautet: Im Norden liegt die Grenze bei Düsseldorf, im Süden bei Ulm. Voigt. „Dazwischen gab es eine eisfreie Mammutsteppe." Alle Befunde Ortlams ließen sich mit an Sicherheit grenzender Wahrscheinlichkeit anders erklären, meint der in Neustadt lebende Professor Dieter Uhl, Wissenschaftler am Senckenberg Forschungsinstitut und Naturmuseum Frankfurt am Main. Uhl bleibt wie andere skeptisch, sagt aber auch: „Ortlam kann richtig liegen, aber er hat noch niemanden überzeugt."

Auch Geologe Winfried Kuhn, beim Landesamt für Geologie und Bergbau in Mainz viele Jahre Spezialist für das Erdzeitalter Tertiär, ist von Ortlams Gletscher-These nicht überzeugt. Aber er ist auf einer neuen Spur. Mehrfach war Kuhn zuletzt auf dem Kesselberg. Auch er ging anfangs – wie viele seiner Fachkolleginnen und Fachkollegen – davon aus, dass die Hohlformen in den Felsen das Resultat von Verwitterungen sind. Inzwischen hat er aber festgestellt: Die Vertiefungen sind in vielen Fällen zu groß und zudem spiralig ausgebildet, als dass sie durch das Herauswittern von Kugeln aus dem Sandstein erklärt werden könnten: „Mit Verwitterungen hat das nichts zu tun." In dem Punkt gibt Kuhn also Ortlam recht. Doch nur darin, denn er sagt weiter: „Die Erosionsformen auf dem Kesselberg sind eindeutig durch schnell fließendes Wasser entstanden." Konkret

Wurde möglicherweise auf Gletschergeröll gebaut: die frühere Drehscheibe für Loks am Neustadter Bahnhof.

hat Kuhn dabei eine Art Gebirgsbach vor Augen, der mit seinen Strudeln die Felsen stellenweise ausgehöhlt hat. Aber wie kann das sein? Ein Gebirgsbach ausgerechnet auf dem Kesselberg, diesem zweithöchsten Gipfel im Pfälzerwald? „Das klingt schon etwas verrückt", gesteht Kuhn zu.

Doch seine Theorie lautet so: All das muss vor über drei Millionen Jahren passiert sein, noch bevor sich die Täler in den Mittelgebirgen herausgebildet haben. Dafür, dass die Landschaft einst ganz anders aussah, gibt es Belege. Geologen haben beispielsweise den Verlauf des Ur-Rheins in Rheinhessen rekonstruiert, der vor zehn Millionen Jahren nicht wie heute an Mainz vorbeifloss. Stattdessen bog der Fluss bei Worms ab und suchte sich quer durch Rheinhessen an Alzey vorbei den Weg Richtung Bingen. Ablagerungen des Ur-Rheins – teils 15 Meter hoher gelber Sand mit Geröll – finden sich heute vielfach auf den Höhenzügen Rheinhessens. Erst etwa vor drei Millionen Jahren werden die Mittelgebirge herausgehoben, und dann erst entstehen auch die Täler – alles möglicherweise durch den Druck der Alpen. Heftige und weiträumige Niederschläge – Folge der Wechsel von Kalt- zu Warmzeiten – spülen anschließend die Täler immer tiefer aus.

Folgt man den Überlegungen von Kuhn, dann gab es zum Zeitpunkt der Entstehung der Felsschüsseln auf dem Kesselberg noch nicht die heutigen Täler, wo das Wasser hätte fließen können. „Vielleicht war sogar damals hier oben der tiefste Punkt der Landschaft", sagt der Geologe. Also eine Gegend, in der sich ein Gebirgsbach besonders intensiv ausgetobt hat. Über dem Buntsandstein des Pfälzerwaldes lagen damals noch viele andere Schichten wie beispielsweise Muschelkalk. Die wurden über die Jahrtausende hinweg abgetragen, im Fall des Kesselbergs behauptete sich der härtere Buntsandstein. Die einstige Senke mit dem Gebirgsbach wurde so zum Gipfel. „Reliefumkehr", nennt dies der Geologe.

Scheinbar auf dem Weg ins Tal: Felsen am Kesselberg.

Nach seinem vorerst letzten Besuch am Kesselberg zieht Kuhn ein Fazit: Er hätte kein Problem damit, die Hohlformen als Gletschermühlen zu deuten, wenn sich in der Pfalz die anderen für eine Vergletscherung charakteristischen Merkmale und Ausprägungen finden ließen. Wie Gletscherschliffe oder Schrammen an Felsen, wie Moränenbildungen. Doch dafür gebe es keine Hinweise. Und noch ein Indiz gegen die Gletschertheorie hat Kuhn: die großen Felsblöcke, wie sie auf den Höhenzügen des Pfälzerwaldes zu finden sind. Besonders ausgeprägt beispielsweise beim sogenannten Felsenmeer unterhalb des Kalmitgipfels. „Gletscher hätten diese lockeren Blöcke abtransportiert und als Findlinge im Vorland abgelagert", erklärt Kuhn.

Bewegung gibt es dennoch. Wer an den vorderen Hängen des Kesselbergs hinabsteigt, sieht dort immer wieder einzelne große Felsblöcke liegen. Es scheint fast so, als seien sie auf dem Weg ins Tal aufgehalten worden. Während der Eiszeiten gab es zwar offensichtlich keine Gletscher über der Pfalz, der Boden war aber dennoch oft viele Meter tief gefroren. Wenn es in anschließenden Warmzeiten zu tauen begann, wurde die Erdoberfläche breiig und schmierig. Selbst bei kleinen Neigungen kamen solche Felsriesen dann ins Rutschen. Ein Prozess, der sich bei einer nächsten Eiszeit fortsetzen könnte. Kuhn: „Sobald die Felsen weg sind, geht es auch mit dem Kesselberg abwärts." Sein Nimbus, der zweithöchste Berg des Pfälzerwaldes zu sein, wäre dann möglicherweise dahin.

Was Mehlis den heutigen Geologen wohl erwidern würde? Er war überzeugt, am Ostrand des Haardtgebirges – und nicht nur am Neustadter Bahnhof – Grund- und Endmoränen gesichtet zu haben. Der Neustadter starb 1933. Eine umfassende Biografie zu Mehlis fehlt bisher. Der frühere Lehrer und spätere Verkehrsexperte Werner Schreiner hat für eine Chronik des altsprachlichen Kurfürst-Ruprecht-Gymnasiums in Neustadt/Weinstraße 1978 den Lebensweg von Christi-

Fotos: S. 54: Eisenbahnmuseum Neustadt; S. 55: Gabriele Himmer-Gumpp

an Mehlis zumindest kurz nachgezeichnet. Sein Urteil: „Manche Kritik an Mehlis mag berechtigt sein, doch ihm kommt das Verdienst zu, die pfälzische Vor- und Frühgeschichte erstmals in das Bewusstsein der Bevölkerung gebracht zu haben." Auch heutige Heimatforscher wie Sebastian Arnold aus Rödersheim-Gronau sehen inzwischen die Verdienste von Mehlis: „Ihm ist ein Gespür für mögliche Fundstellen nicht abzusprechen, wenn auch heute noch viele der archäologischen Grabungsarbeiten auf Flächen erfolgen, die bereits von Mehlis erstmals untersucht wurden."

So gesehen ist die Zeit eigentlich reif für einen Christian-Mehlis-Wanderweg. Am Kesselberg bei Edenkoben sollte er auf jeden Fall vorbeiführen. Denn dort wird bisher nur an seinen Widersacher Friedrich Sprater erinnert. Der Pfälzerwald-Verein hat am Südwest-Hang 1953 eine Zickzack-Route angelegt, die vom unteren Forst-Fahrweg direkt auf den Gipfel führt. Zu Ehren des 1952 verstorbenen Wissenschaftlers, der bei vielen Wanderungen selbst die Leitung übernommen und dabei Heimatgeschichte vermittelt hatte, wurde der neue Auf- und Abstieg „Dr.-Sprater-Pfad" genannt.

In dieser Hinsicht war Mehlis seinem Konkurrenten freilich eine Nasenlänge voraus. Denn schon zu Lebzeiten bekam er an einer Neustadter Parkanlage einen Gedenkstein gesetzt, den ein Relief seines markanten Gesichts ziert – natürlich mit Brille und dem charakteristischen Hut. Typisch Mehlis: Die Rede zur Einweihung hielt er selbst.

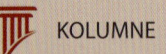 KOLUMNE

SAPPERLOT
ELEGANT GESCHNIPST

Der Spruch gehört zu den schönsten Pfälzer Redensarten: „Dehääm hän alle Buwe Klicker!" Damit lassen sich beispielsweise Angeber rasch in die Schranken weisen. Beispielsweise solche, die nur deshalb angeblich in diesem Augenblick keine Großtat vollbringen können, weil ihnen gerade dummerweise dazu eine bestimmte Kleinigkeit fehlt. Die beispielsweise zu Hause in der Schublade liegt – oder im Handschuhfach des Autos oder im Büro auf dem Schreibtisch.

Der Spruch stammt aus einer Zeit, als Kinder noch mit Klickern oder Murmeln auf Straßen spielten, wo Pferdefuhrwerke statt Autos fuhren. Dieses „Dehääm hän alle Buwe Klicker" verrät damit auch viel über das frühere Rollenverständnis. Damals besaßen demnach nur „Buwe" Klicker, die Mädchen dagegen spielten offenbar Gummitwist oder bürsteten ihren Puppen das Haar. Heutzutage sind „dehääm" gehortete Klicker auf jeden Fall pure Nostalgie. Denn sämtliche „Buwe" und „Mädle" haben jetzt ihr Smartphone in der Hand.

Doch so ganz sind die Klicker – oder pfälzischer: die „Gligger" – auch aus der heutigen Spielewelt nicht verschwunden. Da gibt es beispielsweise den vor 25 Jahren gegründeten „1. Murmelspielclub Ludwigshafen-Friesenheim", der auf dem heimischen Gelände bereits mehrfach die Deutschen Murmel-Meisterschaften ausgerichtet hat. Der Zweibrücker Schriftsteller Wolfgang Ohler, der 2016 mit

Ehrung durch den Pfälzerwald-Verein:
1953 wurde der neue Aufstieg zum Kesselberg nach dem Archäologen Friedrich Sprater benannt.

dem Pfalzpreis für Literatur ausgezeichnet wurde, staunte nicht schlecht über die Murmelspiel-Elite in Ludwigshafen: „Nee, kee klenne Buuwe, wie mir domols jedes Friehjohr bei unsere Gliggerschlachde uff de Strooß un im Hof, sonnern ausgewachsene Kerle, die wahrscheinlich zevor zwee Woche im Trainingslaacher gewest sinn", notierte der Autor in einer seiner Mundartkolumnen.

Noch mehr wäre Ohler sicherlich verblüfft, wenn er sich in das Regelwerk dieser austrainierten Murmelspieler vertiefen würde: Tatsächlich werden beim ersten Zug die Klicker auf die Bahn „geworfen" und dann mit angewinkeltem Zeigefinger „gestoßen". Eine eher rustikale Technik, die wohl herauskommt, wenn mit erwachsenem Ernst ein Kinderspiel betrieben wird. Die „Buwe" von früher haben die Klicker dagegen noch elegant und mit Ef-fet geschnipst – mit der Mittel- oder Zeigefingerkuppe, die über den Daumen geschnalzt wurde. Wir sind sicher: „Alle Buwe" haben das damals so gemacht.

Ein Beweisstück dafür ist im Neustadter Ortsteil Gimmeldingen zu finden. Dort steht bei der Nikolauskapelle der 2000 eingeweihte „Gliggerles-Brunnen", für den der Neustadter Bildhauer Bernhard Mathäss eine Bronzefigur geschaffen hat: Es ist ein kleiner Junge, der auf dem Brunnentrog kniet und wie aus der Zeit gefallen eine Murmel spielt – mit dem Zeigefinger, den er über den Daumen schnipst. Es ist eine der anrührendsten Szenen in der so opulenten Pfälzer Brunnenwelt.

*Zum Karussell sagt man in Süddeutschland gerne Reitschule, bei „Hartmanns"
drehen sich gleich 15 Holzpferde im Kreis.*

DAS ÄLTESTE KARUSSELL DER PFALZ

AUFGEDREHTE NOSTALGIE

Diese Rösser sind immer auf dem Sprung. Sie blähen die Nüstern, die Augen funkeln unterneh-mungslustig. Im Zaumzeug glitzern kleine Spiegel. Die 15 prächtig bemalten Holzpferde sind die Zierde des Etagenkarussells der Schaustellerfamilie Hartmann aus Landau. Dazu gibt es noch ei-nen Elefanten, einen Löwen und ein Schwein – in der oberen Etage kann man in Schiffschaukeln wippen. Eine Fahrt dauert zwei Minuten – die Zeitspanne reicht, um die Welt für einen Moment zu vergessen. Diese zwei Minuten ist alles in Bewegung. Dazu orgelt die Jahrmarktsmusik des Orchestrions so schmissig, dass die Pfalz hier auf eine ganz besondere, losgelöste Weise pulsiert.

Seit fünf Generationen bereits sind die Hartmanns mit der Nostalgie-Reitschule unterwegs: zu Kerwen und Festen. Es dürfte das älteste Karussell der Pfalz – vielleicht auch Deutschlands – sein, das noch regelmäßig in Betrieb ist. Die 15 Holzpferde und das Etagenkarussell kommen aus ei-nem berühmten Stall: 1883 hatte der Schlossermeister Fritz Bothmann (1858-1928) in Gotha eine

Sorgt für schmissige Jahrmarktsmusik: das Orchestrion.

der ersten deutschen Manufakturen für den professionellen Karussellbau und andere Jahrmarkts-
attraktionen gegründet. Das Prunkstück der Familie Hartmann dürfte in den Anfangsjahren der
Bothmann-Ära gefertigt worden sein, es ist somit über 130 Jahre alt.

Bothmann baute später auch Straßenbahnen und Eisenbahnwaggons. Seine Karussells jedoch
machten den Thüringer Fabrikanten weltweit bekannt. In der Blütezeit dieser Maschinenbaufir-
ma waren es pro Jahr rund fünfzig verschiedene Exemplare, die ausgeliefert wurden. In Hamburg, Paris und London unterhielt die Firma Exportvertretungen. Doch es kam auch vor, dass ein
Besteller aus Argentinien nach Gotha reiste, die bis zu zehn Wochen dauernde Fertigung seines
Luxus-Karussells abwartete und es dann mit nach Südamerika nahm. Es war jedes Mal eine kleine
Sensation, wenn ein neues Einzelstück für den Export vorbereitet wurde. Meist erhielten interessierte Bürger von Gotha zuvor die Gelegenheit zur Besichtigung oder gar zu einer Probefahrt.
Im Angebot hatte Bothmanns Manufaktur beispielsweise Attraktionen wie ein „Berg- und Thal-
bahncaroussel", „Die schwankende Weltkugel" oder das „Taifunrad". Ein Auftraggeber aus Mainz
orderte 1905 gar ein „Unterseeboot-Caroussell".

„Karussells sind was für die Seele", hat Bernhard Paul, Mitbegründer und Direktor des Roncal-
li-Zirkus, einmal gesagt. So ähnlich muss dies damals auch der junge Fritz Bothmann empfunden
haben, als sich der Schlosser – vermutlich auf seiner Wanderschaft als Handwerksbursche – für
Karussells zu interessieren beginnt. Die Fahrgeschäfte, die bis dahin auf den Jahrmärkten und
Schützenfesten in Deutschland zu sehen waren, stammten vorwiegend aus England. Bothmann
wird einer der Väter des deutschen Karussellbaus. Für die Weltausstellung 1889 in Paris konstruiert er ein prachtvolles Dampfkarussell mit 56 beweglichen Pferden; diesen neuartigen Schau-

Auf der zweiten Etage warten Schiffschaukeln.

Farbenprächtig: der Karussellhimmel.

kelmechanismus lässt sich der Fabrikant damals gleich patentieren. Denn hinter dem äußeren Glanz und Glimmer dieser ersten Karussells steckt bereits viel Erfindergeist und Ingenieurskunst.

Die Konstruktionen werden immer komplizierter. Auch für die von ihm erfundene „Hexenschaukel" sichert Bothmann sich ein Patent. Das Gothaische Tageblatt berichtet darüber im November 1894: *„Diese Schaukel ist eine ganz neue Einrichtung und einzig in ihrer Art. Die Illusion ist hübsch und äußert ihre Wirkung auf die Mitfahrenden so intensiv, daß diese selbst bei zweiten und folgenden Fahrten von Neuem mit Vergnügen auf die Täuschung hereinfallen."* Die Schaukel, in der rund 30 Personen Platz nehmen konnten, stand mitten in einem eleganten Salon, dessen Tür vor der Fahrt verschlossen wurde. Was folgte, war seinerzeit großes Jahrmarktskino. Bothmanns Kniff dabei: Tatsächlich drehte sich das Zimmer mit seinen fest angeschraubten Möbeln um die feststehende Schaukel.

Das Etagenkarussell der Familie Hartmann ist dagegen überhaupt keine Illusion, sondern bis heute eine schöne Realität geblieben – auch weil es von den Südpfälzer Schaustellern stets liebevoll gehegt und gepflegt wurde. Das Geschäft haben inzwischen Tanja Hartmann und ihr Mann Tobias Stahl-Hartmann übernommen. Der Betrieb ist breit aufgestellt: ein Autoscooter, ein modernes Kinderkarussell, Flammkuchen- und Eisverkauf sowie Spielautomaten gehören dazu. Das von Tanja Hartmanns Ur-Urgroßvater einst erworbene Etagenkarussell ist allerdings pro Jahr nur noch auf einem halben Dutzend Kerwen im Einsatz – so beispielsweise in Maikammer (Maifest), Rhodt unter Rietburg (Heimat- und Blütenfest) oder Landau (Weihnachtsmarkt). „Der Mindestlohn macht uns da auch zu schaffen", sagt Stahl-Hartmann. Die anderen Fahrgeschäfte bringen eben mehr Umsatz.

Kein Motor, sondern ein richtiges Pferd brachte diese Reitschule bis 1927 in Bewegung.

Am letzten Juli-Wochenende dreht sich das Karussell traditionsgemäß an seinem Lieblings-platz: der Jakobuskerwe im Neustadter Ortsteil Hambach. Seit dem 18. Jahrhundert wird dieses Kirchweihfest dort gefeiert, seit rund hundert Jahren bereits kommen die Hartmanns mit ihrer alten Reitschule in das Weindorf: „Wenn wir dort aufbauen, ist es schon ein richtiger Hype, da schauen die Leute gerne vorbei und machen ein Foto." Vor dem alten Hambacher Rathaus geht es eng zu, viel Rangierarbeit und Präzision sind gefordert. „Das ist unser bester Platz – und unser schwierigster", meint denn auch Tobias Stahl-Hartmann. Rund eineinhalb Tage dauert es, bis das Etagenkarussell steht. Die Montage ist ein Riesenpuzzle: Stangen, Barockengel, Burgenbilder, Lampen und viele Glühbirnen, Dutzende Spiegel. Ein Fertighaus ist heutzutage schneller zusammen-gesetzt als dieser bunte Jahrmarktstraum.

Vieles sei noch originalgetreu, sagt Stahl-Hartmann. Ausgewechselt wurden aber Anfang der 1980er-Jahre die tragenden Teile; sie waren früher aus Holz und sind jetzt aus Stahl. Einst spen-deten Petroleumlampen Licht, heute sind es 120-Volt-Kugelbirnen. Für die hat Stahl-Hartmann zwar noch einen Lieferanten, aber er fürchtet, dass er irgendwann vielleicht doch auf LED-Leuch-ten umsteigen muss: „Das wird hoffentlich nicht zu kitschig." Bis 1927 wurde die Reitschule noch von einem echten Pferd in Schwung gebracht, das im Inneren im Kreis lief. Heute besorgt ein Elektromotor den Antrieb. Und 1971 wurde die Mechanik mit einem automatischen Fahrschal-ter ausgerüstet: Er sorgt dafür, dass Hartmanns Etagenkarussell und damit Rösser, Elefant, Löwe und Schwein nach den Runden immer an der gleichen Stelle anhalten. Das erleichtert es warten-den Eltern, ihre Kinder nach der Fahrt ohne großes Durcheinander schnell wieder in Empfang zu nehmen.

DER SEEBACHER KLOSTERRUNDWANDERWEG

Der Zeppelinturm bei Bad Dürkheim

Die Strecke:
Klosterkirche Seebach – Abzweig zum Flaggen-turm (0,5 km) – Flaggenturm (0,95 km) – zurück am Abzweig (1,4 km) – Nolzeruhe (2,1 km) – Schutzhütte „An den drei Eichen" (4,8 km) – Zeppelinturm „Schneckennudel" (6,7 km) – Hammelstalstraße (7,5 km) – Klosterkirche Seebach (8,9 km). Markierung: Abbildung der Klosterkirche

ÖPNV:
Vom Bahnhof Bad Dürkheim nach Seebach: wochentags mit Buslinie 486, an Wochenenden mit Ruftaxi 4972 (Telefon: 06322/1866).

Bietet die Pfalz eine Wanderstrecke, die sich wie die Fahrt auf einem Karussell anfühlt? Vermutlich nicht. Aber es gibt ein Ziel im Pfälzerwald, an dem man wie auf einer Kirmes-Reitschule in Schwung kommen kann: der Zeppelinturm auf dem Ebersberg bei Bad Dürkheim. Zu Recht wird diese Aussichtsplattform von den Einheimischen auch „Schneckennudel" genannt. Denn hinauf geht es nicht über eine enge Treppe, sondern völlig stufenlos und ganz bequem in einer etwa 80 Meter langen Spirale. Das Unikum selbst ist nur fünf Meter hoch; dennoch dauert es quasi drei schöne, selbst gedrehte Karussell-Runden, bis man oben ist. Noch gibt es dort einen wunderbaren Rundumblick, aber die vor dem Turm stehenden Kastanienbäume sind dabei, zum Sichthindernis zu werden.

Im August 1908 bestand diese Gefahr offensichtlich nicht. Denn als damals Graf Ferdinand von Zeppelin mit seinem Luftschiff über Südwest-

deutschland unterwegs war, strömten viele Schaulustige aus Bad Dürkheim und der Umgebung auf den 342 Meter hohen Ebersberg. Offiziell heißt der dortige Ausguck daher Zeppelinturm. Zu erreichen ist er unter anderem über den abwechslungsreichen Seebacher Kloster-Rundwanderweg. Anfangs geht es dabei noch an der Ortsrandbebauung des Bad Dürkheimer Stadtteils vorbei, dann durch einen parkähnlichen Abschnitt, bis schließlich aus dem Spaziergang eine richtige Wanderung wird. Genau das Richtige für einen Sonntagsausflug.

Der Rundkurs trägt den Untertitel „Von Kaffeemühlchen und Schneckennudeln". Denn die Route führt noch zu einem zweiten Aussichtspunkt: dem Flaggenturm, der wegen seiner Form auch „Kaffeemühlchen" genannt wird. Dort thront man über den Weinbergen und hat einen prächtigen Panorama-Weitblick. Zurück in Seebach sollte man dem Namensgeber des Rundwegs einen Besuch abstatten: Die romanische Klosterkirche bildete einst das Zentrum eines hoch angesehenen Benediktinerinnen-Klosters, das 1136 erstmals urkundlich erwähnt wurde.

Info: www.bad-duerkheim.de (Rubrik „Wanderwege")

Eineinhalb Tage dauert der Aufbau, dann passt das Karussell in den engen Hambacher Rathausplatz.

Der Dudenhofener Künstler Franz-Josef Bettag hatte 1989 einen Film über das Karussell für den „K3 Kulturkanal" gedreht, dieses private TV-Programm war bis 2010 in Rheinland-Pfalz zu empfangen. In dem Film begegnet man Walter Hartmann, dem 1995 im Alter von 83 Jahren verstorbenen Großvater von Tanja Hartmann. Er schildert den damaligen Pferdebetrieb sehr anschaulich: „Die liefen im flotten Schritt, nicht im Trab." Alle drei Stunden sei das Pferd gewechselt worden. Die Reitschule war Walter Hartmanns ganzer Stolz, ihm hört man in dem Film gerne zu. Beispielsweise wenn er erzählt, dass die Pflege des Karussells einst noch aufwendiger war als heute: „Früher war da noch viel mehr Messing dran, das man jede Woche putzen und polieren musste."

Viele alte Messingteile sind inzwischen durch Spiegel ersetzt worden. Sie fangen bei jeder Drehung auf wunderbare Weise und immer wieder neu die Außenwelt ein – in Hambach beispielsweise den Dorfplatz, das Fachwerkhaus, den Ausschank. Die Innenwelt des Karussells spiegelt dagegen Glücksmomente: strahlende Kinderaugen, verliebte Blicke, verträumtes Nachdenken. Oft sind es mehr Erwachsene als Kinder, die da ihre Runden drehen. Und dabei wohl in einen Strudel von Erinnerungen eintauchen: an die ersten Kerwebesuche, an den Geruch von gebrannten Mandeln und Bratwurst und an die Plastikjetons, die quasi die Eintrittskarte für die Fahrten waren. Zeitsprünge im Zweiminutentakt. Beim Heimatpflege-Verein „Die Hambacher" schwärmt man von der Atmosphäre, die Karussell und Jakobuskerwe verbreiten: „Das mitzuerleben ist wie prickelnder Sekt, ist Lebenslust pur."

Nicht nur das. Das Karussell ist dazu ein besonderes Stück lebendig gebliebener deutscher Industriegeschichte. Susanne Fredebeul aus Ahlen hat ihr Herz an diese aufgedrehte Jahrmarkt-Nostalgie verloren. Die frühere Arzthelferin restauriert und rettet mit Leidenschaft ramponierte Ka-

Seit dem 18. Jahrhundert wird im Neustadter Ortsteil Hambach die Jakobuskerwe gefeiert.

russell-Pferde. Sie kann nicht zusehen, wenn bei so einem alten Exemplar ein Bein fehlt oder die Mähne abgerissen ist: „Das berührt dann schon mein Herz, und ich habe auch immer das Gefühl, dass die mit mir sprechen: Mach mich heile, nimm mich mit." Susanne Fredebeul kümmert sich, hat sich Techniken und Werkstattwissen beigebracht. Bei der Restaurierung eines Karussellpferdes musste sie beispielsweise einmal mit dem Heißluftföhn acht Kilo Farbe abtragen. Schicht für Schicht wurde das gute Stück wieder in den Originalzustand versetzt.

Fredebeuls Fürsorge und Liebe gilt gerade auch den Erzeugnissen Fritz Bothmanns. Viele der Fahrgeschäfte, die dessen Unternehmen Ende des 19. und Anfang des 20. Jahrhunderts hergestellt hat, sind schon lange von der Bildfläche verschwunden, weil sich der Zeitgeist und die Moden auf den Rummelplätzen geändert haben. Ein konkretes Verzeichnis existierender Karussells der Firma Bothmann gebe es zwar leider nicht, aber es seien nur noch „sehr wenige" vorhanden, sagt Fredebeul. Sie und ihr Mann Alexander konnten vor einigen Jahren ein von Bothmann 1928 gebautes Märchenkarussell retten: „Trotz des traurigen Zustands kauften wir es, um es vor dem Verschwinden zu bewahren." Fredebeuls geheilte und aufpolierte Karussellpferde sind inzwischen bei Filmproduktionen häufig im Einsatz, beim Bürgerfest des Bundespräsidenten in Berlin waren sie ebenfalls schon gefragt.

In seiner Heimatstadt Gotha tat man sich freilich lange schwer mit der Anerkennung für den Tüftler und Fabrikanten Bothmann, der Ende der 1880er-Jahre rund hundert Arbeiter beschäftigt hatte – darunter Metallbauer, Zimmerleute, Schreiner, Maler, Lackierer, Sattler, Holzbildhauer und Kunstschmiede. Als der Kultur- und Bildungsverein Gotha im Jahr 2000 der Firmengeschichte im Stadtbild nachspürte, stellte er ernüchtert fest: „Nichts weist auf die einstige Blütezeit des

Fotos: S.64/65: Ulrich Buttner

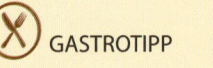 GASTROTIPP

RESTAURANT „SCHOGGELGAUL"

Wer den Schwung von Karussell-
pferden mit in die Weinstube nehmen möchte, findet in der Pfalz
gleich zwei gute Adressen: Das
Lokal „Zum Schockelgaul" in Forst
(Landkreis Bad Dürkheim), das
viele wegen seines Cordon bleu
schätzen, und den „Schoggelgaul"
in Pleisweiler (Landkreis Südliche
Weinstraße), der in einem über
200 Jahre alten ehemaligen Küfer-
haus daheim ist. Dort thront das
größte Schaukelpferd auf dem
Schrank, kleinere Ausführungen
wippen auf dem Kaminsims. Die
Schiefertafel mit der Tageskarte
wird liebevoll per Steckenpferd an
den Tisch gerollt. Die „Schoggelgaul"-Küche schaut gerne mal
ins benachbarte Elsass: Deshalb
wird das Cordon bleu mit Müns-
terkäse gefüllt, von dem auch eine
ordentliche Portion auf die damp-
fenden „Vogesen-Grumbeere"
kommt. Deftige Hausmannskost
mit Pfiff also. Obendrein: Einen
üppigeren Beilagensalat findet
man selten. Der Service ist herzlich, zum Abschied gibt es ein Li-
körchen.

Restaurant „Schoggelgaul",
Schäfergasse 1, 76889 Pleisweiler,
Telefon: 06343/7900,
www.schoggelgaul-pleisweiler.de

Sitzplätze innen: 50, außen: 60.
Öffnungszeiten: Mi bis Sa ab 17 Uhr,
So und feiertags 12-14.30 Uhr
und ab 17 Uhr. Ruhetage: Mo, Di.
Hauptgerichte: 13,50-25,50 Euro.

Karussellbaus hin, nichts auf seinen Gründer als einen Menschen, der mit hohem persönlichen Einsatz
den Karussellbau als eine in der damaligen Zeit für die
Stadt und das Herzogtum Gotha, ja sogar in Deutschland unbekannte Industrie aus der Taufe hob." Immerhin: 2011 benannte die Stadt endlich eine Straße nach
Fritz Bothmann – wenn auch eher nüchtern und wenig spielerisch in einem Gewerbegebiet von Gotha.

Sehr gründlich und mit viel Liebe hat dagegen Margit
Ramus die Geschichte der deutschen Karussellbauer
aufgearbeitet. Die 1951 geborene Kölnerin stammt in
sechster Generation aus einer Schaustellerfamilie und
war selbst mit Fahrgeschäften und Süßigkeitenständen
auf Jahrmärkten unterwegs. Mit Mitte 40 machte sie ihr
Abitur, studierte anschließend Kunstgeschichte. Ihre
2013 vorgelegte Doktorarbeit „Kulturgut Volksfest. Architektur und Dekoration im Schaustellergewerbe" be-
leuchtet detailliert das bis dahin nicht erforschte Thema des Designs von Karussells und Volksbelustigungen
aus kunsthistorischer Sicht. Ramus hat nicht nur die
Baugeschichte des Etagenkarussells der Familie Hartmann beschrieben, sie hat auch die Spur eines anderen Bothmann-Karussells mit Pfälzer Bezügen entdeckt:
1898 heiratete der Sattler Karl Sartorio aus St. Ingbert
die Schaustellertochter Auguste Dilfert aus dem westpfälzischen Bruchmühlbach und erwarb ein von Fritz
Bothmann zehn Jahre zuvor gebautes zweistöckiges
Pferdekarussell. Vom Handwerker zum Schausteller. So
ähnlich war das auch bei den Hartmanns gewesen: Der
Ur-Urgroßvater, der das Etagenkarussell bauen ließ, war
ursprünglich Schuhmacher in Pirmasens gewesen.

Der Saarpfälzer Karl Sartorio (Jahrgang 1872) hatte das
Sattlerhandwerk im Betrieb seines Vaters gelernt. Zu
dessen Kunden gehörten auch etliche Schausteller, die
dort ihre Pferdegeschirre reparieren ließen. Von dieser
anderen Welt war Sartorio fasziniert; seit der Heirat mit
der Schaustellertochter aus der Westpfalz besaß er eine
eigene Reisegewerbekarte. Ein Jahr lang betrieb Karl
Sartorio noch seine Sattlerwerkstatt, dann aber zog er
nur noch über die Jahrmärkte. Weitere Fahrgeschäfte,
darunter ein „Orientalischer Vergnügungspalast" kamen

Skulptur „Reitschulgaul" im südpfälzischen Gleisweiler

hinzu, später übernahm der Sohn den Betrieb. Aus diesen Anfängen entwickelte sich eine Schausteller-Dynastie, die über Generationen hinweg vor allem mit großen Autoscootern auf Reisen ging. Die Spur von Karl Sartorios Ersterwerbung aus dem Jahr 1898 verliert sich jedoch. Margit Ramus bedauert: „Über den Verbleib des Sartorio-Etagenkarussells ist nichts bekannt."

Ein Schicksal, das auf viele der Bothmann-Karussells zutrifft. Vergessen, verschrottet, verloren. Auch die einst weltbekannte Manufaktur des Thüringer Fabrikanten ist schon lange Vergangenheit. 1930 war das Unternehmen wegen Zahlungsunfähigkeit zwangsversteigert worden, eine Folge der Weltwirtschaftskrise. Fritz Bothmann selbst erlebte das nicht mehr, er war zwei Jahre zuvor gestorben. Ein trauriges letztes Kapitel einer Erfolgsgeschichte.

Ein bisschen von dieser Wehmut kann spüren, wer am letzten Tag der Hambacher Jakobuskerwe am späten Abend noch ein paar Fahrten mit dem Etagenkarussell der Hartmanns macht. Die Schausteller bauen nämlich dann schon bei laufendem Betrieb Stück für Stück ab. Barockengel, Burgenbilder, Spiegel, Teile des Schmuckfrieses. Das Karussell entblättert sich, das antike Orchestrion klingt melancholischer als die Tage zuvor. Doch die 15 prächtig bemalten Holzpferde bleiben bis zum Schluss, sie sind auch bei der allerletzten Runde unablässig auf dem Sprung. Und blähen die Nüstern, die Augen funkeln immer noch unternehmungslustig. So, als wollten sie sagen: „Bei der nächsten Jakobus-Kerwe sind wir wieder da. Ganz bestimmt. Versprochen."

Wer nicht so lange warten kann, der muss im südpfälzischen Gleisweiler vorbeischauen. Denn dort hat man die Karussell-Nostalgie in Bronze gegossen: Die Skulptur „Reitschulgaul" des Malers und Bildhauers Herbert Lorenz (1916-2013) hat den flüchtigen Moment dieses Kribbelns und

Flirrens, das einen auf Dorfkerwen erfassen kann, wie für die Ewigkeit festgehalten. Zur Szene gehören zwei Kinder. Sie warten voller Vorfreude darauf, sich gleich mit dem wiehernden Ross im Kreis zu drehen. Das Kunstwerk steht genau dort, wo es stehen muss: auf dem „Reitschulplatz". Als dieser 1992 eingeweiht wurde, so erinnert man sich in Gleisweiler, sei der ganze Ort auf den Beinen gewesen, um mit Herbert Lorenz die Enthüllung der Plastik zu feiern. Der Künstler hatte seit 1980 sein Atelier in Gleisweiler. Er erhielt zahlreiche Aufträge von öffentlicher, kirchlicher und privater Seite; in der Pfalz sind Arbeiten von ihm auch in Pirmasens, Landau, Kirchheimbolanden, Edenkoben und auf dem Hambacher Schloss bei Neustadt an der Weinstraße zu finden.

1982 anlässlich der Wiederkehr des Hambacher Festes von 1832 hatte Lorenz die Plastik „Hambach" geschaffen. Sie zeigt eine Menschenmenge und ihre Kraftanstrengung für eine demokratische Gesellschaft. Es war das Anliegen des Künstlers, dass dieses Werk einmal einen Platz auf dem Hambacher Schloss findet. Drei Jahre nach seinem Tod erfüllte die Erbengemeinschaft den Wunsch mit einer Schenkung an die Schloss-Stiftung. Die Personen erscheinen bei der „Hambach"-Plastik eher als abstrakte Teile einer Gruppe. Ganz anders ist die Darstellung des „Reitschulgauls" in Gleisweiler: Zaumzeug, Sattel, Hufe, die Nüstern und die kühn blickenden Augen – all dies ist sehr konkret, sehr realistisch herausgearbeitet. Beide Plastiken zeigen aber eine der Stärken von Herbert Lorenz: Er verstand es, Bewegung einzufangen und in einem statischen Kunstwerk sichtbar zu machen.

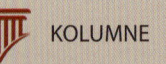 KOLUMNE

SAPPERLOT
LINKES DING

Die Pfalz ist wahrlich nichts, was man einfach links liegen lässt. Warum auch? Hier gibt es Wein, Wald, Burgen und Schlösser. Und hier rotiert sogar die Welt um ihre Achse, wie es der Heimatdichter Paul Münch in seiner „Pälzisch Weltgeschicht" schon 1909 so trefflich beschrieben hat: „Dort werd die Weltachs ingeschmeert un ufgebasst, das nix basseert."

Ob sich Paul Münchs Weltachs aber nun rechts- oder linksherum dreht und ob sie von Rechts- oder Linkshändern geschmiert werden muss, hat der Mundartpoet nicht preisgegeben. Im Nachhinein betrachtet, spielt die Drehrichtung vielleicht auch gar keine Rolle, wenn man sich wie viele Pfälzer ohnehin im Mittelpunkt des Geschehens wähnt. Denn „was nit in der Palz basseert, is Newesach un hat kee Wert", reimte dazu Paul Münch damals.

In Deutschland sind 15 bis 20 Prozent der Bevölkerung Linkshänder. Dass sie sich in der Pfalz zu Hause fühlen, dafür ist offensichtlich gesorgt. Sie können für die wichtigsten Pfälzer Genüsse auf eigene Spezial-Werkzeuge zurückgreifen: Einen Linkshänder-Korkenzieher zum problemlosen Öffnen einer guten Flasche Riesling gibt es ebenso wie das Linkshänder-Taschenmesser samt Dosenöffner für die Hausmacher-Brotzeit.

Und in Pfälzer Burgtürmen führt der Weg oft linksherum nach oben. Aber Vorsicht. Das

Wohin sich der „Reitschulgaul" wenden wird? Nach links oder rechts? Das Etagenkarussell der Hartmanns mit seinen 15 Rössern dreht sich – wie viele alte Fahrgeschäfte – auf jeden Fall stets links herum. Vermutlich hängt dies mit einer Art Ur-Karussell zusammen, auf dem im Mittelalter Ritter das Stechen mit der Lanze übten. Für sie galt es, außen um das Karussell angeordnete Ringe aufzuspießen. Weil die meisten Menschen Rechtshänder sind und daher die Ritter Schwert oder Lanze überwiegend in der rechten Hand hielten, drehte sich ihr Trainings-Karussell immer gegen den Uhrzeigersinn.

Heutzutage geht es rund um die Karussells viel friedlicher zu, dort werden allenfalls ein paar Pommes oder Wursthappen aufgespießt.

Fachwerkhäuser als Kerwekulisse

war im Mittelalter eher ein linkes Ding für die Linkshänder. Denn solch linksdrehende Wendeltreppen verhalfen, wie es heißt, im Konfliktfall den Rechtshändern unter den Burgherrn zur Überlegenheit: Der oben verteidigende Ritter konnte so mit dem Schwert in der rechten Hand um die Kurve herum zustechen – quasi ein Heimvorteil.

Doch das ist Schnee von gestern. Heutzutage gibt es in Deutschland zwei Dutzend Versandhändler, die sich auf Linkshänderprodukte spezialisiert haben. Und die Angebotspalette wird immer größer. Der Trierer Pianist und Musiklehrer Geza Loso hat beispielsweise vor einigen Jahren das weltweit erste Linkshänder-Klavier erfunden und zusammen mit dem traditionsreichen Pianohersteller Blüthner (Leipzig) auf den Markt gebracht. Geigen, Gitarren oder Blockflöten

für Linkshänder gab es zuvor bereits. Klavierspieler mussten aber bis dahin mit einer Tastatur Vorlieb nehmen, bei der die rechte Hand den Ton angibt.

Bei Geza Losos Instrument ist alles spiegelverkehrt, die hellen Töne erklingen links, die Bässe rechts. „Das ist ein absoluter Durchbruch", meint der Musiker. Links Klavier spielen zu können, so sagt er, sei ein absolut anderes Gefühl – viel emotionaler und dynamischer.

Macht es also doch einen Unterschied, ob die Pfälzer Weltachs links- oder rechtsherum rotiert? Nein! Wir Pfälzer haben doch ohnehin den richtigen Dreh raus. Und ob man das Schoppenglas nun in der linken oder rechten Hand hält, ist tatsächlich schnurzpiepegal.

Ganz schön schmal: der Einstieg in den Studerbildschacht

Foto: S. 70: Séverine Bär; S. 71: Gabriele Himmer-Gumpp

DIE TIEFSTE HÖHLE AM TOTENKOPF

PIROUETTEN IM STUDERBILDSCHACHT

Eines darf man im Studerbildschacht nicht haben: Platzangst. Die vor über hundert Jahren von zwei Beerensammlern zufällig entdeckte Felsspalte ist die wohl tiefste Höhle der Pfalz. Dort unten geht es eng zu, sehr eng. Die Einstiegsstelle ist ein unwirklich erscheinendes, dunkles Loch. Hilferufe verhallen dort ungehört: Der Zugang zur Höhle liegt versteckt mitten im Wald; abseits der Totenkopfstraße, die St. Martin mit dem Elmsteiner Tal verbindet.

Der aus Maikammer stammende Florian Annawald und der Wörther Eckart Uhlmann sind zwischen 2001 und 2003 zwei Dutzend Mal in diese Unterwelt eingestiegen und hinabgeklettert. Bei der mühevollen Erkundung sind die beiden Südpfälzer und andere Höhlenforscher bisher rund 50 Meter weit in die Tiefe vorgedrungen. Dafür braucht es Kraft, viel Erfahrung und eine

Unwirklicher Weg in die Pfälzer Unterwelt.

gute Ausrüstung, dazu Mut und immer wieder akrobatische Körperbeherrschung. Was Anna-wald und Uhlmann im Studerbildschacht erlebt und entdeckt haben, hielten sie seinerzeit in einer 58-seitigen Dokumentation fest. Der Bericht liefert eine detaillierte Beschreibung von Ram-pen, Quergängen, Kammern; er ist aber zugleich ein Tagebuch der Strapazen, der Fehlschläge und immer wieder auch der Glücksmomente.

Eine besonders knifflige Stelle ist in etwa 22 Meter Tiefe eine nur 30 mal 50 Zentimeter große Öff-nung, die „Pfälzer Fenster" genannt wird. Diese Luke verläuft schräg, dazu ragen Felsvorsprünge hinein. Wie man dort vorbeikommt, beschreiben Annawald und Uhlmann so: *„Man begibt sich in horizontale Lage, dreht sich mit angewinkelten Knien und streckt sich wieder in die Senkrechte. Dann steigt man ein kleines Stück weiter auf und dreht sich noch einmal schraubenartig (...) durch das Fenster durch nach oben, wo man sich unmittelbar um 180 Grad um die Längsachse drehen muss."* Eine Höhlenpirouette sozusagen ...

Der größte Raum des Studerbildschachts ist die „Pfälzer Halle" – sie ist fünf Meter lang, drei Me-ter hoch und immerhin einen Meter breit. So viel Bewegungsspielraum gibt es ansonsten dort unten nicht. Denn es handelt sich um eine Klufthöhle – sie muss man sich wie zwei Hochhaus-wände mit ständig vor- und zurückspringenden Kanten und Blöcken vorstellen, die ein riesiger Schraubstock bis auf einen Spalt zusammengepresst hat. Dieser Zwischenraum ist das Expediti-onsgebiet für die „Befahrungen", wie Höhlenforscher ihr Vordringen in die Tiefe nennen.

Beim Abseilen im Hauptschacht kann man sich erstmals nach 25 Metern umdrehen. Noch enger geht es weiter unten im Nordschacht zu: Die Kluftweite reduziert sich schnell auf einen gleichzei-

Platzangst darf man beim „Befahren" des Studerbildschachts nicht haben.

tigen Bauch- und Rückenkontakt am groben Sandstein. Dann geht es so knapp zu, dass der Helm zwischen den Schachtwänden eingeklemmt wird und stecken bleibt. Wer weiter will, muss den Kopfschutz zurücklassen. Und Florian Annawald warnt: Aufgrund der minimalen Platzverhältnisse sei im Notfall eine eventuelle Rettung „nahezu ausgeschlossen".

Von all dem ahnten der zwölfjährige Gustav Gröschel und der Kriegsinvalide Karl Joachim nichts, als sie am 22. Juli 1916 in der Nähe des Totenkopfs Heidelbeeren pflückten. Nacheinander gerieten beide plötzlich mit dem Fuß in eine Erdspalte und wären fast in das Loch hineingefallen, weil der Boden um die etwa einen halben Quadratmeter große, trichterförmige Öffnung plötzlich nachgab.

Gröschel und Joachim, die beide aus dem heutigen Neustadter Ortsteil Diedesfeld kamen, meldeten ihre Entdeckung dem zuständigen Waldhüter, der zugleich Wirt der Hütte am Totenkopf war. Diese Einkehrmöglichkeit für Wanderer war einige Jahre zuvor auf dem 514 hohen Bergsattel errichtet worden. Die Nachricht von einem rätselhaften Schlund mitten im Pfälzerwald machte schnell die Runde. Mehrere pfälzische Zeitungen berichteten darüber, was zahlreiche Schaulustige anlockte – sehr zum Verdruss des Jagdpächters. Die Neugierigen warfen Steine in das Loch, etwa zwölf Sekunden lang war deren Anschlagen am Fels zu hören. Brennendes Papier wurde heftig in den Spalt hineingerissen – was ebenfalls auf eine große Tiefe schließen ließ.

Und natürlich waren auch die damaligen führenden Köpfe der Pfälzer Heimatkunde und Geologie schnell vor Ort: Heinrich Kohl (1873-1936), der Neustadter Bankier und Mitbegründer des Pfälzerwald-Vereins, gehörte dazu. Ebenfalls der Neustadter Gymnasialprofessor Christian Meh-

Unbedingt zurückbleiben: Nur ein Holzgeländer sichert den Einstiegsschlitz der Höhle.

lis (1850-1933), ein mitunter übereifriger Heimatforscher, Historiker und Steinesammler, der eine reiche Phantasie und gute Kombinationsgabe hatte. Und auch der rührige Daniel Häberle (1864-1934), ein Geologe und Pfälzer Volkskundler mit rund 600 Veröffentlichungen, ließ sich zu der Erdspalte führen.

Kohl schrieb eine Woche nach der Entdeckung des Erdlochs in der Heimatzeitung „Pfälzer Kurier": *„Es ist anzunehmen, daß der wohl kirchturmtiefe Felsspalt eine bedeutende Ausdehnung haben muß, und daß derselbe nur in geringer Höhe durch anscheinend festen, aber in Wirklichkeit sehr trügerischen Waldboden verdeckt ist."* Mehlis hatte rasch eine Theorie parat, warum das ominöse Erdloch so lange verborgen geblieben war. Die Stelle lag damals in einer Lichtung, auf der zwei Jahre zuvor eine neue Kiefernkultur angelegt worden war. Über dem Spalt sah Mehlis eine einzelne dicke Kiefernwurzel hängen. Seine Schlussfolgerung: Bis zur Neupflanzung hatte eine große Kiefer mitten auf der Kluftöffnung gestanden und sie mit Wurzeln, Moos und Gestein verdeckt.

Die Höhle entstand nach Ansicht von Geologen mit dem Einbruch des Oberrheingrabens vor rund 45 Millionen Jahren. Die Grabenränder wie der Pfälzerwald auf der einen und der Odenwald auf der anderen Seite wurden dadurch angehoben, in den Buntsandsteinschichten kam es zu Schrägstellungen. Die daraus resultierenden Spannungen im Gestein führten zur Bildung von Klüften und Verwerfungen.

Im Fall des Studerbildschachtes, der am Hang liegt, geschah wohl zusätzlich noch dies: Durch den Druck der geneigten Gesteinsschichten, die sich tendenziell zum Tal hin orientieren, wurde diese Kluft gedehnt. Immerhin so weit, dass sich Höhlenforscher inzwischen bis in eine Tiefe von

Wanderweg mit Tradition: die Weinspange

 TOURTIPP

DIE WEINSPANGE

Die Strecke:
Hambacher Schloss – Sommerberg-Schutzhütte (2,1 km) – Bildbaum (3,6 km) – Parkplatz Hahnenschritt (4,6 km) – Parkplatz Hüttenhohl (6,1 km) – Totenkopfhütte (7,7 km) – Studerbildstock (9 km) – Jakobsschutzhütte (9,5 km) – Burg Spangenberg (13,4 km) – Erfenstein (13,9 km). Markierung: schwarzes W auf weißem Grund. Einkehrmöglichkeiten: Hohe-Loog-Haus (nicht direkt an der Strecke), Totenkopfhütte, Burgschänke Spangenberg (S. 78).

ÖPNV:
Linie 502, Neustadt (Hbf) - Hambacher Schloss. Zurück: Linie 517 (Imfeld-Busverkehr), Erfenstein - Neustadt (Hbf). Oder an bestimmten Tagen: Kuckucksbähnel.

Wandern wie anno dazumal: Auf der Weinspange ist dies möglich. Über diesen historischen Transportweg wurde einst Wein mit pferde- oder ochsenbespannten Wagen von den Weinbaugemeinden entlang des Haardtrandes in das Elmsteiner Tal gebracht. In den 1970er-Jahren hat man diese Route wiederbelebt – als Wanderweg vom Hambacher Schloss bis nach Erfenstein. Gleich zum Auftakt zeigt sich, wie holprig es bei den Fahrten

damals zugegangen sein muss. Zwischen dem groben Sandsteinpflaster sucht man die Wanderspur. Doch schon am Sommerberg riecht es nach Urlaub: knorrige Kiefern, mediterranes Lichterspiel, Butzeln. Diese Strecke bietet bis zum Bildbaum eine aufregende Mischung: viel Pfälzerwald mit Weite, dazu Eindrücke, die landschaftlich an Südfrankreich oder die Toskana erinnern.

Wenn der rechts am Weg stehende Studerbildstock erreicht ist, besteht die Möglichkeit für einen Abstecher zum Studerbildschacht. Dazu vom weiß-grün markierten Wanderweg erst links und dann nach weiteren zehn Meter rechts in einen Hohlweg abbiegen. Er ist mit einem „E" markiert. Nach etwa 200 Metern scheint dieser Weg zu enden, nach links ist aber ein Trampelpfad zu erkennen, der deutlich abwärts führt. Man überquert wenig später einen sandigen Forstweg, auf dem Pfad geht es nochmals etwa 70 Meter abwärts, dann werden rechts die Absperrzäune (nicht darübersteigen!) rund um die beiden Eingangstrichter der Höhle sichtbar (Koordinaten: 49°19'41.992572"N 8°1'51.077496"E). Zurück auf der Weinspange führt der Weg durch üppige Buchenwälder schließlich zur Burg Spangenberg. Die teilrekonstruierte Ruine ist das markanteste Wahrzeichen des Elmsteiner Tals.

www.wanderportal-pfalz.de (Rubriken „Wandern", „Mit Bus und Bahn"). Öffnungszeiten Hütten: www.pwv-hambach.de, www.pwv-maikammer.de, Kuckucksbähnel: www.eisenbahnmuseum-neustadt.de

Stieg als Erster 1916 in die Höhle hinab: Jakob Otto, der den Spitznamen „Proviantwanze" hatte.

rund 50 Metern hinunterzwängen konnten. Die Ausdehnung des Schachtsystems in der Horizontalen beträgt nach heutigen Erkenntnissen rund 60 Meter.

Zurück zur Entdeckung der Erdspalte: Damals hatten die Zaungäste nur eine ungefähre Ahnung von ihrer tatsächlichen Größe. Im Sommer 1916 seilte sich dort der Ludwigshafener Jakob Otto bis in eine Tiefe von 20 Metern ab. Er galt damals in der Pfalz als einer der bekanntesten und geübtesten Kletterer. Otto gründete drei Jahre nach den Ereignissen an der Höhle zusammen mit fünf Freunden die Vereinigung der Pfälzer Kletterer und wurde deren Vorsitzender. Otto war also der richtige Mann für die erste Erkundung der Klufthöhle. Freunde sagten über ihn: „Klein von Wuchs und sehr gelenkig, war er für seinen riesigen Rucksack bekannt, der ihm auch den Spitznamen ‚Proviantwanze' einbrachte." Der Rucksack musste bei dieser Pioniertat nahe dem Totenkopf ganz sicher oben bleiben.

Daniel Häberle, seinerzeit Mitarbeiter des Geologischen Instituts der Universität Heidelberg, war dabei, als Jakob Otto sich in die Tiefe dieses Schachts wagte. Nach acht Metern herrsche dort unten vollständige Dunkelheit, schilderte Häberle dieses Abenteuer später in einem Beitrag für die illustrierte Monatsschrift „Pfälzische Heimatkunde": Das Vordringen in dem großen Felsspalt sei „selbst für einen unentwegten Kletterer wie Herrn Otto keine Annehmlichkeit; da die Felswände feucht sind, kam Herr Otto nach etwa 25 Minuten naß und mit einer Schmutzschicht überzogen wieder ans Tageslicht".

Das war ein Vorgeschmack auf künftige Widrigkeiten. Allerdings erst 60 Jahre später setzten Aktive der Höhlenforschergruppe Karlsruhe fort, was der Ludwigshafener Kletterer Jakob Otto 1916

Orientierungsstein zwischen der Totenkopfhütte und dem Studerbildstock.

begonnen hatte. Ihre erste Expedition erfolgte im Oktober 1976 über eine 40 Meter lange Leiter; mit dabei waren auch drei Höhlenbegeisterte aus Neustadt, Haßloch und Bad Dürkheim. Diese Gruppe legte mit ihrer Arbeit damals die Basis für die späteren detaillierten Erkundungen durch Annawald und Uhlmann. Das Karlsruher Team arbeitete sich in den folgenden fünf Jahren – teils sogar mit Schlaghammer und Notstromaggregat – immer weiter vor. „Im Prinzip funktionierte das auch, aber letztendlich waren da doch mehr Steine im Weg, als wir zertrümmern konnten", notierte einer der Pioniere. Ihre Visitenkarte hinterließen sie in einer Seitenkammer des Schachts: Dort wurden fünf Flaschen Ruppertsberger Müller-Thurgau deponiert. Diese Stelle heißt deshalb seitdem „Weindepot", passenderweise liegt sie genau neben der „Pfälzer Halle".

Die Höhlenforschergruppe Karlsruhe war 1963 gegründet worden. Seit 1974 verwaltet sie das Höhlenkataster Rheinland-Pfalz und Saarland. Von dem Verein, der über 100 Mitglieder hat, werden Fotos, Beschreibungen, Pläne, chemische und geologische Informationen gesammelt, archiviert und ausgewertet. Das Kataster umfasst derzeit rund 7800 Objekte. Die Karlsruher Gruppe war es auch, die dem Studerbildschacht seinen Namen gegeben hat. Die Bezeichnung ist naheliegend: Die Kluft liegt im Gebiet des 478 Meter hohen Studerbildkopfs, unweit von dieser Erhebung steht zudem ein Bildstock mit dem Namen „Studerbild".

Das religiöse Denkmal wurde laut Inschrift 1769 zum Gedenken an „H. Sch." errichtet. Wer das war, ist unbekannt. Normalerweise sind Bildstöcke in der Flur an Straßenkreuzungen und Weggabelungen zu finden. Das Studerbild gehört zu den wenigen Ausnahmen mitten im Wald. Doch es gibt dafür eine Erklärung: Die etwa mannshohe Sandsteinstele steht an einem historischen Transportweg – dem „Alten Weinweg". Über diese Verbindung sollen Winzer aus der Vorderpfalz

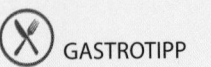 GASTROTIPP

BURGSCHÄNKE SPANGENBERG

Die Pfalz ist reich an Burgen. Trifels, Berwartstein, Altdahn sind wohl die bekanntesten. Die Burg Spangenberg im Elmsteiner Tal (Landkreis Bad Dürkheim) ist sicher eine der spektakulärsten Anlagen. Allein schon deshalb, weil sie auf einem Felsgrat zwischen Himmel und Erde zu schweben scheint. Die urige Burgschänke wird vom Spangenberg-Verein bewirtschaftet. Den Gast erwartet gute Pfälzer Hausmannskost. Der feine Unterschied: Wer dort Bratwurst mit Leberknödel ordert, bestellt einen „Ritterteller" (8,50 Euro) und nicht einfach eine „Kombi" oder – wie es anderswo mitunter despektierlich heißt — einen „schiefen Sack". Flammkuchen (7 Euro) oder Schwartenmagen-Carpaccio mit Bratkartoffeln (8,50 Euro) stehen ebenfalls auf der Karte. Zweimal im Jahr lädt der Verein zudem zu einem sechsgängigen „Rittermahl" (48 Euro). Eines verbittet sich der Gastgeber dabei: Abgenagte Knochen dürfen nicht an die Wand geworfen werden.

Burgschänke Spangenberg, 67466 Erfenstein, Telefon: 06325/2027, vorsitzender@burg-spangenberg.de, www.burg-spangenberg.de

Sitzplätze innen: 60, außen: 35. Öffnungszeiten: März bis November Mi, Sa, So und feiertags 11-18 Uhr, wetterbedingte Änderungen möglich. Die Burg ist nur zu Fuß in etwa zehn Minuten zu erreichen (80 m Höhendifferenz).

einst ihren Wein ins Elmsteiner Tal oder noch weiter zu Siedlungen, Burgen und Klöstern in der Westpfalz gebracht haben. Mit Pferde- und Ochsengespannen oder noch mühsamer mit dem Schubkarren. Der Bildstock im Wald war also ein Ort, an dem die Winzer seinerzeit um Schutz für ihre sicher nicht ungefährlichen Fahrten bitten konnten. Dass sein Name mit der Pferdehaltung der Speyerer Fürstbischöfe im 16. und 17. Jahrhundert nahe der Burg Spangenberg im Elmsteiner Tal zusammenhängt – dort sind im Wald noch die Reste eines 1505 errichteten „Stutengartens" zu finden –, ist eine Vermutung, die freilich umstritten ist.

Anlass zu Spekulationen gibt auch anderes. Nach alten Erzählungen sollen 1794 Preußen am „Alten Weinweg" unter dem Bildstock ihre Kriegskasse vergraben haben. Die Soldaten waren nach der Niederlage bei der Schlacht am Steigerkopf bei Edenkoben, im Volksmund auch Schänzel genannt, auf der Flucht. Etliche Jahre später, so heißt es, sei ein preußischer Offizier in Diedesfeld aufgetaucht, habe sich nach dem Bildstock erkundigt und sich schließlich dorthin bringen lassen. Seinen Führer habe der Offizier reichlich belohnt und nach Hause geschickt. Einige Tage danach wurde der Bildstock umgestürzt vorgefunden, an der Stelle war eine frisch ausgehobene, leere Grube. Jahrzehntelang blieb die Sandsteinsäule auf dem Boden liegen, erst um 1890 wurde das Studerbild wieder aufgerichtet.

Es sollte nicht die letzte Instandsetzung sein, die für die Stele erforderlich war: Eingeschlagene Jahreszahlen am Fuß des Sandsteinpfeilers weisen auf weitere Sanierungen hin. Am Kopf ist eine flache Nische herausgearbeitet, in der „einst eine bemalte Bildtafel eingefügt war", wie der Kaiserslauterer Heimatkenner Fred Weinmann 1975 in einem Büchlein über Pfälzer Kultmale schreibt. Heute findet sich dort eine passgenaue Metallplatte mit einer Mariendarstellung mit Jesuskind.

Gegenüber dem Studerbildstock zweigt der Weg ab, der abwärts zum Eingang des Schachts führt. Vermutlich waren es Höhlenforscher, die diese Strecke mit einem „E" für Erdspalte markiert haben. Anfangs ist es

Markierung für Insider: „E" wie Erdhöhle.   *Am Studerbildstock zweigt der Weg zum Schacht ab.*

ein schmaler Hohlweg, später ein Trampelpfad (S.75). Viel begangen ist er nicht: Kleine Lärchen und Tannen wachsen mitten auf dem Weg, mehrfach muss man sich unter tief hängenden Zweigen ducken und Spinnweben abschütteln. Es ist ein abgelegener, fast verwunschener Teil des Gebiets, das sich rund um den Totenkopf erstreckt. Wie die Beerenpflücker Gustav Gröschel und Karl Joachim 1916 ausgerechnet dorthin geraten sind? Zwar wachsen an dem Hang auch heute Heidelbeersträucher, aber lange nicht so üppig und reichlich wie an anderen Orten im Pfälzerwald.

Die Stelle, an der damals Gröschel und Joachim fast in die Erde eingebrochen waren, ist heute zumindest etwas gesichert: Holzgeländer umfassen die beiden dicht beieinander liegenden Eingangstrichter zur Höhle. Annawald und Uhlmann, die ebenfalls zur Karlsruher Forschergruppe gehören, hatten bei ihren Einstiegen zwischen 2001 und 2003 zusammen mit anderen die Klufthöhle Stück für Stück per Laser vermessen. Im Nordschacht stießen sie in 47 Meter Tiefe auf eine steile Rampe: „Der Nordschacht ist nach unten offen, ein gähnendes schwarzes Loch, senkrecht deutlich tiefer als 50 Meter, aber endgültig zu eng."

Ähnliches erlebte das Team im südlichen Teil der Höhle. Auch dort geht es wohl noch weiter abwärts, wie hinabgeworfene Steine zeigen. Aber dieser Schachtteil sei „trotz aller Verrenkungen" nicht einsehbar. Ein tieferes Vordringen wäre ein zu großes Risiko: Wegen der enormen Reibung der schmirgeligen Sandsteinwände, so die Befürchtung der Höhlenforscher, dürfte bei einer Schachtbreite von nur noch 25 Zentimetern der Aufstieg nicht mehr zu bewerkstelligen sein. Und selbst ein achtfach wirkender Flaschenzug bleibt, wie sich gezeigt hat, aufgrund der extremen Reibung an diesem zerklüfteten Fels ohne spürbare Wirkung – auch er könnte im Ernstfall auf dem Weg nach oben keine Hilfestellung leisten. Die Rückkehr ans Tageslicht ist selbst aus den zugänglichen Bereichen eine schweißtreibende Angelegenheit. „90 Minuten für die 50 Höhenmeter sind schon einzuplanen", sagt Oliver Kube vom Alpenverein Frankfurt am Main, dessen Mitglieder immer wieder einmal wegen des Studerbildschachts in die Pfalz kommen.

Dieses Stück Pfälzer Unterwelt, das 1968 als Naturdenkmal unter besonderen Schutz gestellt wurde, hat auch Eckart Uhlmann nicht mehr losgelassen. Seit den intensiven Erkundungen zwischen 2001 und 2003 hat er den Schacht immer wieder „befahren". Viel tiefer sei man dabei zwar nicht mehr vorgedrungen, aber weiter in die Seiten, sagt der Wörther. Inzwischen gilt das Interesse der Karlsruher Gruppe vor allem der Flora und Fauna. Schon bei ihren ersten Exkursionen waren Annawald und Uhlmann in einer Tiefe von 30 Metern auf einen Feuersalamander gestoßen, dem sie später immer wieder begegnen. Mit wachsendem Interesse: „Er hat deutlich zugenommen", heißt es in einem der Befahrungsberichte über den Salamander. An den Wänden finden sie Nacktschnecken und Höhlenspinnen mit zentimetergroßen Körpern. Später sichten die beiden in der Tiefe auch eine Kröte und stoßen auf Fledermausspuren. Es sei hochinteressant, wie viele Arten an solch einem unwirklichen Ort zu finden seien, sagt Uhlmann.

Eines gibt es freilich dort unten nicht: schimmernde Höhlenromantik mit bizarren Formationen. „Man sollte nicht zu viel erwarten, da sind null Tropfsteine zu sehen", sagen jene, die unten waren.

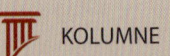 KOLUMNE

SAPPERLOT
ACHTUNG UMWEG

Gelbes Kreuz, blauer Balken, roter Punkt – auf diese Weise funktionierte lange Zeit die Orientierung im Pfälzerwald. Weil dann aber zu den Markierungen des Pfälzerwald-Vereins noch unzählige Beschilderungen für Rundwege und Extrarouten der Kommunen hinzukamen, blickte mancher Wanderer nicht mehr durch. Angeblich. Auf jeden Fall ätzten Kritiker: Vor lauter Schildern sieht man ja den Wald nicht mehr.

Und die wurden immer nobler: Wuchtige Holzpfähle, mit Metallschuhen fest im Boden verankert, tragen moderne Wegweiser. Hochoffiziell und amtlich sehen sie aus. Die Schilder zeigen an, wo es hin geht, wie weit es noch ist und welcher Service einen dort erwartet: Ob Bahnhof, Schwimmbad, Einkehrmöglichkeit oder Jugendherberge – für alles gibt es das passende Symbol. Endlich, so denkt man, hat auch das Pfälzer Wanderparadies eine aussagekräftige Beschilderung, die mit anderen Regionen wie beispielsweise dem Schwarzwald mithalten kann.

Doch immer wieder sieht man Wanderer, die diese Edelwegweiser verwundert anschauen und an ihrem Orientierungssinn zweifeln. Beispielsweise im Edenkobener Tal: Dort zeigt das Schild, das den Weg nach Neustadt weist, nach Süden. Das ist eindeutig verkehrt, denn Neustadt liegt von Edenkoben aus betrachtet im Norden. Und noch viel merkwürdiger: Bis Neustadt sollen es noch 25,8 Kilometer sein. Was

Aber was zieht sie dann trotzdem in diese Klufthöhle, die eher einer Riesen-Felspresse gleicht? Die Karlsruher Studerbildschacht-Experten: „Das ist ein weißer Fleck auf der Landkarte, eine Nische, die es sonst nicht gibt."

Doch selbst in dieser entlegenen Ecke landet, sehr zum Ärger der Höhlenkletterer, immer wieder Abfall und unnützes Zeug. Solch ein Schacht verleitet offenbar zum Hineinwerfen von Gegenständen. Gedankenlose Wanderer gab es freilich schon früher: Die Karlsruher Höhlenforschergruppe hat auch Fundstücke aus den 1920er-Jahren geborgen, unter anderem eine leere Geldbörse aus Leder und eine Schnupftabakdose. Etwa die von Mehlis? Oder von Häberle? Heutzutage sind es meist Getränkedosen, Flaschen und Plastiktüten, die immer wieder herausgeholt werden müssen. Denn für Müll ist in der Enge der tiefsten Höhle der Pfalz definitiv kein Platz.

Feuersalamander

für ein unendlich weiter Weg. Ortsunkundige dürften bei dieser Ankündigung erschöpft resignieren und nach einem Taxi rufen. Einheimische ahnen indes: Der Wegweiser muss auf dem Holzweg sein. Denn vom Edenkobener Tal kann man nach Neustadt und wieder zurück laufen – und hat selbst dann noch keine 25,8 Kilometer zurückgelegt.

Dass mit diesen Superschildern das Markierungschaos eher vergrößert denn verkleinert wurde, liegt an den Planern bestimmter Pfälzer Fernwanderwege, die vom Deutschen Wanderverband mit dem Zertifikat „Qualitätsweg" geadelt wurden. Einer davon ist der 153 Kilometer lange „Weinsteig", der von Schweigen bis nach Neuleiningen führt. Um prädikatswürdig zu sein, muss eine Route an tollen Aussichtspunkten, schöner Natur und Sehenswürdigkeiten vorbeiführen. Sie muss Erlebnis-

qualität haben. Also mäandert der „Weinsteig" in großen Schleifen und Umwegen die Haardt entlang – auch einmal ein Stück in die „falsche" Richtung.

Der direkte Weg ist nicht das Ziel. Und so kommt schnell auf bestimmten Abschnitten die doppelte Distanz zusammen. Was aber für den Otto-Normalwanderer so nicht erkennbar ist, weil die Pfosten und Schilder, wie gesagt, hochoffiziell und amtlich daherkommen. Irritationen wie im Edenkobener Tal sind deshalb auch zehn Jahre nach der Einweihung des „Weinsteigs" kein Einzelfall. Vielleicht sollte man an die Holzpfähle einfach noch ein weiteres Schild nageln: „Vorsicht Prädikatswanderweg, Achtung schöner Umweg!"

Nur für Radfahrer und Wanderer offen: die „Hochstraße" beim Forsthaus Heldenstein

HOCHGEFÜHLE IM PFÄLZERWALD
EINFACH OBEN BLEIBEN

Die „Hochstraße" ist eine Besonderheit im Pfälzerwald. Sie beginnt unterhalb des Forsthauses Taubensuhl und führt rund neun Kilometer lang hinüber zum Forsthaus Heldenstein. Und das gleichmäßig auf großer Höhe. Trotz des Namens: Eine richtige Straße ist diese Route nicht, sondern ein unasphaltierter Forstweg, der für den motorisierten Verkehr gesperrt ist. Dass auf dieser heutigen Holzabfuhrtrasse bereits die Römer entlangzogen, wie es mitunter heißt, das halten Heimatforscher allerdings eher für ein Gerücht. Die Verbindung sei jedoch über Jahrhunderte eine wichtige Fernverbindung gewesen, die zudem bei Kämpfen gegen Ende des 18. Jahrhunderts von großer strategischer Bedeutung war. Dort marschierten wohl im Juli 1794 die französischen Revolutionstruppen entlang, die dann drüben am Steigerkopf in einer blutigen Schlacht die preußischen Truppen besiegten.

Heute ist die „Hochstraße" ein friedlicher Ort. Und das Herzstück des „Wasgau-Haardt-Trails". Dieses Ausflugsabenteuer ist ein weiter Ritt mit dem Fahrrad von Wilgartswiesen (Landkreis Süd-

Im Sommer ein lohnender Stopp: die drei Kirschbäume an der „Hochstraße"

westpfalz) nach Neustadt an der Weinstraße. Ausgetüftelt wurde die Route von Heinz Illner. Er beschreibt sich selbst als „Hobbybergsteiger und Genusskletterer aus tiefer Zuneigung zum Wasgau-Felsenland". 16 Jahre war er Präsident der Vereinigung der Pfälzer Kletterer. Das Amt gab er 2012 ab. Doch der Pfälzerwald lässt ihn nicht los, Illner ist neugierig auf Entdeckungen. Irgendwann kam ihm so die Idee zu dieser Höhentour. Keine Berg-und-Tal-Strapazen, kein ständiges Auf und Ab. Sondern einmal hoch – und dann oben bleiben.

Das klingt verrückt. Doch diese Route verknüpft die Höhenzüge des Pfälzerwaldes zwischen Wasgau und Haardt geschickt. Es geht über breite Forstfahrwege; ein E-Bike – es muss auf dieser Strecke kein E-Mountainbike sein – ist dennoch hilfreich. Dass man auf der Tour etwas durchgerüttelt wird, darf einem aber nichts ausmachen. Der „Wasgau-Haardt-Trail" (S. 87) ist ein richtiger Höhenwalzer, der kleine Abstecher zum 564 Meter hohen Almersberg führt dies eindrucksvoll vor Augen: Denn der versteckte Gipfel bietet einen der wohl spektakulärsten Ausblicke über die gestaffelten Hügelketten des Wasgaus. Wenn es nach 40 Kilometern schließlich wieder ins Tal geht, hat man das Gefühl, fast einmal um die Welt gereist zu sein.

Ein kleines Idyll an der „Hochstraße" ist die Kirschbaumhütte des Pfälzerwald-Vereins Hainfeld. Gerade im Sommer lädt sie zu einer kleinen Pause ein. Der Vitamine wegen. Drei mächtige Bäume spendieren reichlich Wildkirschen. In den 1950er-Jahren hatten Südpfälzer Kommunalpolitiker davon geträumt, diese Verbindung zwischen Taubensuhl und Heldenstein zu einer richtigen Hochstraße auszubauen – nach dem Vorbild der Schwarzwald-Höhenstraße, die sie bei Wochenend-Ausflügen kennengelernt hatten. Aus der Kirschbaumhütte, 1927 vom Forst errichtet und später vom Pfälzerwald-Verein liebevoll renoviert, wäre dann wohl eine Autobahnraststätte mit

In der Pfalz ganz oben: Ruppertsecken im Donnersbergkreis

Pommesgeruch geworden. Glücklicherweise überhörte die Landesregierung in Mainz damals die Forderung des Pfälzischen Fremdenverkehrsverbandes, mit Zuschüssen dieses Ausbauvorhaben zu ermöglichen. Die „Hochstraße" blieb ein Forstweg, die Wegweiser sind weiterhin nur aus Holz.

Doch auch an der „Hochstraße" nagt der Zahn der Zeit. Und das in ganz besonderer Weise. Denn sie verliert, ganz unmerklich, an Höhe. Die Pfalz sinkt, wie eine Neuvermessung Deutschlands zeigt: Die Kalmit, höchster Gipfel im Pfälzerwald, ist beispielsweise drei Zentimeter niedriger geworden; Ruppertsecken am Donnersberg, das höchstgelegene Dorf der Pfalz, liegt jetzt 1,5 Zentimeter tiefer; und Berg, der Ort im südlichsten Zipfel des Landkreises Germersheim, verlor gleich vier Zentimeter.

„Wir haben in Rheinland-Pfalz eine regelrechte Kippung: Die Pfalz senkt sich, und die Eifel steigt an", sagt Gerhard Berg. Als langjähriger Fachbereichsleiter „Raumbezug" im Landesamt für Vermessung und Geoinformation in Koblenz hatte Berg solche Veränderungen über viele Jahre hinweg im Blick. Am deutlichsten sind sie am Rhein im Norden von Ludwigshafen ausgefallen: Das Gelände dort liegt jetzt 6,5 Zentimeter tiefer, als dies bei den früheren Vermessungen zwischen 1980 und 1985 der Fall war. Die Eifel hat dagegen in diesem Zeitraum bis zu 4,4 Zentimeter an Höhe gewonnen.

Dass Rheinland-Pfalz solchermaßen auf der Kippe steht, beunruhigt Berg allerdings nicht: „Es besteht keinerlei Gefahr." Die Erde und damit die Erdoberfläche seien permanent in Bewegung. Erdplatten verschieben sich; wo sie aufeinandertreffen, wirken gigantische Kräfte. Europa driftet

Bezugspunkt des deutschen Höhen-Messnetzes: die Marke an der Kirche in Wallenhorst (Niedersachsen)

beispielsweise pro Jahr um 2,5 Zentimeter nach Nordosten. Die Alpen heben sich jährlich um ein bis zwei Millimeter. Dazu kommen Eingriffe in die Erdoberfläche, für die der Mensch selbst sorgt: durch Straßenbau, Grundwasserabsenkungen oder den Abbau von Bodenschätzen. Koordinaten und Höhen veränderten sich ständig um kleine Beträge, sagt Berg. Deshalb muss in bestimmten Abständen neu vermessen werden, um die Daten wieder mit der realen Erdoberfläche in Übereinstimmung zu bringen.

Die Notwendigkeit solcher Korrekturen verdeutlicht der Experte so: Man könne dies durchaus vergleichen mit den regelmäßigen Schaltsekunden, mit denen die amtliche Zeit wieder mit der tatsächlichen Rotation in Übereinstimmung gebracht werde. Die Erde dreht sich minimal langsamer um sich selbst, als bei der Definition der Sekunde zugrunde gelegt wurde. Zuletzt war dies am 1. Januar 2017 mit einer Schaltsekunde ausgeglichen worden.

Zwischen 2006 und 2012 war Deutschland neu vermessen worden. Diese Daten wurden anschließend ausgewertet und aufbereitet. Nun ersetzen sie die alten Messwerte aus den Jahren 1980 bis 1985 und sind die Grundlage für das neue Höhensystem, das offiziell seit Dezember 2016 gilt. Mit dem verbesserten Datennetzwerk lassen sich auch in Rheinland-Pfalz wichtige Rückschlüsse für zahlreiche Aufgabengebiete ziehen, beispielsweise für den Straßen- und Wasserbau, den Hochwasserschutz und die Fahrzeugnavigation. Und die neuen Daten decken zudem Veränderungen der Erdoberfläche auf – wie beispielsweise die Kippstellung in Rheinland-Pfalz.

Bei solchen Bewegungen muss man unterscheiden zwischen großräumigen und lokalen Ereignissen. Bei den großflächigen Verschiebungen – wie beispielsweise im Falle der Absen-

Der Nordpfälzer Höhenradweg bei Schallodenbach

Fotos: S. 86: Landesamt für Geoinformation und Landesvermessung Niedersachsen (LGLN), S. 87: Martin Koch/VG Otterbach-Otterberg

 TOURTIPP

HÖHENSTRECKEN FÜR E-BIKER

Nordpfälzer Höhenradweg *(Rundtour):*
Otterbach – Otterberg (4 km) – begehbare
Sonnenuhr Reiserberg (17,2 km, Tourtipp S. 125)
– Wolfstein (34,4 km) – Sulzbachtal (50,4 km) –
Otterbach (67,3 km), Markierung: blau-grünes
Signet mit Fahrrad- und Sonnenuhr-Symbol.
ÖPNV: *Bahnhöfe Wolfstein, Sulzbachtal, Otterbach*

Wasgau-Haardt-Trail:
Wilgartswiesen – Forstwart-Kühner-Platz (10,3 km)
– Almersberg (12,2 km) – Taubensuhlstraße L 505
(17,5 km) – Kirschbaumhütte (22,2 km) – Forst-
haus Heldenstein (27,6 km) – Totenkopfhütte
(33,7 km) – Hellerhütte (38 km) – Neustadt (Hbf)
(48 km), Markierung: keine.
ÖPNV: *Wilgartswiesen (Zugverbindung ab*
Landau und Pirmasens)

Auch wenn manche Radfahrpuristen die Nase
rümpfen: E-Bikes liegen im Trend; ihre Käufer er-
schließen sich damit Strecken, die ihnen vorher
zu schwer erschienen. In der Pfalz gibt es zwei
neue, reizvolle Höhenrouten, die freilich unterschiedlicher kaum sein könnten. Gerade frisch
ausgeschildert ist der „Nordpfälzer Höhenradweg", der von den Tourismusplanern in den
Landkreisen Kusel und Kaiserslautern speziell als

E-Bike-Tour konzipiert wurde. Entstanden ist ein
67 Kilometer langer Rundkurs, der Otterbach im
Süden mit Wolfstein im Norden verbindet. Dabei
geht es tatsächlich auf und ab, Berg- und Talfahr-
ten wechseln ständig. Wer die Schleife komplett
fährt, hat 1165 Höhenmeter bewältigt. Im Nordpfälzer Bergland gibt es viel freie Landschaft,
Ausblicke sind deshalb garantiert.

Kein Rundweg, sondern ein Start-Ziel-Kurs ist
der „Wasgau-Haardt-Trail". Er ist keine markierte
Route, sondern eine Verbindung, die sich der
Pfälzer Natursportler Heinz Illner ausgedacht
hat. Vom Bahnhof Wilgartswiesen rollt man zunächst ein Stück auf dem Queichtal-Radweg
entlang, ehe es dann vor Rinnthal das Langen-
bachtal hoch geht. Wenn man an dessen Ende
den höchsten Punkt erreicht hat, bleibt man
weitgehend oben – ohne Talfahrt-Unterbre-
chungen. Das macht den besonderen Charakter
dieser Strecke aus. Heinz Illner sagt dennoch:
„Der Trail ist keine Plaisir-E-Bike-Tour." Meist fährt
man über naturbelassene, oft schotterige und
auch sandige Forstwege, bis es am Ende wieder
bergab geht und man nach rund 48 Kilometern
und 850 Höhenmetern Neustadt an der Weinstraße erreicht.

Infos: „Otterberg – Nordpfälzer Höhenradweg":
www.outdooractive.com (über Suchfunktion),
exakte Route des „Wasgau-Haardt-Trails":
www.outdooractive.com (über Suchfunktion)

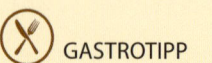 GASTROTIPP

HÖHENGASTSTÄTTE RIETBURG

Der rund 50 Kilometer lange „Königsweg" über die elf höchsten Pfälzerwald-Berge an der Haardt (S. 89) führt an diesem Ziel zwar nicht vorbei, doch eigentlich ist der Abstecher dorthin für Höhenwanderer ein unbedingtes Muss: Denn die „Höhengaststätte Rietburg" bietet, was etliche der zugewachsenen 600er-Gipfel nicht eröffnen – eine grandiose Aussicht in die Ebene, die bei gutem Wetter bis zur Skyline Frankfurts reicht. Die große Panoramaterrasse ist denn auch der wahre Trumpf dieses Ausflugslokals. Innen glitzern die Wände ein wenig wie ein Bergkristall – vielleicht deshalb, weil die Gaststätte neben der Bergstation der einzigen pfälzischen Sesselbahn liegt. Die Küche bietet solide Pfälzer Kost, die Kuchenvitrine eine schöne Auswahl und die Käsespätzle-Portion gibt genügend Kraft zum Erreichen der nächsten Gipfel. Auf der Sommerkarte stehen zusätzlich verschiedene Salate und diverse Tagesgerichte.

Höhengaststätte Rietburg,
Telefon: 06323/2936,
rietburg-info@web.de,
www.rhodt.de (Rubrik „Gastgeber").
Sesselbahn:
www.rietburgbahn-edenkoben.de

Sitzplätze innen: 80, Terrasse: 120.
Öffnungszeiten: Januar bis Karfreitag: Sa und So 10-18 Uhr; Ostern bis Anfang November: täglich 9-18 Uhr. November und Dezember geschlossen. Hauptgerichte: 9,80-13,80 Euro.

kung in der Pfalz – verhielten sich größere Teile der Erdoberfläche nahezu gleichförmig, sagt Berg. Von ihnen gingen keine negativen Auswirkungen für die Bevölkerung aus. Kritischer könnten lokale Bodenbewegungen sein, wie sie beispielsweise zuletzt 2014 im pfälzischen Landau zu beobachten waren. Dort hatte der Betrieb eines Geothermiekraftwerks, das die Wärme aus heißem Wasser in 3000 Meter Tiefe gewinnt, zu Rissen und Hebungen im Boden sowie zu kleineren Erdbeben geführt. Das Kraftwerk war wegen der entstandenen Leckagen vorübergehend stillgelegt worden.

Bezugspunkt der Höhenmessungen in Deutschland ist im Prinzip der ehemalige Pegel in Amsterdam, der als Nullpunkt dient. Er ist vom tatsächlichen Wasserstand des Meeres abgekoppelt, ausschlaggebend ist der historische Wasserstand aus den Jahren 1683/84 in Amsterdam. Ausgangspunkt des Höhen-Messnetzes in Deutschland war seit den 1980er-Jahren zunächst allein Wallenhorst in Niedersachsen. Dort gibt es an der Außenwand der Neuen St.-Alexander-Kirche eine gusseiserne Messmarke. Sie liegt exakt 94,453 Meter über dem Nullniveau des historischen Amsterdamer Pegels und wurde bereits 1893 durch die Trigonometrische Abteilung der Königlich Preußischen Landesaufnahme angebracht.

Wallenhorst gilt als eine geologisch stabile Region. Der Orientierungspunkt an der dortigen Kirche ist inzwischen dennoch eingebettet in ein System von 72 sogenannten Datumspunkten, die quasi alle den Pegel in Amsterdam repräsentieren. Drei dieser besonderen Höhenfestpunkte liegen in Rheinland-Pfalz: in der Eifel, im Hunsrück und in der Pfalz bei Hochspeyer. Damit hat das Höhennetz einen stabileren, robusteren Bezugsrahmen erhalten. Die Auswertung der neuen Messdaten für ganz Deutschland zeigt, dass die Pfalz nicht die einzige Region ist, die leicht im Boden versinkt. Der Absenkungsbereich im Südwesten gehe weit über die Pfalz hinaus, sagt Berg. Fast ganz Baden-Württemberg sei betroffen und wohl auch das Elsass.

Das Nordpfälzer Bergland: Ein neuer Höhenradweg für E-Bikes führt rund 67 Kilometer weit über die Hügel.

Dass die Pfalz allmählich an Höhe verliert, könnte also, was den Forstweg zwischen Taubensuhl und Heldenstein betrifft, durchaus an dessen Nimbus als „Hochstraße" kratzen. Und nicht nur das. Diese Entwicklung bringt möglicherweise auch eine andere, ganz besondere Wanderroute in Bedrängnis: die pfälzische „Haute Route", bei der es über elf Sechshunderter zwischen Neustadt und Landau geht. Diese Tour ist für viele der pfälzische Königsweg. Rund 50 Kilometer ist die Strecke lang und damit bei einer Wanderung in zwei Tagesetappen gut zu schaffen.

Doch die haben es in sich: Insgesamt sind dabei 5029 Höhenmeter zu bewältigen – davon 2567 Meter bergauf. Der Clou an dieser Wanderung ist, dass sie alle Gipfel entlang des Haardtgebirges verbindet, die über 600 Meter hoch sind. Ausgedacht hat sich die Route vor Jahren Hans Hindel, der frühere Tourenwart der Vereinigung Pfälzer Kletterer. „Oben sein" ist für Hindel ein Glücksgefühl. Egal wo. Der Vorderpfälzer stand schon auf den höchsten Bergen Europas, Süd- und Nordamerikas sowie Afrikas. Aber die Sechshunderter im Pfälzerwald sind ihm genauso lieb wie die Sechstausender dieser Welt: „Einfach nur oben sein, egal wie hoch der Buckel ist", lautet sein Credo.

Manche der Gipfel dieses pfälzischen Königswegs messen freilich nur ganz knapp mehr als 600 Meter – so beispielsweise der Taubenkopf bei Maikammer mit 603 Meter oder der Morschenberg oberhalb des Edenkobener Tals mit 608 Meter. Was ist, wenn die Senkung der Pfalz dieses Höhenpolster aufzehrt? Doch Vermessungsexperte Gerhard Berg gibt Entwarnung. Seine Behörde verfügt in den Archiven über Höhenmessdaten, die bis in die 1930er-Jahre zurückreichen. Daraus kann man erkennen, dass die Entwicklung vermutlich gleichmäßig, aber sehr, sehr langsam verläuft. Beispielsweise ergeben sich für den Bereich der Kalmit Senkungsraten von etwa 0,8 bis 1,2 Millimeter pro Jahr. Berg: „Unter der Annahme einer gleichmäßigen Senkung würde es also rund 1000 Jahre dauern, bis die Kalmit einen Meter niedriger wäre." Die 600er-Tour bleibt also noch für lange Zeit ein Königsweg.

Die ursprüngliche Route, wie sie Hans Hindel konzipiert hat, führt auf der ersten Tagesetappe von Neustadt aus über Hohe Loog (619 m), Taubenkopf (604 m), Kalmit (673 m), Rothsohlberg (607 m), Schafkopf (617 m), Morschenberg (608 m) und Hochberg (635 m) ins Edenkobener Tal. Dort bestehen Übernachtungsmöglichkeiten in der Hütte des Pfälzerwald-Vereins Edenkoben am Hüttenbrunnen oder im Naturfreundehaus Edenkoben. Die zweite Tagesetappe führt über Steigerkopf/ Schänzelturm (613 m), Kesselberg (662 m, siehe S. 45), Blättersberg/Ludwigsturm (613 m) und Roßberg (637 m) hinunter über die Landauer Hütte entweder nach Gleisweiler oder Albersweiler.

Diese 600er-Tour wurde 2007 erstmals in der Tageszeitung DIE RHEINPFALZ (Ludwigshafen) beschrieben. Seitdem hat sie viele Anhänger gefunden, für die Strecke gibt es deshalb inzwischen verschiedene Varianten. Eine sehr gute und ausführliche Beschreibung liefert Alwin Müller (Neustadt) auf seiner Internetseite (www.wander-mueller.de).

Wer glaubt, dass ihm der Königsweg zu beschwerlich sein könnte, aber dennoch zwischen 599 und 601 Meter etwas hin- und herspringen möchte, für den empfiehlt sich das Felsen-

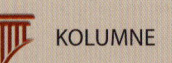

KOLUMNE

SAPPERLOT
EINE TOTAL HAARIGE ANGELEGENHEIT

„Rapunzel, Rapunzel, lass dein Haar herunter", ist wohl einer der bekanntesten Sätze aus der Märchenwelt der Gebrüder Grimm. Bekanntlich war Rapunzel das schönste Kind unter der Sonne, und bekanntlich wurde es im Alter von zwölf Jahren in einen Turm ohne Treppe und Tür eingesperrt. Und wie wir weiter wissen, sprach die Zauberin, wenn sie in den Turm wollte, stets den berühmten Satz: „Rapunzel, lass dein Haar herunter!"

Wie die Grimms erzählen, „fielen dann die Haare zwanzig Ellen tief herunter, und die Zauberin stieg daran hinauf". Die Elle ist – wie sollte

es auch bei einem Märchen anders sein – ein altes Längenmaß, das in etwa 70 Zentimeter entspricht. Rapunzels Haarzopf hätte demnach die stattliche Länge von rund 14 Metern gehabt. Sapperlot!

Für etliche Pfälzer Türme hätte dies locker gereicht – beispielsweise für den im Volksmund liebevoll „Kaffeemühlchen" genannten Flaggenturm bei Bad Dürkheim (Höhe: zehn Meter), den kuriosen Warteturm bei Albisheim im idyllischen Zellertal (ebenfalls zehn Meter) oder das Schneckentürmchen in Kirchheimbolanden (11,5 Meter). Für den verwunschenen Rehbergturm bei Annweiler (14 Meter) oder den stolzen Ludwigsturm auf dem Blättersberg bei Rhodt (15 Meter) gerade noch so. Keine Chance hätte die Zauberin indes beim kantigen Eckkopfturm bei Deidesheim (25 Meter), dem Ludwigsturm auf dem Don-

meer bei der Kalmit oberhalb von Maikammer. Dort fühlen sich auch Kinder wohl, die ansonsten keine Lust auf Wanderungen mit ihren Eltern haben. Denn das bizarre Felsenmeer animiert zum Toben und Klettern. Dass auf dem großen Natur-Spielplatz außerdem zwei Dutzend Sandsteinplatten jeder Größe zum Picknick geradezu einladen, macht dieses Dorado aus Schluchten und Spalten noch reizvoller. Vom Parkplatz am Kalmitgipfel zweigt am Südrand ein Pfad ab (grün-weiße Markierung, Weg Nummer 3). Nach zehn Minuten – wirklich keine Wanderung – kommt man an den Rand des Felsenmeers und schon kann der Kletterspaß über die bis zu drei Meter hohen Sandsteinklötze beginnen. Sollte man dabei plötzlich einen klitzekleinen Ruck verspüren, dann könnte es sein, dass sich die Kalmit gerade einmal wieder um 0,8 bis 1,2 Millimeter gesenkt hat. Eine Abwärtsspirale im extremen Zeitlupentempo.

Im Felsenmeer bei der Kalmit

nersberg (27 Meter) oder dem monumentalen Humbergturm bei Kaiserslautern (35,8 Meter) gehabt. Da wäre Rapunzels Riesenzopf dann doch zu kurz gewesen.

Wir wollen an dieser Stelle jetzt nicht über Mathematiklehrer reden, die ihre Schüler vor das Problem stellen, anhand von Rapunzels Haarlänge das Alter des Mädchens auszurechnen. Stattdessen möchten wir auf eine zauberhafte Haarpracht aufmerksam machen, die im Winter mit etwas Glück tatsächlich in den Pfälzer Wäldern anzutreffen ist: das Haar-Eis. Bei diesem seltenen Naturphänomen geht es zwar nicht um Meter, sondern nur um Millimeter – aber die haben es in sich.

Zu entdecken sind die bizarren, schneeweißen Zuckerwatte-Gebilde an morschem Totholz. Freilich nur bei ganz bestimmten und

leider eher seltenen Witterungsbedingungen: „Das Wasser im abgestorbenen Holz darf noch nicht gefroren sein, die Außenluft muss jedoch unter dem Gefrierpunkt liegen und die Luftfeuchtigkeit muss relativ hoch sein", sagen Pfälzer Förster. Eine wichtige Rolle spielt zudem ein Pilz im Gehölz, wie Wissenschaftler vor einigen Jahren herausgefunden haben: Ein abgesondertes proteinartiges Molekül wirkt quasi als Kristallisationskeim. So wachsen Eishaare aus dem Holz – nur 0,02 Millimeter dick und höchstens 100 Millimeter lang. Das ist nicht einmal ein Hundertstel von Rapunzels Turmhaar. Aber gerade deshalb märchenhaft schön!

Konnte mithilfe einer großzügigen Spende 2008 saniert werden: der Schwefelbrunnen bei Landau

DIE SCHWEFELQUELLEN BEI LANDAU

GERUCHSKUR AM GESUNDBRUNNEN

Für einen Osterspaziergang sind diese Orte eher ungeeignet. Denn der Geruch von faulen Eiern passt nun wirklich nicht zu einem hohen Feiertag. Über die Schwefelquellen der Pfalz sollte
man dennoch nicht die Nase rümpfen. Denn einst wurden ihnen fast wundersame Kräfte zugeschrieben, die Kranke Hoffnung schöpfen ließen: nicht nur bei Wehwehchen, sondern auch bei
Lähmungen nach einem Schlaganfall, bei Augenleiden oder großen Geschwulsten. Das südpfälzische Edenkoben war vorübergehend sogar ein begehrter Kurort. Mancher Schwefelbrunnen in
der Pfalz ist heute allerdings dermaßen in Vergessenheit geraten, dass die Suche nach ihm zum
schweißtreibenden Abenteuer geraten kann. Doch der Reihe nach: Vor hundert Jahren waren
die Brunnen Treffpunkte, wie alte Fotoaufnahmen zeigen. Dort wurde sogar musiziert oder man
kam im Sonntagsstaat zusammen, um zu plaudern. Eine erste gründliche Bestandsaufnahme

Schattiger Treffpunkt südlich der Stadtmauer: der Brunnen in Freinsheim

unternahm dann Daniel Häberle (1864-1934). Er zählt zu den bedeutenden pfälzischen Gelehrten und hat im ersten Drittel des 20. Jahrhunderts „auf ganz verschiedenen Wissenschaftsgebieten untrügliche Fußspuren hinterlassen", heißt es beim Institut für pfälzische Geschichte und Volkskunde (Kaiserslautern). Der Sohn eines westpfälzischen Gutsbesitzers war Marineoffizier in Ostafrika, später studierte er in Heidelberg Geschichte, Geographie, Volkswirtschaft und Naturwissenschaften. Häberle sorgte unter anderem für die wissenschaftliche Etablierung des Landschaftsbegriffs „Pfälzerwald", die Liste seiner Veröffentlichungen umfasst mehr als 600 Titel. Eine davon ist die 1912 erschienene Schrift „Die Mineralquellen der Rheinpfalz und ihrer nächsten Nachbargebiete in geologisch-historischer Beziehung".

Darin beschäftigt sich Häberle auch ausgiebig mit den Schwefelbrunnen. Damals gab es solche in der Pfalz unter anderem in Landau, Bad Dürkheim, im Bienwald, in Dirmstein, Edesheim, Freinsheim, Hainfeld, Ilbesheim, Klingenmünster und Edenkoben. Erste urkundliche Belege stammen teils schon aus dem 15. Jahrhundert. Schwefelquellen sind in Rheinland-Pfalz selten; dass man sie ausgerechnet verstärkt in der Vorderpfalz und vor allem bei Landau findet, führt das Landesamt für Umwelt auf die besonderen „tektonischen Prozesse an Bruchzonen des Oberrheingrabens" zurück. Der entstand vor rund 45 Millionen Jahren, es kam dabei zu zahlreichen Bruchschollen und zu Verwerfungen im Untergrund. So kann Wasser aus großen Tiefen bis zur Erdoberfläche gelangen; je nach den dabei durchlaufenen unterirdischen Gesteinen werden auf diesem Weg unterschiedliche mineralische Substanzen gelöst – so beispielsweise auch Schwefelkies (Pyrit).

In früheren Jahrhunderten spielte das nach faulen Eiern riechende Wasser als Kur- und Heilmittel bei breiten Bevölkerungsschichten eine wichtige Rolle. Davon zeugen allein schon die Namen

DIE HELINCHEN-ROSENTHAL-SPANGE

Die Strecke:
*Waldhaus Schwefelbrunnen (Eisenberg) – Kreuz-
eiche (400 m) – Helincheneiche (1 km) – Über-
querung K 76 (1,2 km) – Äußerer Rosenweg (2,2
km) – Alter Friedhof (3,6 km) – Ruine der Kloster-
kirche Rosenthal (3,8 km) – Weiher (3,9 km) –
Kerzweilerhof (4,6 km) – K 78 (6,2 km, ab da ca.
80 m Straße) – Kriegsberghütte (7,1 km) –
Parkplatz K 78 (9,4 km, ab da ca. 200 m Straße) –
Abzweig Arlessiedlung (9,6 km) – Überquerung
K 76 (10,3 km) – Helincheneiche (10,9 km) –
Waldhaus Schwefelbrunnen (11,8 km).
Markierung: Waldhaus bis Kloster/Weiher:
Rundweg 13 oder gelbes Kreuz. Weiher bis
Abzweig Arlessiedlung: rote, fünfblättrige Rose
mit Nummer 5. Abzweig Arlessiedlung bis
Waldhaus: Rundweg 13. Einkehrmöglichkeit:
Waldhaus Schwefelbrunnen (PWV Eisenberg)
und Kriegsberghütte (PWV Göllheim), in der
Regel nur sonntags geöffnet.*

ÖPNV:
*Eisenberg (Bhf): Buslinie 920 bis Schwimmbad
(von dort 1 km bis Waldhaus).*

Die Sage vom Helinchen ist eine Geschichte
von Herzeleid und Habgier. Die Bauerstochter
verliebt sich in Anselm, den Oberjäger des Gra-
fen auf Burg Stauf. Doch die Eltern und der
Burggraf hintertreiben dies, das Mädchen soll
einen reichen Bauern heiraten. Am Ende stirbt
Helinchen vor Liebeskummer, Anselm wird von
einem Wilderer erschossen. In Vollmondnäch-
ten sind die beiden angeblich noch heute an
jener Eiche zu sehen, bei der sie sich früher
heimlich trafen. Genau an dieser „Helincheneiche" – sie ist rund 500 Jahre alt und seit 1972
ein Naturdenkmal – führt unsere Tour vorbei.

Die Klosterruine Rosenthal

Vom Waldhaus Schwefelbrunnen geht es dabei
hinüber zum Rosenwanderweg: Dieser umrun-
det auf rund 13 Kilometern die ehemalige Klos-
teranlage Rosenthal. Dabei wandert man über
sanfte Hügel, durch Feld, Wald und Wiesen.
Fünf innere Routen, Blattrandwege genannt,
führen von dem Weiher beim Kloster jeweils zu
dem äußeren Rundweg. Wir nutzen für unsere
Wanderung den Blattrandweg 5 und nehmen
so nur den östlichen Teil des großen Rundwegs
mit – die Tour wird so zur Helinchen-Rosenthal-Spange. Für den Besuch des im Wald gele-
genen alten Friedhofs und der Ruine der Klosterkirche unbedingt etwas Zeit einplanen. Beides sind Orte mit viel Atmosphäre.

*Info: „Die Helinchen-Rosenthal-Spange", www. out-
dooractive.com (über Suchfunktion). Zum Rosenwanderweg gibt es einen Flyer mit Karte, der am
Museum bei der Klosterruine erhältlich ist. Helin-
chen-Sage: www.vg-eisenberg.de (Rubrik „Freizeit &
Tourismus").*

Mitten im Bienwald trifft man auf zwei Schwefelquellen: den „Heil"- und den „Gutenbrunnen".

solcher Quellen: Sie heißen „Guter Brunnen", „Gesundbrunnen", „Heilbrunnen" oder „Grindbrunnen". Doch mittlerweile kennt kaum noch jemand ihre einstige Bedeutung. Wer heutzutage nach ihnen sucht, hört von den Anwohnern schon einmal: „Des is nix Besonneres." Doch das Gegenteil ist der Fall.

Der pfälzische Historiker Harald Bruckert, Lehrer am Eduard-Spranger-Gymnasium in Landau, ist ein Jahrhundert nach Häberles Erkundungen nochmals auf die Suche gegangen. Er folgte dabei den Spuren des Gelehrten und versuchte wiederzufinden, was Häberle damals an Schwefelquellen beschrieben hatte. „Ich habe mir den Spaß gemacht, all diese Brunnen aufzusuchen und eine Vollständigkeit anzustreben", sagt Bruckert. Veröffentlicht hat er das Ergebnis seiner Recherchen 2014 in der „Pfälzer Heimat", der Zeitschrift der Pfälzischen Gesellschaft zur Förderung der Wissenschaft. Für Bruckert sind die Schwefelbrunnen „eine für unsere Region charakteristische Gruppe von Natur- und Kulturdenkmälern".

In der Tat haben einige der Quellen eine bewegte Geschichte. Der Landauer Bezirksarzt Arnoldi rührte beispielsweise in einem 1715 erschienenen Büchlein über den „Gesundbrunnen zu Landau" tüchtig die Werbetrommel für das Schwefelwasser, das vor den Toren der Stadt sprudelte: *„Herbey! ihr Keichende und auff der Brust Gefesselte, ihr werdet hier gute Luft und Atem schöpfen. Herbey! alle die von Gicht, Podagra, Grieß, Stein, skorbutischen Flüssen, Venus-Beulen, bösen Grind, Aussatz oder sonsten schmertzhafft gemartert und zu sagen gefoltert werden, ihr findet hier den zuversichtlichen Ancker wider den Sturm eurer Schmertzen."* Noch in den 1950er-Jahren träumte man in Landau davon, aus dem Schwefelbrunnen ein Staatsbad zu machen. Ein Gutachten der Universität München kam allerdings dann zu dem Ergebnis, dass dafür die Wasserqualität nicht ausreicht.

Geplatzte Kurbad-Träume: der Edenkobener Schwefelbrunnen im Jahr 1932, er wurde später abgerissen.

An der Geruchsintensität kann es in diesem Fall freilich nicht gelegen haben. Sie ist ungebrochen: Wer heute zu der Quelle kommt, wird den Schwefelwasserstoff deutlich wahrnehmen. Man muss dazu die sieben Stufen zum Wasserauslauf gar nicht erst hinabsteigen. Vielleicht wegen seiner unverwechselbaren Duftnote konnte sich der Brunnen am Landauer Stadtrand auch wieder in Erinnerung rufen, nachdem er über die Jahre hinweg verwildert, zugewuchert und in Vergessenheit geraten war. Die 10.000-Euro-Spende eines Privatmanns ermöglichte 2008 die Restaurierung der Anlage samt der Errichtung einer repräsentativen Sandsteinstele.

Noch reger als in Landau war der Kurbetrieb in Edenkoben, dessen Schwefelbrunnen schon im 16. Jahrhundert als Heilquelle weithin bekannt war. Bruckerts Fazit nach der Auswertung zahlreicher historischer Quellen: „Viele Kranke nahmen die Anstrengungen eines weiten Anreiseweges auf sich, um in den Genuss des Edenkobener Wassers zu gelangen." Linderung suchende Menschen kamen aus Kreuznach und Weißenburg, aus dem Darmstädtischen und dem Württembergischen. Historische Quellen belegen, dass wegen der angeblichen großen Wirksamkeit des Edenkobener Heilwassers der Ansturm so groß war, dass zum Schutz des Kurbrunnens – und wohl auch der umliegenden Weinberge und Obstgärten – eine Wache aufgestellt werden musste. Manche Schilderung einer erfolgreichen Kur mit dem Edenkobener Schwefelwasser erinnert Bruckert an biblische Wunderheilungen. Über ein 18-jähriges Mädchen heißt es in einem Büchlein von 1715, sie sei zuvor so verrückt im Kopf und wild gewesen, dass man sie habe einsperren müssen. Durch das Edenkobener Wasser sei sie aber „gesund und gescheid geworden". Ein zehnjähriger Junge, der taubstumm war, konnte nach dem Besuch des Edenkobener Kurbrunnens wieder hören und sprechen. Auch dies geschah 1715. Der für das Gebiet zuständige Bezirksarzt – heute würde es heißen, der Amtsarzt des Gesundheitsamtes – bescheinigte dem Wasser damals eine „extraordinaire Würckung".

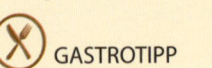

GASTROTIPP

„GRIFO RESTAURANT"

Natürlich liegt ihm und seinem jungen Team Italien am Herzen. Und ganz speziell Umbrien. Traditionelle Gerichte dieser Region stehen deshalb bei Küchenchef Samuel Lyto vor allem auf der Speisekarte. Wie beispielsweise „Baccalà mantecato", eine leckere Stockfischcreme auf gegrillter Polenta als Vorspeise (12,50 Euro), oder der umbrische Schweinefiletstrudel mit Preiselbeerensoße (19,90 Euro). Den Eingang zum im September 2020 eröffneten Restaurant „Grifo" in Kerzenheim (Donnersbergkreis) findet man etwas versteckt in einer Seitenstraße. Drinnen wurde der Charme einer über 400 Jahre alten Zehntscheune mit modernen Möbeln und warmem Lichtdesign geschickt kombiniert, die Einrichtung stammt noch vom Vorgänger „Il Mulino". Neben hausgemachten Nudeln gibt es im „Grifo" auch Pinsa – ein belegter Teigfladen, der bekömmlicher sein soll als Pizza (9,90-14,90 Euro). Der Gast kann zwischen einem Dutzend Varianten wählen. Die Weinkarte bietet eine verlockende Reise durch fast alle italienischen Anbaugebiete.

„Grifo Restaurant", Eisenberger Straße 1, 67304 Kerzenheim, Telefon: 06351/3991950, gastro@griforestaurant.de, www.griforestaurant.de

Sitzplätze innen: 30, außen: 30. Öffnungszeiten: Di bis Sa 17.30-22 Uhr, So 12-14 und 17.30-22 Uhr, Ruhetag: Mo.

Bei anderen erfüllte sich die Hoffnung auf Genesung freilich nicht. Im Geschoss unter dem Turm der protestantischen Kirche in Edenkoben befindet sich beispielsweise die Grabplatte einer Freifrau aus Rheinhessen. Im Kirchenbuch von 1715 heißt es dazu: *„Die Reichfreiyn Hochwohlgeborene Fräulein Anna Regina Keßlerin von Sarmsheim starb nach 20-jähriger Gliederkrankheit in hiesiger Brunnen-Cur den 26. Juli morgens gegen 8 Uhr."* Der Grund für solche Todesfälle lag meist darin, dass schwer oder hoffnungslos Kranke nach Edenkoben verbracht wurden und dort dann an den Strapazen der mühseligen Reise verstarben, sagt der Edenkobener Heimatforscher Herbert Hartkopf, der sich ebenfalls ausgiebig mit der Historie dieser Quelle befasst hat.

In der Stadtchronik ist festgehalten, dass der letzte Kurgast, dem am Brunnen „entscheidend" geholfen wurde, im August 1742 genannt wird. Gleichwohl beantragten die Edenkobener 1827 bei der königlichen Regierung den Bau einer Badeanstalt neben der Heilquelle, die den Namen „Ludwigsbad" tragen sollte. Doch wie in Landau zerschlugen sich diese ehrgeizigen Pläne. Was auch an der nachlassenden Kraft der Quelle gelegen haben mag. Bei einer Untersuchung im Jahr 1911 wurde sie als „einfache, etwas schwefelhaltige, rein erdige Quelle mit etwas Gips und Bittersalz" analysiert. Die alte Brunnenanlage wurde in den 1970er-Jahren mehr oder weniger zubetoniert, als dort ein – inzwischen freilich wieder abgerissenes – Hallenbad gebaut wurde. An die ruhmreiche Geschichte des Kurbetriebs erinnert heute nur noch eine Ersatzlösung: ein „hässlicher Gedenkbrunnen" aus Beton, aus dem seit Jahren kein Wasser läuft, wie man beim Heimatbund Edenkoben beklagt.

Nicht jede Schwefelquelle ereilte aber das Schicksal des Edenkobener Brunnens. Am Ende seiner Exkursionen hält der Landauer Lehrer Bruckert fest: Die meisten der von Häberle vor einem guten Jahrhundert beschriebenen pfälzischen Schwefelbrunnen existieren auch heute noch, wenn auch weitgehend unbeachtet und teilweise in einem schlechten Zustand. Das gilt

Hinter Dickicht verborgen: Schwefelquelle bei Insheim

beispielsweise ganz besonders für den Insheimer „Eierbrunnen" im Landkreis Südliche Weinstra-ße. Die Lagebeschreibung klingt nur auf den ersten Blick präzise: „Im Wäldchen unmittelbar ne-ben dem Fischweiher." Das Gelände des Insheimer Angelsportvereins „Klares Wasser" liegt etwas außerhalb des Ortes in einer Talsenke, es ist eine idyllische, fast parkähnliche Anlage mit Rasen-flächen am Ufer und hohen Bäumen. Rund 50 Meter lang ist der größere der beiden Weiher. „Un-mittelbar daneben" erweist sich vor Ort also als ein wenig hilfreicher Hinweis.

Doch die Leute vom Angelsportverein sind freundlich. Ja, den Brunnen gebe es, aber er werde seit Jahren nicht mehr gepflegt. Ein Weg? Nein, ein richtiger Weg führe nicht dorthin, anfangs sei es noch ein Pfad. Dann müsse man fünf Meter hinunter. Ein anderer sagt: 20 Meter hoch. Es stellt sich heraus, das letzte Mal war der eine vermutlich vor 14 Jahren an dem Brunnen, der an-dere vielleicht seit der Kindheit nicht mehr. „Die wahren Abenteuer sind im Kopf, und sind sie nicht im Kopf, dann sind sie nirgendwo", hat der österreichische Liederpoet André Heller einmal gesungen. Er irrt. Die wahren Abenteuer beginnen am Fischweiher von Insheim. In dem Wäld-chen stehen Brennnesseln und Dornenranken dicht und brusthoch, Bäume und Geäst liegen quer. Das Vorwärtskommen ist Plackerei, jeder Meter Geländegewinn in diesem Urwald äußerst mühsam. Die Nase nimmt einen Hauch von Schwefelwasserstoff wahr, vielleicht ist es aber auch nur Einbildung. Also dort rüber? Oder doch nicht? Nach über einer Stunde ist der Brunnen ge-funden, was indes eher Zufall ist. Denn die Betonschale und der Auslauf sind total zugewachsen. Erst nachdem das Gestrüpp etwas zur Seite gedrückt ist, wird erkennbar, dass die Insheimer dort tatsächlich vor vielen Jahren einmal eine kleine Brunnenanlage geschaffen hatten: Granitblöcke umfassen den Auslauf, oberhalb steht ein Sandstein mit einer schwer entzifferbaren Inschrift. „St. Bruno" könnte es heißen.

Ein Idyll: das Gelände des Angelsportvereins bei Insheim

Vor über hundert Jahren, zur Zeit von Daniel Häberle, war in dieser Talsenke alles anders. Die Weiher gab es noch nicht – und auch keine Hindernisse, die den Weg versperrten. Spaziergänger und Arbeiter aus der Umgebung kamen dort gerne vorbei, um von dem Wasser des Insheimer „Eierbrunnens" zu trinken. Häberle schreibt 1912, die Quelle sei „bequem zu erreichen". Vor Ort war er selbst freilich nicht, er verließ sich in diesem Fall auf die Berichte eines Lehrers und eines Pfarrers. Nach deren Auskünften rieten Ärzte Patienten damals dazu, das Insheimer Wasser für Bäder gegen Rheumatismus zu verwenden. Und verbürgt ist aus dieser Zeit: „Das Wasser roch deutlich nach faulen Eiern." Auch dies stellt sich inzwischen völlig anders dar. Aber vielleicht ist man nach dem Dschungelkampf auch zu erschöpft, um etwas zu riechen.

Ein Hinweis darf nicht fehlen: Schwefelwasserstoff ist ein giftiges Gas. Eine Gefahr besteht freilich an den erwähnten Brunnen in der Pfalz nicht. Man riecht Schwefelwasserstoff bereits in sehr geringen Konzentrationen, die weit unterhalb der Grenzwerte liegen. Im Bereich einer tödlichen Dosis ist das Gas dagegen durch Lähmung der Geruchsnerven für Menschen nicht wahrnehmbar. In etlichen Kurbädern ist Schwefelwasserstoff in geringen, nicht gesundheitsschädlichen Mengen im Heilwasser enthalten. Bad Gögging wirbt beispielsweise damit, dass seine Quelle „müden Beinen und schmerzenden Gelenken den Garaus macht" sowie für schöne Haut, kräftiges Haar und feste Fingernägel sorgt. Über 100.000 Übernachtungsgäste hat der bayerische Kurort jährlich. Hätten sich die Hoffnungen erfüllt, die man lange Zeit in Landau und Edenkoben hegte, wäre dies vielleicht dort heute ähnlich. Doch so bleibt es bei nostalgischen Rundgängen.

Sehr gut zugänglich sind auch heute noch beispielsweise die Schwefelbrunnen bei Herxheim und in Klingenmünster (beide Landkreis Südliche Weinstraße), bei Landau, im Bienwald bei Bü-

WEGE ZU DEN PFÄLZER SCHWEFELBRUNNEN

Landau in der Pfalz

Der Brunnen liegt am westlichen Stadtrand an einem Wirtschafts-weg, der parallel zur Hans-Boner-Straße verläuft. Aus der Stadt kom-mend nach der Bebauung von der K 13 links in den Wirtschaftsweg einbiegen. Bis zum Brunnen sind es 100 Meter. Starker Schwefelwas-serstoff-Geruch.

Herxheim bei Landau

Am Ortsausgang von der Straße (L 493) nach Rohrbach hinter dem Ge-werbepark beziehungsweise nach einem Feldkreuz links in den Feld-weg abbiegen, der hinunter ins Klingbachtal führt: Nach 250 Metern erreicht man den Brunnen. Schwacher, aber deutlicher Schwefelwas-serstoff-Geruch. Rastplatz mit Tisch und Bänken. Radtour-Möglichkeit: „Picknick-Radtour rund um Herxheim" (36,5 km). *Info: www.tourenpla-ner-rheinland-pfalz.de (Suchfunktion nutzen).*

Bienwald (Landkreis Germersheim)

Zwei Brunnen bei Büchelberg. Von dem Ort die K 16 nach Norden in Richtung Minfeld nehmen, am Friedhof vorbei, vor dem Überqueren des Heilbachs zweigt links ein Waldweg ab (ausgeschildert: Zur Lour-desgrotte). Dort parken. Bis zum „Heilbrunnen" sind es zu Fuß 600 Me-ter; nach weiteren 300 Metern erreicht man den „Gutenbrunnen" (Ge-ruch: ganz schwach wahrnehmbar). Wandermöglichkeit: der neue, familienfreundliche „Büchelberger Rundweg" (8,7 km), *Info: www.tou-renplaner-rheinland-pfalz.de (Suchfunktion nutzen).*

Freinsheim (Landkreis Bad Dürkheim)

Der „Gute Brunnen" liegt südlich der Stadtmauer von Freinsheim. Von der Burgstraße nach Osten in den H.-Sinsheimer Weg, dann bei der ers-ten Gabelung nach rechts in den Weg „Am Guten Brunnen" einbiegen. Schöne Sandsteinsitzgruppe, leichter Schwefelwasserstoff-Geruch. Rundgang: Die historische Altstadt samt mittelalterlicher Stadtmauer lässt sich auf verschiedene Arten erkunden. Die Touristinformation bie-tet von April bis Ende Oktober jeweils freitags um 18 Uhr und samstags um 11.15 Uhr öffentliche Stadtführungen an. Zeitlich davon unabhän-gig lassen sich die Sehenswürdigkeiten auch interaktiv mit Smartphone oder Tablet entdecken: An 15 Stationen in der Altstadt sind Video- und Audiosequenzen abrufbar. *Info: www.urlaubsregion-freinsheim.de.*

Der Pfad zur Insheimer Schwefelquelle ist inzwischen völlig zugewachsen.

chelberg (Landkreis Germersheim) oder in Freinsheim (Landkreis Bad Dürkheim). Die Stippvisite – es muss ja nicht ein Osterspaziergang sein – lässt sich oft mit einer schönen Wanderung und Radtour verbinden. Und mit einem Picknick. Das „Eierbrünnel" bei Herxheim liegt beispielsweise außerhalb des Ortes in einer Talsenke, um den Platz ragen mächtige Schwarzpappeln auf und spenden Schatten. „Waldhaus Schwefelbrunnen" heißt im Donnersbergkreis die bewirtschaftete Hütte des Pfälzerwald-Vereins (PWV) Eisenberg, sie ist Ausgangspunkt etlicher Rundwanderungen und eine beliebte Einkehrmöglichkeit. Als das Waldhaus Ende der 1970er-Jahre errichtet wurde, habe man nach einem Namen gesucht und dann einfach eine Bezeichnung aus der Flur genommen, sagt der langjährige Hüttenwart Raimund Schwalb. Verfehlen kann man diesen Brunnen nicht, an der Straße weist ein Schild auf ihn hin. Das war zur Zeit von Daniel Häberle sicher noch nicht so, vielleicht hat er ihn deshalb auch übersehen. In seiner Schrift von 1912 wird die Eisenberger Quelle jedenfalls nicht erwähnt. Ohnehin hatte der Pfälzer Gelehrte damals gestöhnt, dass sich seine Materialsammlung zu den Brunnen leider „zu einer recht mühsamen, zeitraubenden und wegen der großen ausgedehnten Korrespondenz auch recht kostspieligen Arbeit" gestaltet habe.

Damals wie heute gilt: Am besten sieht man sich vor Ort um. In den meisten Fällen muss man bei einer Rast an diesen Quellen nicht fürchten, dass es allzu sehr nach faulen Eiern stinkt. Denn der Schwefelgehalt vieler dieser Brunnen hat offensichtlich abgenommen. Dem Brunnen in Klingenmünster beispielsweise attestierte Bruckert 2014 noch, dass der Schwefel deutlich zu riechen und zu schmecken ist. Bei unserem Besuch war schon etwas Phantasie erforderlich, um dies nachzuvollziehen. Die Experten des Landesamtes für Umwelt haben für diese Entwicklung bei den Pfälzer Schwefelbrunnen keine Erklärung, sagen aber: „Falls die Geruchsbelästigung wirklich zurückgegangen ist, finden wir dies erfreulich." Daniel Häberle hätte dies sicher völlig anders gesehen.

Klingenmünster (Landkreis Südliche Weinstraße)

Im Süden der Straße „Am Sauerbrünnel" zweigt nach Westen ein Fußweg ab. Nach wenigen Metern ist der Schwefelbrunnen auf der linken Seite an der alten Klostermauer zu finden (Geruch: sehr schwach). Wandermöglichkeit: „Der Panoramaweg" (8,7 km), der rund um Klingenmünster und hoch zur imposanten Burg Landeck führt. *Info: „Panoramaweg Klingenmünster", www.outdooractive.com (über Suchfunktion).*

Eisenberg (Donnersbergkreis)

Gegenüber dem Gebäudekomplex der AOK Rheinland-Pfalz (Virchowstraße 30) führt ein Pfad in den Wald. Nach 60 Metern trifft man auf den Schwefelbrunnen (Geruch: nicht wahrnehmbar); das gleichnamige Haus des Pfälzerwald-Vereins Eisenberg (www.pwv-eisenberg.de) liegt etwa 500 Meter weiter nördlich. Wandermöglichkeit: Hinüber zum Kloster Rosenthal (Tourtipp S. 95).

Insheim (Landkreis Südliche Weinstraße)

Abenteuer-Variante: Vom Autobahnanschluss Insheim Richtung Herxheim fahren, nach 700 Metern zweigt rechts der Weg zum Gelände des Angelsportvereins Insheim ab. Dort parken, zwischen den beiden Fischweihern beginnt ein Wirtschaftsweg, der nach Norden führt, links an Schrebergärten vorbei. Nach 140 Metern (links steht ein Kruzifix) zweigt rechts ein kleiner Pfad ab in ein Wäldchen. Wenn man Glück hat, ist er gemäht. Nach etwa 150 Metern steht ein Hochsitz am Weg. Von dort noch 20 Meter geradeaus, wenn es denn geht. Und dann nach links den Hang hoch durch das Dickicht. Nach etwa 30 Metern sollte man auf den „Eierbrunnen" treffen.

Alternative: Das ist sicher die weniger anstrengende Variante. Von dem an den Fischweihern beginnenden Wirtschaftsweg nicht in den Pfad abbiegen, sondern den Weg, der eine Kurve nach links macht, zunächst weitergehen und nach dem ersten Weinberg rechts abbiegen und über den Grasweg den Hang hochlaufen. Nach 150 Metern, nach einem Hochsitz, in den Weg nach rechts abbiegen. Zunächst sind linker Hand noch Weinberge, dann Felder. Rechts immer die abfallende Böschung mit Büschen und Bäumen. Nach 320 Metern führt ein Weg rechts hinunter. Man kommt so an das Ende eines eingezäunten Gartengrundstücks. Von dort links gehen, nach etwa 60 Metern hinter einem Apfelbaum – ab da Dickicht – nach rechts den Hang hinuntergehen. Das erste Stück ist etwas steil. Nach wenigen Metern sollte man auf den Brunnen treffen.

Radtour-Möglichkeit: „Picknick-Radtour rund um Herxheim" (36,5 km), sie macht extra einen Abstecher zum Angelsportverein Insheim.
Info: www.tourenplaner-rheinland-pfalz.de (Suchfunktion nutzen).

Eine Ersatzlösung aus Beton erinnert in Edenkoben an den früheren Schwefelbrunnen.

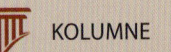 KOLUMNE

SAPPERLOT
TIEF DURCHATMEN!

Der Lachsack soll ihn angeblich zum Millionär gemacht haben: Walter Thiele hat über 1600 mehr oder weniger nützliche wie alberne Dinge erfunden. Darunter im Jahr 1968 auch den Lachsack – eine Art Stoffsocke mit eingenähtem kleinem Lautsprecher. Von dem Scherzartikel sind angeblich 120 Millionen Stück abgesetzt worden. Von Thiele stammt auch die Idee, die berühmte Berliner Luft in Dosen zu verschließen und als Souvenir zu verkaufen. Dieses Reiseandenken hatte schnell Nachahmer gefunden: „Fangfrische" Nordseeluft von Sylt wurde unter der Marke „Steife Brise" für 4,95 Euro die Büchse angepriesen, „Alpenluft in der Dose"

versprach für 4,90 Euro den Duft „aromatischer Blumenwiesen und herben Weidegrases". Aktuell sind beide Artikel leider nicht lieferbar.

Deutlich teurer ist ein Hauch der Metropolen dieser Welt: Elf Euro kosten beispielsweise 375 Milliliter aus New York. Dafür ist die Füllung angeblich ein raffinierter Atmosphären-Mix. Wer eine Dose New Yorker Luft öffnet, dem sollen Gerüche acht verschiedener Sehenswürdigkeiten entgegenwehen: von der Freiheitsstatue (20 Prozent) bis zur Brooklyn Bridge (zehn Prozent). Da kann man gar nicht anders, als erst einmal ganz tief durchzuatmen.

Auch zwei Geschwister aus Saarbrücken gingen vor Jahren unter die Luftikusse. Sie hatten gleich zehn verschiedene Duftnoten des Saarlandes eingedost und für das Weihnachtsgeschäft auf den Markt geworfen. Die Palette reicht von

Einst wurde dort sogar musiziert: der Landauer Schwefelbrunnen in den 1930er-Jahren.

grillschwadenreicher „Schwenker Luft" bis zur bergmännischen „Gruwe-Luft". Kristin und Volker Sträßer wollten vor allem ihre Landsleute in der Nase kitzeln: „Wir verkaufen Heimatgefühl zum Mitnehmen." 250 Milliliter Saarlandluft, von Hand abgefüllt, gab es für 3,90 Euro. Dafür garantierte das Duo sogar „Bio"-Qualität. Nach Heiligabend flaute das Interesse indes ab, inzwischen gibt es Restposten der Artikel nur noch in einigen Spezialgeschäften.

Und die Pfälzer? Verspüren sie denn gar keinen Rückenwind? In dieser Hinsicht offensichtlich nicht: Denn Pfälzer Dosenluft fehlt bisher im Sortiment. Dabei hat gerade die Pfalz ganz besondere Düfte zu bieten: das liebliche Bouquet der Mandelblüten beispielsweise, das würzige Aroma des bitzelnden Neuen Weins oder die aufgekratzte Luft aus einem Dürkheimer Wurstmarktzelt. Ganz zu schweigen vom frischen Wind auf den Gipfeln des Pfälzerwaldes. Wer wollte daran nicht gerne schnuppern? Keine Frage: Gegen eine Dose Pfälzer Luft könnten all die anderen in Blech gezwängten Gerüche dieser Welt ganz sicher nicht anstinken. Zumal die EU die Berliner Luft in Dosen schon einmal verbieten wollte – wegen ihrer zu hohen Feinstaubkonzentration.

Doch es wird seinen Grund haben, dass die Pfälzer hier nicht als Konkurrent auftreten wollen. Wir vermuten: Sie dosen einfach lieber ihre Leber- und Blutwurst sowie Sau- und Schwartenmagen ein. Das sind schließlich ja auch Füllungen von echtem Gewicht – und keine Luftnummern.

Das Falkensteiner Tal – nur am Anfang ist es weit und offen, dort gibt es die schöne Echostelle (Foto S. 107)

Fotos: S. 106/107: Gabriele Himmer-Gumpp

DIE SCHÖNSTEN ECHOS DER PFALZ
IMMER IN RUFBEREITSCHAFT

Echosucher dürfen nicht schüchtern sein. Lautes Rufen gehört zu ihrer Leidenschaft. Doch wer läuft schon durch Wald und Flur und lässt permanent ein „Hallo", ein „Kuckuck" oder das bekannte „Wie heißt der Bürgermeister von Wesel?" erschallen? Wohl kaum jemand. Das ist auch gut so. Denn wäre der Pfälzerwald voll von eifrigen Echosuchern, würde es dort ziemlich laut und nervig zugehen. Andererseits: Viele Echos bleiben einfach unentdeckt, weil Wanderer still daran vorbeispazieren. Auf die Frage „Wo sind die schönsten Echos der Pfalz zu finden?" haben deshalb selbst die ansonsten so ortskundigen Wanderwarte des Pfälzerwald-Vereins keine Antwort parat. Nur einen Ratschlag geben sie: „Irgendwo in den Hauptfelszentren des Wasgaus könnte ein Echo zu finden sein." Irgendwo – das hilft nun nicht wirklich weiter.

Auch Michael Leschnig muss passen. Er leitet das „Haus der Nachhaltigkeit" auf Johanniskreuz bei Trippstadt, in diesem Informationszentrum erfährt man fast alles über den Pfälzerwald. Doch

Die Felswände im Falkensteiner Tal sind aus Vulkantrümmern entstanden.

eine Echo-Karte gibt es dort nicht. „Konkrete Plätze sind mir nicht bekannt", sagt Leschnig. Aber er hat einen Tipp: Wegen der Schallreflektion seien vermutlich die besten Echos in Steinbrüchen zu finden – in der Pfalz beispielsweise im Schweinstal, bei Eselsfürth, Albersweiler oder Waldhambach. Michael Geiger, Herausgeber eines Standardwerks zur Geographie der Pfalz, kann ebenfalls nur mit Vermutungen helfen: „Im mittleren Pfälzerwald sind die Waldhänge bis zum Talgrund bewaldet, im nördlichen und südlichen Pfälzerwald sind die Täler zu offen. Suchen würde ich im mittleren Pfälzerwald, wo eine Felswand in einem engen Kerbtal den Widerhall geben könnte. Eine derartige Stelle kenne ich aber nicht."

Immerhin: Es gibt einen Echo-Platz in der Pfalz, der sogar ausgeschildert ist. Im Donnersbergkreis führt die K 37 hinauf nach Falkenstein, die Hauptstraße des Dorfes gehört mit einer Steigung von 25 Prozent zu den steilsten Ortsdurchfahrten Deutschlands. Am Beginn dieser Kreisstraße und am Anfang des Falkensteiner Tals geht es noch wesentlich flacher zu: Auf der einen Seite Wald, gegenüber ein einziges landwirtschaftliches Gehöft, der Wambacher Hof. Er liegt mitten im hügeligen Grünland, auf dem Kühe weiden. Auf der hohen Böschung an der Waldseite verkündet das gelbe Schild an einem blauen Pfosten: „Schönes Echo". Und das ist nicht übertrieben. Die Rufe kommen mit einer stattlichen Verzögerung zurück; klar, lebendig und deutlich. Dieses Echo verschluckt nichts, sofern man es nicht übertreibt: Vier Worte bringt es ohne Verluste zurück – und nicht nur den „Esel" von „Wesel". Und: Wer es mit Klatschen versucht, der darf sich über anhaltenden Beifall freuen. Die ganze Faszination, die von einem Echo ausgehen kann, ist dort zu erleben. Man hört und begegnet sich selbst – ein Natur-Spiegel, der wahrhaftiger und persönlicher ist als jedes Handy-Selfie.

Bitte bücken: Tunnel durch die Felswand. *Von hier klingt es besonders schön.*

Doch von woher wird der Schall nun zurückgeworfen? Ist es die gelbe Scheune des Gehöfts mit ihrem großen Dach? Oder eher der bewaldete Bergrücken viel weiter hinten? Der Falkensteiner Andreas Fischer vermutet, dass sich der Schall an den Mauern des Wambacher Hofs bricht: „Es ist ein wunderschönes Echo, früher entdeckte man dort hin und wieder sogar Trompeten-Bläser." Der Platz führt allerdings auch die gesamte Schwierigkeit des Echo-Suchens vor Augen: Man muss von der Straße etwa drei Meter und eher beschwerlich die steile Böschung hinaufsteigen. Wie kam jemand auf die Idee, ausgerechnet an dieser Stelle ein Echo auszuprobieren?

Fischer gibt seit über zehn Jahren eine kleine, monatlich erscheinende Dorfzeitung heraus, „Falkensteiner Echo" heißt sie treffenderweise und hat rund 600 Leser. Außerdem engagiert er sich als Gästeführer. Eine seiner Sommertouren führte vor einigen Jahren mit vielen Kindern auch zum „Schönen Echo". „Das war natürlich eine große Gaudi für die Kleinen", sagt Fischer. Inzwischen scheint der ungewöhnliche Platz aber auch bei den Falkensteinern etwas in Vergessenheit geraten zu sein: Mehrere Stufen des Aufstiegs sind weggerutscht, Brennnesseln und Dornenranken haben sich breitgemacht. Die Bank neben dem Schild, die ermüdete Rufer zum Rasten einladen soll, ist ziemlich brüchig geworden. Und ob an dieser Böschung aktuell noch ein Trompeten-Bläser das Echo herausfordert, daran hat selbst der heimatverbundene Andreas Fischer seine Zweifel. Aber: Das Echo selbst ist nach wie vor tipptopp in Ordnung.

Unweit dieser Stelle wartet eine weitere Überraschung: die Falkensteiner Schlucht. Ihre imposanten Felswände sind vor Millionen von Jahren aus den Vulkantrümmern des nahen Donnersbergs entstanden. Der Wanderparkplatz an der K 37 ist Ausgangspunkt einer 9,5 Kilometer langen Rundtour durch das wildromantische Tal, deren Anfang bereits spektakulär ist: Drahtseilgesi-

Römisches Pferderelief am Kriemhildenstuhl

cherte Felsstege und ein Tunneldurchgang lassen Alpengefühle aufkommen. Doch eines gibt es dort nicht: ein Echo. Wer in die überhängende Felswand ruft, bringt dort allenfalls die vielen Spinnennetze zum Schwingen, die wie ein Baldachin an der steinernen Decke hängen.

Nicht immer sind enge, tiefe Täler ein Garant für Echos. Wie das Falkensteiner Beispiel am Wambacher Hof zeigt, gibt es sie auch am Waldrand oder in einer Hügellandschaft mit Feldern und Wiesen. Doch auch Pfälzerwald-Experte Michael Leschnig liegt mit seinem Hinweis auf das Echo-Potenzial von Steinbrüchen richtig. Am Kriemhildenstuhl bei Bad Dürkheim kann man dies beispielsweise ausprobieren. Um 200 nach Christus haben dort römische Legionäre mit Schrothämmern und Setzkellen Blöcke aus der Felswand gestemmt. Rund 10.000 Kubikmeter wurden abtransportiert und vermutlich nach Mainz gebracht. Archäologen haben inzwischen ausgerechnet, dass diese Menge allenfalls zur Errichtung eines einzigen Baus, vielleicht eines Tors, ausgereicht hat. Vor Ort mag man das kaum glauben, denn die übrig gebliebenen, nackten Felswände sind imposant. Sie erlauben heute ein beeindruckendes akustisches Breitwandkino. Wer zentral vor dem römischen Steinbruch steht, der erhält seinen Ruf per Echo kurz und scharf zurück – aber mit Stereoeffekt. Wer dagegen die Testtöne von links oder rechts in die Wand hineinschickt, erzielt mehr Nachhall und Schwingungen.

Der alte Steinbruch ist aber auch ein Bilder- und Lesebuch. An vielen Stellen finden sich Felszeichnungen und Inschriften. Die Legionäre haben dort Anweisungen für den Betriebsablauf, Bezeichnungen von Militäreinheiten sowie Weihungen an die Götter und den Kaiser hinterlassen: *„Dem größten und besten Jupiter und Genius des Imperators Lucius Septimius Severus durch das Fähnlein der XXII. Legion, der getreuen und rechtschaffenen, geweiht."* Unter den figürlichen Darstel-

GIPFELSTEIG ZUM KÖNIGSBERG

Die Strecke:
Wolfstein, oberer Parkplatz an der Straße „Im Tauchental" – Schützenhaus (530 m) – Verzweigung Gipfelsteig (750 m): die linke, südliche Route des Rundwegs nehmen – Königsberg-Gipfel (3,5 km) – Kreuzfeld (5,1 km) – Wolfsteiner Echo (6,6 km) – Schützenhaus (7,2 km) – Wolfstein, Parkplatz „Im Tauchental" (7,7 km). Markierung: drei rote Rauten auf grünem Grund. Rastplatz und Schutzhütte auf dem Gipfel.

ÖPNV:
Lautertalbahn, Haltepunkt Wolfstein.

Für Riesen: Thron auf dem Königsberg

Der 586 Meter hohe Königsberg bei Wolfstein im Landkreis Kusel war bisher einer der verschlafenen Gipfel in der Pfalz. Was vielleicht auch daran liegt, dass auf diesem breiten Bergrücken Bäume den Aussichten im Weg stehen und so für betuliche Abgeschiedenheit sorgen. Aber dafür gibt es dort oben etwas, was ansonsten nur in den Alpen oder auf den – für Normalwanderer unerreichbaren – Kletterfelsen in der Südwestpfalz zu finden ist: ein Gipfelbuch. Und das verrät, dass es auf dem Königsberg bisweilen auch international zugeht. „Eine schöne Wanderung, ganz allein auf dem Königsberg mit Sonne und guter Laune", schreiben beispielsweise Magan und Eric aus dem holländischen Teteringen.

Hinauf wandert man über den Gipfelsteig – ein Rundweg, der ab dem Wolfsteiner Rathaus ausgeschildert ist. Der Aufstieg hat etwas vom bayerischen Voralpenland: Es geht anfangs steil bergan. Erst auf Forstfahrwegen, dann auf Pfaden. Ein kurzer Abschnitt ist tatsächlich steigig: ziemlich schmal, ziemlich steinig und talseits mit tiefem Abgrund. Ansonsten führt der Gipfelsteig pro-blemlos durch den abwechslungsreichen, schönen Nordpfälzer Wald. Genusswandern also. Im Jahr 2021 entschlossen sich die Touristiker der Verbandsgemeinde Lauterecken-Wolfstein, den Königsberg „aus seinem Dornröschenschlaf zu wecken", wie sie sagen. Ein imposanter Thron samt Krone und eine königliche Tafel im XXL-Format wurden auf dem Gipfel platziert. Die Rückenlehne des Riesenstuhls, die aus den Eichenbalken einer ehemaligen Scheune gefertigt wurde, misst stattliche 3,70 Meter. Das Gesamtgewicht der gigantischen Möbelstücke beträgt rund 2,5 Tonnen. Damit dürfte auch Stefanie aus Berlin zufriedengestellt sein. Die hatte nämlich bei ihrem Eintrag im Gipfelbuch über die fehlenden Rastmöglichkeiten gemeckert: „Wenn es nur ein Viertel so viele Bänke wie Hochsitze hier gäbe, wäre viel gewonnen." Auf dem Rückweg kommt man am Wolfsteiner Echo (S. 117) vorbei: Wer will, kann dort nach dem „König" rufen. Noch ein Hinweis: Die Markierung des Gipfelsteigs ist ausreichend, aber nicht üppig.

Info: „Gipfelsteig zum Königsberg", www.touren-planer-rheinland-pfalz.de (über Suchfunktion)

Für das Wolfsteiner Echo gibt es verschiedene gute Stellen.

lungen sind mehrere Pferde. Anmutige wie plumpe. Was man an den Felswänden des Kriemhil-denstuhls allerdings vergeblich sucht, sind Verse des römischen Dichters Ovid. Dabei erzählt er in seinem Epos „Metamorphosen" auch vom Schicksal der Echo – also jener Bergnymphe, die dem Schallphänomen den Namen gab.

In der griechischen Mythologie stand Echo in den Diensten von Zeus und Hera, des obersten Götterpaars. Die Nymphe zeigte offenbar viel Verständnis für die Amouren des Göttervaters, der bekanntlich zahlreiche Liebesabenteuer hatte. Mit der ehelichen Treue nahm Zeus es also nicht so genau, erwischen lassen wollte er sich aber auch nicht. Um seine eifersüchtige Gattin abzulen-ken, schickte er deshalb Echo zu ihr: Die unterhielt Hera mit langen Geschichten, viel Geschwätz und Plaudereien so geschickt und einnehmend, dass Zeus immer wieder unbemerkt zu einer seiner Geliebten entwischen konnte. Letztlich kommt die Göttergattin aber doch hinter das Täu-schungsmanöver und ist außer sich vor Zorn. Doch statt sich den treulosen Ehemann vorzuknöp-fen, lässt sie ihre Wut an der Nymphe aus. Sie bestraft Echo mit einem Fluch: Für alle Ewigkeit darf sie kein Gespräch mehr führen und etwas Eigenes sagen. Stattdessen kann Echo seitdem nur noch die letzten Worte ihrer Gesprächspartner wiederholen. Das endet in der Katastrophe, als sich Echo in den Halbgott Narziss verliebt. Denn der Sprachverlust hat den Beziehungsverlust zur Folge, mit dem ständigen Wiederholen letzter Worte kann Echo den Narziss nicht verführen. Die traurige und gedemütigte Nymphe zieht sich zurück, verkümmert an gebrochenem Herzen, wie Ovid berichtet: Die Haut schrumpft, die Säfte des Lebens lösen sich in Luft auf. Die Knochen der Nymphe werden zu Felsen, übrig bleibt aber ihre Stimme, die bis heute als Echo zu hören ist. Nicht nur in Griechenland, sondern überall auf der Welt. Wenn man denn an der richtigen Stelle steht.

Wo bei Wolfstein im Landkreis Kusel ein schönes Echo zu finden ist, weiß Martin Kirch. Er muss ein ziemlich guter Echosucher sein. Denn an der Ecke, wo er fündig wurde, laufen wohl viele achtlos vorbei. Dass der Wald sich dort zu einer kleinen Schneise öffnet, ist der einzige Hinweis. „Ich bin Wolfsteiner und kenne diesen Ort schon länger: In der imposanten Schlucht zwischen Erzengel und Totenkopf auf der Gemarkung der Stadt gibt es eine Stelle, an der ein Echo zu hören ist." Der Gipfelsteig zum 568 Meter hohen Königsberg (Tourtipp S. 111) führt auf dem Rückweg nach Wolfstein auf einem schmalen Pfad an diesem Platz vorbei. Es ist ein charakteristisches „Hallo"-Echo: Vor allem die „O"s kommen sanft rollend und scheinbar mit weitem Anlauf zurück. Andere Vokale haben es deutlich schwerer. Es sei denn, auf der anderen Talseite lassen sich aufgeweckte Wanderer zum spontanen Antworten animieren: „Hallihallo" tönt es dann überraschend schnell und laut. Woran man sieht, dass Echorufen kommunikativer ist, als mancher vielleicht denken mag.

Das Wolfsteiner Echo kann freilich etwas launisch sein: Im Sommer funktioniert es schwächer als im Frühling, wenn die Bäume noch keine Blätter tragen. Die Jahreszeit, aber auch das Wetter, haben einen Einfluss darauf, wie der Schall reflektiert wird. Wind gilt beispielsweise als größter Feind des Echos. Martin Kirch, der auch Vorsitzender des örtlichen Theatervereins ist, will nun dafür sorgen, dass Wanderer das Wolfsteiner Echo leichter und ohne langes Suchen finden: Ein entsprechendes Schild soll an der Stelle an einem Felsen angebracht werden. „Es gibt am Weg drei bis vier Stellen mit Echo, aber das beste Ergebnis hat man am Standort N49°34'50" - E7°35'50", nennt Kirch seine favorisierte Position. Das Wolfsteiner Natur-Hörspiel lädt zum Testen und Ausprobieren ein, an einer großen Felsnase ist sogar ein zweifaches Echo zu hören. Wer noch ein Stück weiter den Pfad hochläuft, wird merken, dass nun das Echo in einen flachen Hall übergeht.

 GASTROTIPP

RESTAURANT PIZZERIA GELATERIA „LA PIAZZETTA"

Es ist fast so etwas wie der Dorfmittelpunkt und die gute Stube: das italienische Restaurant am Rathausplatz in Wolfstein (Landkreis Kusel). Manche Stammgäste kommen gerne selbst vorbei, um einen Tisch für den nächsten Abend zu reservieren – das ist persönlicher als zu telefonieren. „La Piazzetta" bietet nicht nur Pizzas (mittlere Größe: 7 bis 8 Euro), Pasta und Salate sowie leckeres Eis; täglich gibt es eine Extrakarte mit einem halben Dutzend Überraschungen: saisonale Fleisch- und Fischgerichte, dazu Vegetarisches. Beispielsweise Scaloppina al Gorgonzola (16,80 Euro), Seeteufel al Limone (22,50 Euro) oder Trüffel-Kalbsröllchen (18,20 Euro). Der Service ist freundlich und herzlich, das Ambiente ohne Italien-Kitsch. Kleines Manko: Es stehen nur wenige offene Weine auf der Karte. Wer nach dem Wolfsteiner Gipfelsteig dort einkehren will, kann sich nicht auf seinen Echo-Ruf verlassen: Er sollte besser reservieren. In dem Fall telefonisch.

Pizzeria Gelateria „La Piazzetta",
Am Rathausplatz 2-3, 67752 Wolfstein,
Telefon: 06304/9927665.
Sitzplätze innen: 38, Terrasse: 60.

Öffnungszeiten:
Mi bis Sa 15-22 Uhr, So und
Feiertage: 11.30-22 Uhr,
jeden 1. Do im Monat bereits
ab 11.30 Uhr. Küche von
14-16 Uhr geschlossen.

Echo-Liebhaber in der Schweiz haben es besser, sie benötigen keine Hinweisschilder. Denn seit 2015 gibt es „Echotopos", eine Plattform im Internet samt App (www.echotopos.ch). Dort können Interessenten gefundene Echo-Orte registrieren – mit Angaben der Koordinaten und einer Kurzbeschreibung. Das Archiv ist als Langzeitprojekt angelegt, eine Karte zeigt alle bisher gemeldeten Standorte. Die meisten liegen natürlich in den Schweizer Bergen. Doch manches Echo verirrt sich auch in die Städte. In Basel verzeichnet die Plattform beispielsweise ganz in der Nähe des Rheins in der Marktgasse eine Stelle, wo ein 18-faches, flatterndes Echo zu hören ist. Einer der Initiatoren von „Echotopos" ist der Schweizer Musiker und Jodler Christian Zehnder. Er hat eine Faustregel herausgefunden: „Je tiefer ich in den Berg hineinrufe, desto weniger kommt zurück. Höhere Töne im Tenor- und Sopranbereich schallen besser, da ist als Echo auch mal die ganze Lautfolge zu hören, die ich in den Berg hineinjuuze." Zehnder hat auch eine Erklärung dafür, warum in Geländesituationen, wo wie beim Falkensteiner Echo Grünland vorherrscht, ebenfalls Echos gut funktionieren. Gras verschlucke den Schall nicht, sondern mache den Sound nur weicher und textiler: „Auf Wiesen wandern Echos auch eher."

In der Pfalz kann man dies beispielsweise bei Wallhalben im Landkreis Südwestpfalz erfahren. Die Bergstraße dort macht ihrem Namen Ehre, es geht aus dem Tal steil hoch. „Ganz oben, Blickrichtung zum ehemaligen Ortsteil Oberhausen, ist das Echo zu hören", sagen Anwohner. Es ist breit und seltsam rauschig. Wer dem Echo mit intensivem Rufen auf den Grund gehen will, muss allerdings damit rechnen, dass ihm die Ziegenherde im benachbarten Gatter mit lautem Meckern dazwischenfunkt. In Wallhalben erfährt man auch, dass Echo-Stellen kein Allgemeingut sind. Den betreffenden Ort an der Bergstraße kennen Anwohner, die auf der Talseite wohnen. Wer auf der anderen Straßenseite nach dem Echo fragt, bekommt dagegen zur Antwort: „Nie gehört, so etwas haben wir hier nicht."

Eigentlich sollten Förster kundige Echo-Spezialisten sein, sie kommen in den Pfälzer Wäldern schließlich

Mundloch des ehemaligen Brauwasser-Speichers bei Neustadt

ziemlich viel herum. Jens Bramenkamp, Revierförster für den Wald bei Neustadt, sagt zwar: „Echo im Wald ist schwierig." Er hat aber dennoch einen Tipp. Unterhalb des Conrad-Freytag-Mausoleums, das am Neustadter Stadtrand liegt, gebe es einen Schacht, der einst der früheren Pfalzbrauerei gehörte: „Wer dort durch das Mundloch dieses ehemaligen Behälters ruft, bekommt ein Wahnsinnsecho." In der Tat: Das akustische Spektakel ist gewaltig. Es ist freilich weniger ein Echo als ein donnernder, langer Hall. Wie die fast endlose Rückkopplung einer E-Gitarre, die aus dem Verstärker dröhnt.

Die 1895 aus der Fusion zweier Familienbetriebe entstandene Pfalzbrauerei in Neustadt gibt es schon lange nicht mehr, ihre Gebäude wurden 1985 abgerissen. Auf dem Gelände entstand ein großer Wohnkomplex. Ein Überbleibsel des Unternehmens ist aber der alte Brauwasser-Speicher, eben jener Stollen unterhalb des Mausoleums. Er liegt etwa 400 Meter oberhalb der früheren Brauerei. Das Wasser kam über eine mehrere Kilometer lange Leitung aus einer Quelle, die weiter hinten im Tal liegt. Der Schacht gilt heute als „Lost Place"; die Steintreppe, die hinauf zu der Öffnung führt, ist weitgehend zerfallen und seit einiger Zeit wegen „erheblicher Unfallgefahr" gesperrt. Wie tief der Stollen in die Erde hineinreicht und wie groß das Volumen des Speichers war, lässt sich von der Öffnung aus nicht ermessen: Dahinter beginnt tiefe Dunkelheit. Der Riesen-Echodonner vermittelt jedoch den Eindruck, als wäre dort im Erdreich eine ziemlich große Halle verborgen.

Ein Echo entsteht, wenn Schallwellen auf ein Hindernis treffen. Dabei spielt jedoch die Entfernung eine entscheidende Rolle. Damit wenigstens eine Wortsilbe reflektiert wird, muss man in mindestens 17 Meter Abstand von dem Hindernis stehen, sagen die Experten von „Echotopos".

Verstärken mitunter das Wallhalbener Echo: Ziegen am Ortsrand.

Für ein ganzes Wort brauche es mindestens 50 Meter. Deshalb ist auch selbst ein rundum ge-kacheltes Badezimmer kein Echo-Ort: Bei einer Schallgeschwindigkeit von 340 Metern pro Se-kunde kommt der Ruf in kleinen Räumen viel zu schnell zurück, als dass der Mensch ein Echo wahrnehmen könnte. Allenfalls hallt es. Das gilt beispielsweise auch beim lauten Rufen in Un-terführungen oder Höhlen. Weitere Voraussetzungen für ein Echo: Die Reflexionsfläche darf nur sehr gering schallabsorbierend sein, Ein- und Ausfallwinkel sollten stimmen und die Umge-bungsgeräusche müssen wesentlich leiser sein als der reflektierte Schall. Nicht nur der Wind ist also ein Feind des Echos, sondern auch der Autoverkehr.

Das bezaubernde Glastal bei Erfweiler im Landkreis Südwestpfalz ist autofrei. Dort zeigt sich, dass auch die Wanderführer des Pfälzerwald-Vereins mit ihrem Felsen-Tipp richtig liegen. Im Wasgau gibt es sicherlich etliche schöne Echo-Stellen, man muss sie nur entdecken. Erfweiler ist Teil des Dahner Felsenlands, der Rappenfels am Eingang des Glastals hat starke Echo-Kräfte. Die Rufe kommen hart, schnörkellos und mit viel Hall zurück. Es ist aber meist ein einsilbiges Echo: Bei „Hallo" hört man ein kräftiges „-lo", das „Hal-" wird eher verschluckt. Die Distanz zwi-schen Wanderweg und dem Felsturm am Südhang des Winterbergs ist nicht allzu groß. Kletterer am Rappenfels sind deshalb mit bloßem Auge gut zu erkennen. Das Echo bleibt hingegen, wie überall, unsichtbar. In Ovids „Metamorphosen" heißt es über das Vermächtnis der Bergnymphe: „Immer noch birgt sie der Wald, und nie auf Bergen gesehen, wird sie von allen gehört: Als Schall nur bleibt sie lebendig."

TOURTIPP

DIE WEGE ZU DEN ECHOS

Falkenstein

Die L 392 von Imsbach (Donnersbergkreis) Richtung Westen fahren, dann nach rechts Richtung Falkenstein auf die K 37 abbiegen. Etwa 200 Meter nach der Kreuzung findet sich rechts oberhalb der Straße eine Stelle mit Sitzbank und dem Schild „Schönes Echo". Weitere 400 Meter weiter gelangt man zu einem Wanderparkplatz, der Ausgangspunkt für eine 9,5 Kilometer lange Rundtour durch das Falkensteiner Tal ist. Der Weg mit dem spektakulären Abschnitt gleich am Anfang beginnt ein kleines Stück oberhalb des Parkplatzes. *Info: www.tourenplaner-rhein-land-pfalz.de („Wildromantisch durch das Tal nach Falkenstein").*

Kriemhildenstuhl

An dem römischen Steinbruch nördlich von Bad Dürkheim führt der „Pfälzer Weinsteig" vorbei, der Weg ist gut markiert. Schnellster Einstieg: In Bad Dürkheim zweigt an der Ecke Sonnenwend-/Halsbergstraße ein idyllischer Treppenweg ab, der nach rund 600 Metern hinauf zum Ziel führt. Der Kriemhildenstuhl eignet sich auch bestens für ein Picknick: Bänke, Tische, Liegewiese. *Info: www.pfaelzer-wanderwege.de (Pfälzer Weinsteig, Etappe 2).*

Wolfstein

Ab dem Rathaus in der Ortsmitte von Wolfstein (Landkreis Kusel) ist der Gipfelsteig ausgeschildert. Markierung: drei rote Rauten auf grünem Grund. Die Straße „Im Tauchental" geht nach dem oberen Parkplatz zunächst in einen gepflasterten, dann geteerten und schließlich unbefestigten Forstfahrweg über. Der Weg führt steil bergan Richtung Schützenhaus, das man etwa 530 Meter nach dem Parkplatz erreicht (es gibt auch einen Zickzack-Pfad bis zum Schützenhaus). Nach weiteren 200 Metern teilt sich die Gipfelsteig-Route für den Rundweg. Dort nicht links abbiegen, sondern zunächst weiter auf dem Forstfahrweg gehen. Nach nochmals 200 Metern zweigt der Gipfelsteig nach rechts vom Forstfahrweg ab. Ab diesem Abzweig sind es noch rund 80 Schritte. Der Weg wird schmaler, links am Hang wird nach der zweiten, leichten Linkskurve ein Fels sichtbar. Kurz hinter dieser Stelle kann man das Wolfsteiner Echo hören. Auf dem Pfad gibt es über eine Strecke von etwa 250 Metern weitere Echoplätze. Wandermöglichkeit: auf dem Gipfelsteig zum Königsberg (Tourtipp S. 111).

Wallhalben

In Wallhalben (Landkreis Südwestpfalz) die Bergstraße bis zum Ende der Bebauung laufen. Nach dem letzten Haus auf der linken Seite noch an einem Schuppen vorbei, kurz dahinter Richtung Tal rufen, das Echo kommt dann von rechts. Wallhalben liegt etwa in der Mitte des Mühlenwegs (S. 133), einer 29 Kilometer langen Wanderstrecke von Landstuhl nach Thaleischweiler-Fröschen. *Info: www.pfaelzer-muehlenland.de.*

Alter Brauwasser-Speicher

In Neustadt/Weinstraße führt die Waldstraße bis zum Kloster. Kurz davor zweigt nach links der Conrad-Freytag-Weg ab, der in mehreren Serpentinen hinauf zum Mausoleum führt, das man zu Fuß nach rund 450 Metern erreicht. Etwa 25 Meter unterhalb des Mausoleums sieht man am Hang die Öffnung des Schachts. Der Zugang ist wegen der Unfallgefahr abgesperrt. Aus einem Brunnen links unterhalb des Mau-

 KOLUMNE

SAPPERLOT
ABER HALLO!

Hand aufs Herz: Wenn Sie in einen Bus oder in die Straßenbahn einsteigen, grüßen Sie da die anderen Fahrgäste? Grüßen Sie die unbekannten Leidensgenossen, wenn Sie das Wartezimmer Ihres Arztes betreten? Und was ist, wenn Sie einen Fahrstuhl betreten, in dem schon zwei fremde Männer mit Aktentasche stehen? Es gibt Menschen, die gerne oder aus Höflichkeit grüßen. Und solche, denen das offenbar peinlich ist. Am allerbesten lässt sich dies im Wald studieren. Auf einem engen Pfad ist die Begegnung unausweichlich und kommt doch nicht unerwartet. Meist bleiben ein paar Sekunden Zeit, um sich darauf vorzubereiten.

Doch wer grüßt wen zuerst? Und was passiert, wenn niemand grüßt?

Die Miesepeter

Man kämpft sich bergan. Zum Gipfel ist es noch eine halbe Stunde. Kurze Pause zum Verschnaufen. Oben kommt ein Wanderer in Sicht, der bergab läuft. Den Blick hat er unentwegt auf den Boden gerichtet. Nun ja, etwas uneben ist der Weg schon. Noch 20 Meter. Kein Blickkontakt. Man überlegt: Vielleicht hat er schlechte Laune? Vielleicht ist sein Hund gerade gestorben? Noch zehn Meter, immer noch nichts. Vielleicht hat ihn seine Frau verlassen? Vielleicht aber war auch nur die Hüttensuppe oben im Pfälzerwald-Haus schon aus? Noch fünf Meter, kein Blickkontakt. Oder ist er einfach nur ein Miesepeter? Aber warum geht er dann in den Wald? Gleiche Höhe, der Blick des Mannes bleibt am Boden. Man sagt laut: „Gu-

soleums läuft heute noch Wasser des alten Pfalzbrauerei-Brunnens. Das Mausoleum ist die letzte Ruhestätte der Familie des Bauunternehmers und Pioniers des Eisenbetonbaus Conrad Freytag (1846-1921). Wandermöglichkeit: ab Mausoleum in einer Stunde (3,7 km) hinauf zum Hohe-Loog-Haus des Pfälzerwald-Vereins Hambach (Markierung: roter Punkt).

Rappenfels

In Erfweiler (Landkreis Südwestpfalz) die Winterbergstraße bis zum nördlichen Dorfende fahren, dort nach rechts in den unbefestigten Forstfahrweg einbiegen, der nach rund 200 Metern zum Waldwanderparkplatz Höbeläcker (ausgeschildert) führt. Von dort der grün-blauen Markierung folgen. Nach etwa 150 Metern taucht links der Rappenfels auf. Weitere Wandermöglichkeit von dort: der Rundweg „Winterkirchel-Tour" zur Kapelle und zum Wanderheim „Dicke Eiche" (8 km). Der erste Abschnitt bis zum Winterkirchel ist gleichzeitig ein künstlerischer Stationenweg, dessen Bildnisse in Form von großen Sandsteinstelen Motive zu den Geheimnissen des Rosenkranzes zeigen und so Gelegenheit zum Innehalten geben. *Info: www.verkehrsverein-erfweiler.de (Rubriken „Info", „Wanderwege").*

Fotos: S. 118/119: Rolf Schlicher (2), Gabriele Himmel-Gumpp (1)

ten Tag". Nichts. Wenn der Grußverweigerer wenigstens ein Till-Eulenspiegel-Typ wäre. Der war bergauf stets fröhlich, weil er sich darauf freute, dass es nachher wieder runterging. Abwärts verschlechterte sich Tills Laune rapide: „Denn ich weiß, der nächste Berg wartet und dann muss ich mich wieder anstrengen!"

Die Überraschten

Eines der schönen offenen Wiesentäler im Pfälzerwald. Der Weg verläuft direkt am Bach. Idylle. Drei Frauen kommen einem entgegen, man hört sie schon von Weitem lachen und reden: „Also mit dem Bert, das ging gar nicht mehr ..." Aha. Die drei sind mit sich beschäftigt. Der Rest ist Nebensache. Noch zehn Meter, noch fünf. „Guten Tag", sagen wir. Die Frauen blicken überrascht herüber. Und grüßen gut gelaunt zurück: „Schönen Tag." Man denkt: Vermutlich ans tägliche U-Bahn-Fahren ge-

wöhnte Städterinnen, die es ausnahmsweise in den Wald verschlagen hat. Ob sie lernfähig sind? Mal sehen.

Die Glücklichen

Der Entspannungsweg mit ganz viel Abendsonne. Biegung für Biegung Urlaubsstimmung. Um die Ecke kommt ein junges Elternpaar, sie mit Babytrage am Bauch. Vom Kind ist nichts zu sehen, es ist gut eingehüllt. Und doch schauen die Elternaugen unablässig dorthin. Fürsorglich, liebevoll. Die Welt umarmend – aber jetzt gerade diese Welt überhaupt nicht wahrnehmend. Bis auf das Wichtigste. „Grüß Gott", sagen wir. Ein kurzer Augenaufschlag. Es ist ungewiss, ob die beiden tatsächlich etwas registriert haben – oder einfach durch uns hindurchsehen. Bis zum Horizont und glücklich bis in die Nasenspitzen. Das ist der schönste unausgesprochene Gruß, den es gibt ...

Der „Langenstein" bei Stahlberg und der „Lange Stein" bei Einselthum (Foto S. 121)

Fotos: S. 120/121: Gabriele Himmer-Gumpp

DIE PFÄLZER HINKELSTEINE

MARILYN UND DER MENHIR

„Die spinnen, die Pfälzer!" – Mit diesem Ausruf hätte sich Obelix, der schwergewichtige gallische Comic-Held, ganz bestimmt empört, wenn ihm diese Schandtat zu Ohren gekommen wäre: Bei Esthal, einem Walddorf im heutigen Landkreis Bad Dürkheim, zerschlugen Bauarbeiter im Jahr 1873 einen monumentalen Hinkelstein. Vier Meter hoch soll er gewesen sein, andere Quellen sprechen sogar von sechs bis sieben Metern. Trotz solcher brachialen Zerstörungen gehört die Pfalz auch heute noch zu den deutschen Regionen, in denen vergleichsweise viele Hinkelsteine stehen. Die meisten dieser teils über 5000 Jahre alten Zeugnisse aus der Steinzeit fristen allerdings einen Dornröschenschlaf. Zeit für eine Entdeckungsreise also, bei der es kreuz und quer durch die Pfalz geht und so schnell 400 Kilometer und mehr zusammenkommen.

Für die Ereignisse bei Esthal gibt es den Augenzeugenbericht eines elfjährigen Jungen. Er hat viele Jahre später aufgeschrieben, was 1873 geschehen war. Der schlechte Sandweg, der vom

Zwischen Straße und Acker: Menhir bei Albsheim an der Eis

Dorf hinunter ins Speyerbachtal führte, wurde damals zu einer richtigen Straße ausgebaut. Der Monolith stand im Weg. Die Erinnerung des Schulbuben: *„Der Stein wurde pietätlos über den Boden abgestoßen, zu Stücksteinen verarbeitet und zum Straßenmakadam verwendet. Da mein Vater Unternehmer des Straßenbaus war, wußte ich darum und war zugegen, als man den Oberteil abgetragen hat. Mir als elfjährigem Jungen ging es mehr zu Herzen als den älteren Leuten."* Doch Hinkelsteine verschwinden nicht nur, manche tauchen auch plötzlich aus dem Verborgenen wieder auf. Wie bei Albsheim an der Eis im Landkreis Bad Dürkheim. Bei Erdarbeiten für die neue Trasse einer Bundesstraße buddelten Bauarbeiter Ende 1982 zwei mächtige Steine aus, der eine ist 2,12 Meter, der andere 1,75 Meter lang. Vermutlich hatten sie früher eine Einheit gebildet und einen Koloss von 3,90 Meter Höhe dargestellt. Irgendwann hatte man dann diese kantige Steinsäule wohl zerschlagen und vergraben. Geologen stellten nach ihrer Wiederentdeckung fest, dass es sich um gelben Buntsandstein handelt, der aus einem sechs Kilometer entfernt liegenden Tal stammt. 1989 wurden die beiden Steine wieder aufgestellt – direkt neben der Bundesstraße und nur 15 Meter vom Fundort entfernt. Neuzeit und Steinzeit sind dort seitdem auf Tuchfühlung, Autos und Lkw fahren an dem prähistorischen Relikt vorbei wie an einer Notrufsäule.

Die Stelle bei Albsheim ist ein guter Startpunkt für eine Hinkelstein-Tour durch die Pfalz. Denn man beginnt sich dort als Laie jene Fragen zu stellen, die seit langem schon die Experten beschäftigen: Wie sah die Landschaft vor 5000 Jahren aus? Wie haben es die Steinzeitmenschen geschafft, diesen Felsbrocken sechs Kilometer weit hierher zu schleifen? Warum wurde der Stein ausgerechnet da aufgestellt? Und welche Funktion hatte er? Rund vier Dutzend solcher Monolithen sind in der Pfalz heutzutage noch zu finden, sieben sind über zwei Meter hoch. Die meisten tragen Namen wie „Der lange Stein", „Der Dicke Stein", „Der Hohe Stein" oder „Hinkelstein".

Standfest trotz Schieflage: der „Hinkelstein" im Wald bei Otterberg

Heute gebräuchlicher ist für diese Hinterlassenschaften vergangener Kulturen wohl die Bezeichnung Menhir. Das Wort kommt aus dem Niederbretonischen und bedeutet „hoher Stein" beziehungsweise „aufgerichteter Stein". Frankreich-Urlauber, die durch die Bretagne gereist sind, kennen die Steinfelder von Carnac, wo rund 3000 Menhire in langen Reihen nebeneinander stehen. Bilder und Erläuterungen zu dieser beeindruckenden Sehenswürdigkeit fehlen in keinem Bretagne-Reiseführer.

Die Hinkelsteine in der Pfalz werden touristisch dagegen so gut wie nicht vermarktet. Einzige kleine Ausnahme ist der 2014 eingeweihte „Hinkelsteinweg", eine 42 Kilometer lange Wanderroute zwischen Winnweiler (Donnersbergkreis) und Otterberg (Landkreis Kaiserslautern). Dieser Rundweg führt mitten im Wald tatsächlich an einem Hinkelstein vorbei, der auch so heißt. 2,25 Meter ist er hoch, von der Gestalt ähnelt er jenen Brocken, die Obelix so gerne mit sich herumträgt: ein tropfen- und plattenförmiger Stein. Dieser hier hat reichlich Schieflage, steht aber dennoch wie eine Eins. Die Rückseite ist stark bemoost; vorne kann man – mit viel Phantasie und wenn man die Augen weit aufmacht – die Abdrücke von fünf Bärentatzen erkennen. Oder eher von Barfußschuhen?

Dieser kleine Gedankensprung zeigt im Kleinen, was Menhire waren und sind: Projektionsflächen für menschliche Vorstellungen von der Welt. Dabei bleibt vieles spekulativ und rätselhaft. Oft führt dies deshalb zu mehreren Deutungen. Um die Erforschung der Hinkelsteine in der Pfalz haben sich vor allem zwei Volkskundler verdient gemacht. Der Westpfälzer Lehrer, Sprach- und Heimatforscher Ernst Christmann (1895-1974) veröffentlichte das Ergebnis seiner Erkundungen 1947 in einem Büchlein, der Vorderpfälzer Heimatforscher und Schuhmacher Otto Gödel (1922-

Der Menhir bei Stahlberg lag lange Zeit zerbrochen am Boden, 1936 wurde er wieder aufgerichtet.

2002) legte 1987 eine Bestandsaufnahme zu 49 Menhiren in der Pfalz und in zwei Nachbarregionen vor. Gödel widerspricht dem Vorgänger mehrfach. Dass der Esthaler Menhir vier oder gar sechs Meter hoch gewesen sein soll – was in der Pfalz ein Rekordmaß gewesen wäre –, hält Gödel für eine Mär. Er glaubt anhand einer Urkunde von 1787 belegen zu können, dass der Stein deutlich kleiner war. Differenzen gibt es auch bei der Erklärung des Wortes Hinkelstein. Christmann geht davon aus, dass der Name auf das mittelhochdeutsche *„hiune"* (Riese) zurückgeht und die ursprüngliche Bezeichnung Hünenstein über Hühnerstein in Hinkelstein umgewandelt wurde. Gödel rekonstruiert den Namen aus germanischen Silben und meint, dass Hinkelstein wohl „Totenstein" bedeuten müsse.

Doch nichts ist klar. Der Volksmund hat sich zumindest gerne auf die anschaulich erscheinende Verbindung zu Hühnern eingelassen. Eine goldene Glucke mit sieben Hinkeln hocke in solchen Steinen, heißt es in etlichen Sagen. Dass sich im Fall des zerschlagenen Esthaler Menhirs der elfjährige Junge noch als betagter Mann so gut an das Ereignis erinnerte, hing möglicherweise auch mit jenem Schabernack zusammen, dessen Opfer er als Achtjähriger geworden war: Schulkameraden hatten ihn ermuntert, sein Ohr an den Hinkelstein zu legen, dann würde er darin die Hühner piepsen hören. Als der Junge sich neugierig dem Fels näherte, erhielt er von den anderen einen herben Stoß, sodass er mit dem Kopf heftig gegen den Stein schlug.

Es wird Zeit, den Kopf freizubekommen. Ein geeigneter Ort ist dafür der „Lange Stein" bei Einselthum (Donnersbergkreis). Ihm sieht man sein Alter regelrecht an: verwittert, zerfurcht, mit tiefen Löchern. Dieser Menhir steht wohl noch genau dort, wo er vor Tausenden von Jahren aufgestellt wurde: auf einer Anhöhe über dem Zellertal. Von da oben hat man einen herrli-

Begehbare Sonnenuhr auf dem Reiserberg

 TOURTIPP

ZUM STONEHENGE DER PFALZ

Die Strecke:
Niederkirchen, Ortsteil Heimkirchen, Parkplatz Bornstraße – Letztes Haus (Nr. 70) Brunnenstraße (0,5 km) – Abzweig Naturlehrpfad (0,7 km) – Weidenbrunnen (2,1 km) – K 31, hier verlässt man den Naturlehrpfad (2,3 km) – Abzweig von K 31 auf geschotterten Wirtschaftsweg Richtung Osten (2,6 km) – Abzweig zum Reiserberg (3,8 km) – Sonnenuhr (4,3 km) – zurück am Abzweig zum Reiserberg (4,8 km) – Abzweig Wiesenweg (6,1 km) – Waldklassenzimmer (8,1 km) – Heimkirchen Parkplatz (9,1 km). Markierung: keine, sporadisch ausgeschildert. Schöner Rastplatz auf dem Reiserberg mit Solarkühlschrank.

ÖPNV:
Buslinie 130, Kaiserslautern (Hbf) - Heimkirchen, an Wochenenden ab Otterberg per Ruftaxi (Telefon: 0631/62488688).

Es gibt wohl kaum einen Punkt in der Pfalz, von dem man weiter und tatsächlich in jeden Himmelsrichtungs-Winkel schauen kann: der Reiserberg bei Schallodenbach (Landkreis Kaiserslautern) ist zwar nur 460 Meter hoch, aber er ist ein wahrer Ausblickskreisel mit 360-Grad-Panorama. Von hier sieht man den Donnersberg, den Haardt-Rand, das Landstuhler Bruch und den Königsberg. Felder, Wiesen, Hügel, Dörfer – eine weite Welt, die einem da zu Füßen liegt. Ein Ort zum Durchatmen, Staunen und Den-Kopf-in-den-Wind-halten. Damit nicht genug, inzwischen ist der Reiserberg zum Pfälzer Stonehenge geworden. Zwölf Sandstein-Obelisken, jede Säule mehr als eine Tonne schwer und zweieinhalb Meter hoch, bilden auf dem Gipfel eine begehbare Sonnenuhr. Die Idee dazu hatte Verbandsbürgermeister Harald Westrich: „Ich dachte mir: Sonnenuhr, Zifferblatt, zwölf Ziffern, das passt doch ganz genau auf unsere zwölf Ortsgemeinden." Die Anlage, die an den englischen, 4000 Jahre alten Steinkreis Stonehenge erinnert, wurde im August 2021 eingeweiht. Der Rundweg von Heimkirchen aus führt in weiten Schleifen zum Reiserberg hinauf. Zwei, drei Stellen sind wegen der fehlenden Markierung etwas knifflig, aber die richtige Richtung findet man in dem offenen Gelände immer.

Info: „Zur Sonnenuhr auf dem Reiserberg", www.outdooractive.com (über Suchfunktion). Eine Alternative: Gut markiert ist der neue „Planetenweg", ein 7,1 Kilometer langer Rundweg zum Reiserberg, der in Heiligenmoschel startet.

Stehen mitten im Feld: die Menhire bei Einselthum und bei Mittelbrunn (rechts).

chen Rundumblick. Auch hinüber zum Donnersberg, dem höchsten Gipfel in der Pfalz. Solche Sichtachsen sind offenbar nicht zufällig. Der Hamburger Fotograf Johannes Groht war acht Jahre unterwegs, um alle Menhire in Deutschland aufzusuchen und in faszinierenden Aufnahmen festzuhalten. Der dazu 2013 erschienene opulente Bildband wird ergänzt durch einen ausführlichen Katalog-Teil. Grohts Beobachtung: „Menhire stehen nie auf dem höchsten Punkt einer Erhebung im Gelände." Sie seien deshalb aus der Ferne selten auszumachen und taugten so kaum als Orientierungshilfen. Bei ihrer Aufstellung sei es also offensichtlich weniger um ihre Sichtbarkeit als vielmehr um die Frage gegangen, was man sehen kann, wenn man direkt neben ihnen steht, lautet die Schlussfolgerung. Alles, was von diesem Punkt auf der Anhöhe bei Einselthum ins Blickfeld kommt, könnte beispielsweise das Territorium eines Stammes gewesen sein. Solche Hinkelsteine hätten also vorgeschichtliche Grenzen markiert.

Andere Deutungen machen Menhire dagegen zu den Sitzen von göttlichen Wesen oder Ahnen, zu Fruchtbarkeitssymbolen, zum Opferpfahl, Gerichtsplätzen oder zu den „Ersatzleibern" für Verstorbene. Wieder andere Interpretationen bringen die aufgestellten Steine in Zusammenhang mit der Vorstellungswelt der Kelten und Germanen; demnach berührten sie als eine Art Weltsäule die Wolken oder gar den Himmel – um Regen oder die Kraft der Götter auf die Erde zu bringen. Dass sie lediglich eine Art Grenzstein gewesen sein sollten, erscheint tatsächlich eher banal – gerade auch angesichts der enormen Mühen und Strapazen, die das Herbeischleppen der Felsbrocken teils über mehrere Kilometer hinweg bedeuteten.

Bei archäologischen Untersuchungen im Umfeld des Hinkelsteins von Einselthum hat man Scherben geborgen, deren Alter auf die Zeit von 4500 bis 4300 vor Christus datiert wurden. Zu-

sätzlich wurden Kalksteinblöcke entdeckt, die möglicherweise eine Grabkammer gebildet hatten. Vermutlich war es ein Scheingrab, denn weitere Funde wurden dort nicht gemacht. Auch wenn die Erkenntnisse in diesem Fall spärlich sind, verweisen sie doch auf Zusammenhänge, die tiefgründiger sind als bloße Wegmarkierungen oder Gebietsabgrenzungen. Wer neben dem Einselthumer Stein steht, der fühlt sich auf seltsame Weise im Mittelpunkt. Es scheint, als würde sich die Welt um einen drehen. Endlos und stumm.

Diesen Wechsel zwischen Hier und Dort mitsamt der Bezüge zu besonderen landschaftlichen Erscheinungen in der Ferne verspürt man auch anderswo: beispielsweise am „Langen Stein" bei Mittelbrunn (Landkreis Kaiserslautern). Auch er steht auf einer Anhöhe, erhaben und alleine in einem weiten Feld. Dort verlief die ehemalige Grenze zwischen Mittelbrunn und Landstuhl. Der Stein ist übersät mit Ritzungen, Zeichen und Buchstaben. Ein Hausgiebel? Ein Affengesicht? Ein „Love you"-Herz? Die Oberfläche mancher Hinkelsteine wurde über Jahrtausende und Jahrhunderte geschunden.

Dort oben bei dem „Langen Stein" von Einselthum – wie bei dem von Mittelbrunn – lässt sich noch etwas anderes gut nachvollziehen: Alles, was man von dort aus sieht, ist Horizont, sind waagrechte Linien. Man muss sich dafür heute freilich Windräder und Funkmasten wegdenken, die gab es in der Steinzeit noch nicht. Die Menhire, so scheint es, waren erste, bewusst gesetzte vertikale Zeichen, ein Gegenpol, Ausdruck eines Aufbruchs, der die eigene Existenz überdauern sollte. Noch einmal der Fotograf Johannes Groht: „Das Aufrichten des Steins erscheint mir wie ein symbolisches Nachvollziehen des Aufrichtens des eigenen Körpers und der damit verbundenen Selbstständigkeit."

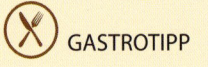 GASTROTIPP

BISTRO „ALTE APOTHEKE"

Mit den vielen Fenstern auf der Frontseite wirkt dieses Schmuckstück im Zentrum von Otterberg (Landkreis Kaiserslautern) wie ein riesiger Adventskalender: Es gilt als das älteste Ständer-Fachwerkhaus der Pfalz. Gebaut haben das Anwesen 1608 wallonische Zimmerleute für den Gerber David Gille. Heute ist das Haus ein Bistro, dessen Name daran erinnert, dass dort bis 1966 eine Apotheke betrieben wurde. Der Gastraum ist überraschend hoch und luftig, viel Holz und ein Kronleuchter schaffen eine charmante Wohlfühlatmosphäre. Die „Alte Apotheke" macht Vegetariern nicht nur ein Nischenangebot: Spinatknödel, Schafskäsepfännchen und Pfannkuchenröllchen stehen auf der Speisekarte an erster Stelle. Besonders lecker sind die Dinnete – unterschiedlich belegte Fladen aus Brotteig. Und dem Kaiserschmarrn-Angebot zum Nachtisch kann man kaum widerstehen. Das Bier kommt aus der Privatbrauerei Zötler im Allgäu, die noch 160 Jahre älter ist als dieses schöne Fachwerkhaus.

Bistro „Alte Apotheke", Hauptstraße 61, 67697 Otterberg, Telefon: 06301/7987550, ab@alte-apotheke-otterberg.de, www.alte-apotheke-otterberg.de

Sitzplätze innen: 30, außen: 25. Öffnungszeiten: Mi bis Fr ab 18 Uhr, jedes erste Wochenende im Monat Sa („Dampfnudeltag") und So ab 9 Uhr. Hauptgerichte: 9,90-14,90 Euro.

Die messbare Größe dieses Kraftaktes variiert allerdings kurioserweise: Otto Gödel gibt 1987 die Höhe des Einselthumer Steins mit 1,24 Meter an, Groht hat 25 Jahre später 1,60 Meter festgehalten. Bei unserem Besuch war der Menhir auf der einen Seite 1,35 Meter, auf der anderen 1,46 Meter groß. Ähnliches widerfährt dem Menhir bei Mittelbrunn: Einmal ist er zwei Meter hoch (Gödel), dann nur 1,76 Meter (Groht). Wir haben exakt 1,94 Meter gemessen. Ein Teil der Unterschiede mag damit zusammenhängen, dass beide Hinkelsteine mitten in einem Acker stehen und beim Pflügen wohl mal Erde drangeworfen und dann wieder weggeschoben wird. Doch in seinem vollen Ausmaß ist das Phänomen der Höhendifferenzen damit nicht zu erklären. Also noch eine offene Frage.

Weiter zum „Langenstein" bei Stahlberg im Donnersbergkreis. Eine kurvenreiche Fahrt. Dieser Menhir ist mit einer Höhe von 3,45 Metern in der Pfalz der größte noch stehende Hinkelstein. Vermutlich ragte die Steinsäule früher noch weiter in den Himmel: Ein Keilloch am Fuß deutet darauf hin, dass einst ein Teil abgesprengt wurde, das abhanden kam. Jahrhundertelang lag der Stein in zwei Hälften zerschlagen am Boden. Erst 1936 haben ihn Arbeiter der damals am Stahlberg betriebenen Quecksilbergrube auf Geheiß ihres Chefs wieder zusammengesetzt und aufgerichtet – allerdings ein Stück weit vom Fundort entfernt. Doch wann wurde er zum ersten Mal dort aufgestellt? Bereits in der Jungsteinzeit meint Christmann; Gödel widerspricht einmal mehr: Nach seiner Auffassung wurde die Oberfläche mit eisernen Werkzeugen bearbeitet, und zwar mit Methoden, wie sie von römischen Steinmetzen des 1. und 2. Jahrhunderts n. Chr. bekannt seien. Der Westpfälzer Heimatforscher Julius Grogro hat noch auf ein anderes Rätsel aufmerksam gemacht: Die Art des Gesteins, aus dem der Menhir stammt, sei in der Umgebung des Stahlbergs nicht zu finden, sondern erst in der Gegend bei Bad Münster. Demnach müssten Menschen den Koloss über 20 Kilometer weit herangeschleppt haben.

Es lohnt sich, den Stein zu umrunden und von allen Seiten zu betasten, aber ihn auch einmal aus der Di-

Der „Lange Stein" bei Pirmasens

stanz zu betrachten. Man entdeckt dabei immer wieder neue Figuren und Zeichen. Wer sechs Schritte bergab geht und von dort auf die südöstliche Seite des Menhirs blickt, erlebt eine Überraschung: In ein Meter Höhe erscheint ein Frauenkopf, der – ja das klingt unglaublich – an die Hollywood-Ikone Marilyn Monroe erinnert. Augen, Nase, Schmollmund und 50er-Jahre-Frisur. Dieses Steinkino ist eine Sache der Perspektive. Denn wenn man direkt davor steht, sieht man davon nichts mehr: nur Furchen, Rillen, Höcker und Wulste. Diese Marilyn wäre also eher ein zufälliges Ergebnis von Verwitterungen. Anderes ist von Menschenhand in den Stein geritzt oder gehauen. Die ältesten dieser Zeichen werden dem 16. Jahrhundert zugeordnet, der jüngste Einschlag stammt aus dem Jahr 1993 und zeigt Schlägel und Eisen, das Bergbau-Symbol.

Der Expertenstreit um den Zeitpunkt der Errichtung des „Langensteins" bei Stahlberg verdeutlicht das generelle Dilemma: Man kann mit einer geologischen Bestimmung zwar klären, welchem erdgeschichtlichen Zeitalter ein bestimmtes Steinmaterial zuzuordnen ist; aber diese Erkenntnis sagt ja nichts über den Zeitpunkt der Aufstellung aus. Dazu kommen Umnutzungen: Hinkelsteine, die vielleicht ursprünglich Ausdruck eines Ahnenkults waren, wurden später als Grenzsteine verwendet, indem man entsprechende Linien und Marken einmeißelte. Es kam auch zu Bearbeitungen, bei denen christliche Symbole in den Stein gehauen wurden: Ein Menhir bei Nusbaum in der Eifel wurde beispielsweise zu einem steinernen Kreuz umgestaltet.

Wie der Menhir bei Stahlberg steht auch der „Lange Stein" bei Pirmasens nicht mehr an seinem ursprünglichen Standort. 1196 und um das Jahr 1500 herum wird er in Grenzbeschreibungen erwähnt, später gilt er aber lange Zeit als verschollen. Der rührige Pirmasenser Heimatforscher Ludwig Gottschall sucht in den 1950er-Jahren nach ihm und wird schließlich fündig: Der Stein

Wurde bis ins späte 19. Jahrhundert für die Holztrift genutzt: der Leinbach bei Frankeneck.

war als Wasserabweiser an einem Weg eingebaut. Denkmalpfleger, der Oberbürgermeister und Mitglieder des Historischen Vereins Pirmasens legen schließlich fest, wo er wieder platziert werden soll: auf einer dicht bewaldeten Kuppe oberhalb der Alten Landstraße, die von Pirmasens nach Lemberg führte. Der Standort ist freilich so versteckt, dass heutzutage selbst ortskundige und hilfsbereite Einwohner passen müssen: „Ein Hinkelstein in Pirmasens? Davon habe ich mein Leben lang noch nix gehört." Dabei ist der 1,84 Meter hohe Menhir ein Kuriosum: Denn der Baufirma, die 1959 kostenlos die Aufstellung übernahm, unterlief ein Fehler: Der pfeilartige Stein wurde irrtümlich mit der Spitze nach unten einzementiert – er steht jetzt also auf dem Kopf.

Wer jetzt noch nicht genug hat, muss in das Leinbachtal bei Frankenstein im Landkreis Kaiserslautern. Der dortige Hinkelstein gehört mit einer Höhe von 2,40 Metern zu den größten Menhiren in der Pfalz. Er steht sehr abgelegen und verborgen an einem steilen Berghang weit oberhalb des idyllischen Tals – und gibt ein neues Rätsel auf. Wurde er überhaupt von Menschen dort aufgestellt? Der Stein ist zwischen zwei anderen Felsbrocken fest eingekeilt, was dem Volkskundler Otto Gödel als ein „in dieser Art einmaliger" Kraftakt erscheint. Der Fotograf Johannes Groht, der über 250 Menhire in Deutschland gesehen hat und somit vergleichen kann, hat eine andere Vermutung: Er geht von einem Naturspiel aus, Wissenschaftler hätten den Koloss fälschlicherweise als Hinkelstein eingestuft. Der Monolith wäre demnach von weiter oben den Hang hinabgerutscht, hätte sich vielleicht überschlagen, wäre dann exakt zwischen die Felsbrocken geraten und aufrecht stehen geblieben. Quasi wie vom Himmel gefallen. Aber kann das sein? Wer sich die Mühe macht und den Standort aufsucht, wird an Grohts Deutung zweifeln. Dazu kommt: Der Berghang, der heute dicht bewaldet ist, war vor Tausenden Jahren vielleicht völlig kahl und der Hinkelstein daher tatsächlich ein Bezugspunkt in der Landschaft.

Hinweis in Hinkelsteinform: Der Mittelpunkt der Deutschen Weinstraße liegt bei Neustadt-Diedesfeld.

Es sind natürlich solche Unwägbarkeiten, die zu Gedankenspielen führen, die Phantasie anregen und so die Faszination weiter befeuern, die von Menhiren ausgeht. Man kann die Zeitreise aber noch weiter treiben: Wie werden die Menschen in 5000 Jahren jene Findlinge deuten, die heutzutage nach Hinkelstein-Art mitunter in der Landschaft aufgestellt werden? Beispielsweise, um an den Abschluss einer Flurbereinigung zu erinnern oder an ein Dorf-, Stadt- oder Vereinsjubiläum. Den Mittelpunkt der Deutschen Weinstraße markiert bei dem Neustadter Ortsteil Diedesfeld ein Felsbrocken, der die klassische Hinkelstein-Form hat. Für Verwirrung dürften irgendwann einmal auch Ersatzlösungen sorgen, wie sie bei Esthal geschaffen wurden: Dort hat man 2003 auf Initiative der damaligen Schulleiterin Christel Schneider einen rund drei Meter hohen Stein aufgestellt: Er soll als eine Art Platzhalter an jenen Menhir erinnern, den Straßenbauarbeiter an dieser Stelle 1873 aus Unwissenheit zerschlagen hatten. Wer heute an den Ort kommt, hat allerdings bereits Schwierigkeiten, den Stein am Eingang zum Großen Pflaster-Tal zu finden: Der Hang, den ein Bagger zur Einweihung vor knapp zwanzig Jahren großflächig freigeräumt hatte, ist inzwischen total zugewuchert. Aus dem Auge, aus dem Sinn? Es ist nur schwer vorstellbar, dass unsere Nachfahren echte Steinzeit-Menhire und gut gemeinte Neuzeit-Steine noch auseinanderhalten werden können, wenn die Hinweisschilder einmal verrottet und Zusammenhänge verloren gegangen sind. Bei Schallodenbach im Landkreis Kaiserslautern wurden Ende 2020 auf einer Anhöhe im freien Feld zwölf imposante Sandsteinsäulen errichtet (Tourtipp S. 125). Sie bilden eine begehbare Sonnenuhr, die Attraktion soll den Wandertourismus in dieser Region ankurbeln. Aber wie wird man in der fernen Zukunft die Zeichen deuten, die in diese Steine eingemeißelt wurden? Als Grenzmarken, als Ausdruck der Ahnenverehrung oder gar als Tierkult, denn schließlich sind da Eichhörnchen, Fischotter, Schnecken oder ein Aal zu sehen? Nichts von alledem wäre richtig: Es sind einfach die Wappen der umliegenden Ortsgemeinden.

WEGE ZU DEN HINKELSTEINEN

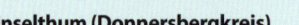

Albsheim an der Eis (Landkreis Bad Dürkheim)

Der Menhir steht direkt an der B 271 in Höhe von Grünstadt-Asselheim, an dieser Stelle kann man aber nicht parken. Der Weg: In Albsheim über die Bahnhofstraße zum Bahnhof fahren, dort die Gleise überqueren und gleich nach links abbiegen. Nach 160 Metern nach rechts Richtung Westen abbiegen, hier beginnen die Felder. Der Wirtschaftsweg überquert die B 271. Am Fuß der Brücke nach links abbiegen, der Weg verläuft parallel zur Bundesstraße Richtung Süden. Nach 350 Metern erreicht man den Stein. Radtourmöglichkeit: erste Etappe des Kraut-und-Rüben-Radwegs (Bockenheim-Haßloch, 50 km, *Info: www.kraut-und-rueben-radweg.de*). Bei dieser Tour ist hinter Grünstadt vor dem Überqueren der B 271 ein Abstecher zum Menhir möglich, dazu etwa einen Kilometer Richtung Norden auf einem Wirtschaftsweg parallel der Bundesstraße fahren.

Einselthum (Donnersbergkreis)

Im Ort von der Hauptstraße in die Wetzelstraße abbiegen und Richtung Norden fahren. Die Straße geht am Ende der Bebauung in einen Wirtschaftsweg über. Weiter bergan, an der nächsten Gabelung nach rechts. Nach 400 Metern einem Schild „Zum Langenstein" folgend weiter geradeaus, nach 350 Metern dem abknickenden Weg nach links folgen. Nach weiteren 300 Metern steht der Stein rechts mitten im Acker auf der breiten Hügelkuppe. Auf der linken Seite des Wegs befindet sich eine kleine Baumgruppe. Wandermöglichkeit: der Zellertalweg. Das schmucke Zellertal liegt im Norden der Pfalz. Doch so viel Südseite wie dort gibt es anderswo in der Pfalz kaum. Der Zellertalweg ist ein 35 Kilometer langer Rundweg, er lässt sich aber in sechs verschiedene kleine Etappen unterteilen. *Info: www.zellertalweg.de.*

Stahlberg (Donnersbergkreis)

Vom Wanderparkplatz am Ende der Straße „Zum frischen Mut" nicht dem verblassten, grünen Schild „Hünenstein" folgen: Dieser Weg verzweigt sich mehrfach ohne Markierungen. Stattdessen die Straße 100 Meter zurückgehen und nach dem zweiten Haus links auf den Weg Richtung Wald und Süden einbiegen (Markierung: Pfälzer Höhenweg und weißes Kreuz). Nach 1,5 Kilometer erreicht man den Gipfel des 489 Meter hohen Stahlbergs. Von dort nach links abbiegen, dann sind es noch 250 Meter zum Menhir (ausgeschildert). Wandermöglichkeit: 4. Etappe des Pfälzer Höhenwegs, die Strecke führt am Hinkelstein vorbei. *Info: www.donnersberg-touristik.de (Rubriken „Entdecken & Erleben", „Prädikatswanderwege").*

Otterberg (Landkreis Kaiserslautern)

Am Wanderparkplatz Birotshof parken, der an der L 387 zwischen Otterberg und Höringen liegt. Von dort den „Hinkelsteinweg" (Markierung: schwarzer Hinkelstein auf weißem Grund) Richtung Norden nehmen, nach 900 Metern überquert man, etwas versetzt, einen Betonweg, nach 2,5 Kilometern (ab Parkplatz) erreicht man den Menhir. Wandermöglichkeit: der „Hinkelsteinweg". Dieser 41 Kilometer lange Rundweg gliedert sich in eine Nord- und Südroute und führt sowohl an kulturellen Sehenswürdigkeiten wie der Abteikirche Otterberg (größter Sakralbau der Pfalz nach dem Speyerer Dom) als auch an Naturdenkmälern wie dem Menhir oder dem kleinen Leopardensandstein-Steinbruch vorbei. *Info: www.winnweiler-vg.de (Rubrik „Tourismus").*

Mittelbrunn (Landkreis Kaiserslautern)

Der Menhir steht mitten in einem Feld in der Nähe eines weithin sichtbaren Sendemastes. Im Ort von der Hauptstraße in die Kirchenstraße und dann in die Straße Am Heidenhübel abbiegen. Am Ende der Bebauung geht die Straße in einen Wirtschaftsweg über, dem man 1200 Meter meist ansteigend folgt. Kurz vor Erreichen des Höhenrückens erst nach rechts und nach weiteren 200 Metern nach links abbiegen und Richtung Sendemast gehen. Nach etwa 100 Metern sieht man den Menhir rechts im Feld stehen. Der Weg zum Hinkelstein ist ab dem Ort ausgeschildert. Wandermöglichkeit: Etappe auf dem „Mühlenweg durchs Wallhalbtal", der über 29 Kilometer von Landstuhl über Mittelbrunn und Wallhalben bis nach Thaleischweiler-Fröschen führt. 18 Mühlen klapperten einst in dem Tal. *Info: www.pfaelzer-muehlenland.de (Rubrik „Wandern").*

Pirmasens

Von der Lemberger Straße bei Haus-Nummer 300 in die Alte Landstraße abbiegen. Etwa 550 Meter bergab fahren oder gehen, bis links ein nach oben führender Waldweg im spitzen Winkel abzweigt. Diesen Weg rund 50 Schritte weit gehen, dann nach rechts quer durch den Wald etwa 30 Meter auf die Kuppe laufen. Dort steht der Stein. Wandermöglichkeit: der Rothenbergweg bei Lemberg, wo man am Sportgelände auf den zehn Kilometer langen Rundweg startet *(Info: www.lemberg-pfalz.info, Rubrik „Premiumwege")*. Eine Variante hat ihren Ausgangspunkt weiter nördlicher an der Alten Landstraße in der Nähe des Menhirs. *Info: „Rothenbergweg, ein Premium-Wanderweg bei Lemberg/Pfalz", www.outdooractive.com (über Suchfunktion).*

Frankenstein (Landkreis Kaiserslautern)

Zwischen Frankenstein und Weidenthal gibt es in dem Abschnitt zwischen zwei Bahnüberführungen einen kleinen Wanderparkplatz, von dem ein für den Verkehr gesperrtes Sträßchen nach Westen ins Leinbachtal führt. Nach zwei Kilometern erreicht man den Biedenbacherwoog (schöner Rastplatz). Dort mündet von links das Bittenbachtal, in das ein Forstfahrweg führt. Links von dem Forstweg beginnt gleich am Talanfang ein Pfad, der steil den Hang hochführt. Der Einstieg in den Pfad kann etwas zugewachsen sein, dann ist der Weg aber deutlich zu erkennen. Nach 250 Metern kreuzt der Pfad einen Forstfahrweg, weiter 100 Meter steil bergan gehen, bis links ein weiterer Pfad abzweigt, auf dem man nach etwa 40 Metern den Stein erreicht. Radtourmöglichkeit: Von Weidenthal durchs Leinbachtal und über eine große Schleife zurück (23 km). *Info: „Leinbachtalradweg", www.outdooractive.com (über Suchfunktion).*

Fotos: S. 132/133: Gabriele Himmer-Gumpp (o); Rolf Schlicher

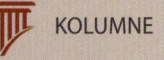

SAPPERLOT
„LASST UNS NICHT FALLEN"

Was Oskar Rosenfelder 1929 in Berlin beim Reichspatentamt unter der Nummer 407752 registrieren ließ, sollte die Schnäuzkultur revolutionieren: das Papiertaschentuch. Jahrhundertelang hatten die Menschen sich zuvor mit Stofftaschentüchern Mund und Nase geputzt. Rosenfelders Erfindung, die in Deutschland den Anfang der Wegwerfgesellschaft markiert, kam unter dem Namen „Tempo" auf den Markt. Es wurde in der Tat ein rasanter Siegeszug. „Tempo" gehört heute zu jenen Markennamen, die sich im Sprachgebrauch als Bezeichnung für bestimmte Gebrauchsgegenstände durchgesetzt haben. Wenn jemand nach „Uhu", „Tesa" oder eben einem „Tempo" verlangt, dann braucht er irgendeinen Kleber, irgendein Plastik-Klebeband oder irgendein Papiertaschentuch.

Doch jede Wegwerfkultur hat ihre Schattenseiten. Wer im Pfälzerwald auf stark frequentierten Waldwegen wandert, der kennt das Bild: Zerknüllte Papiertaschentücher säumen die Strecke. Manche sehen bereits steinalt aus, sind aber immer noch da. Naturschutzwarte des Pfälzerwald-Vereins klauben bei ihren Einsätzen mitunter binnen einer Stunde so viel Papierabfall auf, dass er mehrere Müllsäcke füllt. Allein aus Zufall oder Unachtsamkeit können all diese Papiertücher den Wanderern wohl kaum aus der Tasche gerutscht sein. Was steckt aber dann dahinter? Schlechte Gewohnheiten, mangelndes Umweltbewusstsein oder Gedankenlosigkeit?

Foto: S. 134/135: Gabriele Himmer-Gumpp

Vermutlich denkt der ein oder andere, dass Papiertaschentücher eine Art Naturprodukt sind und deshalb auch ohne große Bedenken in der Natur entsorgt werden können. Doch sie sind nicht nur weich und sanft, sie sind auch zäh und widerstandsfähig. Die Hersteller haben die Fasern der Zellulose so behandelt, dass sie bei Niesattacken nicht gleich auseinanderfallen. Das ist auch der Grund, warum Papiertaschentücher, die versehentlich mit Kleidungsstücken in der Waschmaschine landen, diese Prozedur meist schadlos überstehen. Warum also sollte sich solch ein Wegwerfartikel dann ausgerechnet auf dem Waldboden im Handumdrehen in Luft auflösen?

Wie schnell „Tempo" und Co. in der Natur verrotten, hängt von der Temperatur, Feuchtigkeit und Lichteinstrahlung am Standort ab. Im günstigsten Fall dauert es drei bis sechs Monate. Es kann aber auch drei bis fünf Jahre in Anspruch nehmen, bis der Papiermüll von der Bildfläche verschwunden ist. Andere Wanderregionen versuchen inzwischen gegenzusteuern. „Lasst uns nicht fallen!", fordert beispielsweise eine Plakatkampagne des Nationalparks Sächsische Schweiz. Ähnliche Appelle würden den pfälzischen Wanderrouten zwischen Haardtrand und Johanniskreuz sicher ebenfalls guttun.

Doch wohin gehören vollgeschnäuzte Papiertaschentücher, wenn sie nicht im Wald entsorgt werden sollen? Schon aus hygienischen Gründen in die Restmülltonne. Dorthinein kann man sie auf jeden Fall bedenkenlos fallen lassen.

Das alte Jagdhaus bei Iggelbach, von dem nur noch die Ruine steht, war einst Ausgangspunkt der Pirsch auf den Auerhahn.

Foto: S. 136 AdobeStock/Ivan; S. 137: Gabriele Himmer-Gumpp

ABSCHUSS BEI PIRMASENS

DER LETZTE AUERHAHN

Eigentlich war es nur ein Bagatellunfall, der Schaden wurde auf 500 Euro geschätzt. Die 26-jährige Autofahrerin, die im November 2018 an einem Samstagnachmittag auf einer Landstraße im Landkreis Kusel unterwegs war, kam mit dem Schrecken davon. Sie blieb unverletzt. Der Polizei war der Unfall dennoch eine eigene Pressemeldung wert. Unter der Überschrift „Auerhahn kollidiert mit Pkw" berichtete ein Polizeisprecher, dass der Vogel gegen die Windschutzscheibe des Fahrzeugs geprallt und noch an der Unfallstelle verendet war. Sein Fazit: „Selbst bei den im Kreis Kusel häufig vorkommenden Wildunfällen ist der Zusammenstoß mit einem Auerhahn als ein Ausnahmefall zu verzeichnen."

Dieser Ausnahmefall wäre tatsächlich eine Sensation gewesen. Denn seit über 40 Jahren gilt das Auerwild in der Pfalz als ausgestorben. Die Fachleute horchten deshalb auf, in ihre Überraschung mischte sich indes sofort Skepsis. Doch die Polizei blieb zunächst bei ihrer Darstellung:

Im Ramberger Wald wurde der letzte Auerhahn 1967 erlegt, er ist im Heimatmuseum des Ortes ausgestellt.

Im April 1959 geschossener Auerhahn: Präparat im Hohe-Loog-Haus des Pfälzerwald-Vereins Hambach.

Möglicherweise handele es sich um ein aus einem Tiergehege ausgebüxtes Exemplar, hieß es. Dem Kaiserslauterer Vogelexperten Hans-Wolfgang Helb, viele Jahre Präsident des Pfälzer Naturschutz-Vereins Pollichia, kam dies freilich gleich „komisch" vor. Und auch der Biologe Oliver Röller, der das Institut für Naturkunde in Südwestdeutschland (Haßloch) leitet, hatte Zweifel: „Die Frage ist, was das tatsächlich für ein Vogel war?" Die Polizei ließ den Tierkadaver schließlich von einem Jagdpächter unter die Lupe nehmen. Ergebnis: Es handelte sich um einen Fasan. Wie es zu der Verwechslung kommen konnte? „Einen Auerhahn haben die Leute noch nie gesehen, einen Fasan nur sehr selten, das wird dann alles in eine Tüte geworfen", meinte Helb, als sich der Fall geklärt hatte.

In der Tat. Wer heute in der Pfalz einen Auerhahn zu Gesicht bekommen will, muss ins Museum gehen. Beispielsweise in das Bürstenbinder-Museum des kleinen Orts Ramberg (Landkreis Südliche Weinstraße). Dort hängt ein ausgestopftes Exemplar an der Wand: Es ist der letzte Auerhahn, der 1967 im Ramberger Wald geschossen wurde. Anschauungsunterricht gibt es aber auch im Kalmitzimmer des Hohe-Loog-Hauses, das der Pfälzerwald-Verein Hambach bei Neustadt bewirtschaftet. Über dem Kachelofen posiert ein prachtvoller Auerhahn, der am 11. April 1959 bei der Jagd im Umfeld des Hohe-Loog-Gipfels den Tod gefunden hatte. Mitunter haben die Tierpräparate eine wahre Odyssee hinter sich. Beispielsweise von der Amtsstube ins Klassenzimmer: Seit 2016 besitzt die Zooschule Landau einen toten Auerhahn, der zuvor lange Zeit Räume des Amtsgerichts in Speyer geziert hatte. Erlegt worden war der Vogel 1952 von dem damals für den Wald bei Elmstein (Landkreis Bad Dürkheim) zuständigen Oberforstmeister. Der überließ den Auerhahn irgendwann seinem Schwiegersohn, der später seinem Großneffen – die Verwandten waren als Richter am Speyerer Amtsgericht tätig. Als beide in Pension gegangen waren, entschie-

*Ein großes Sandstein-Relief über dem Eingang des Elmsteiner Rathauses zeigt den „Jäger aus Kurpfalz",
es stammt von dem Kaiserslauterer Bildhauer Rudolf Faschon.*

den die Familien schließlich, das wertvolle Präparat für Umweltbildungsmaßnahmen abzugeben: Die Zooschule ist eine Kooperation von Universität und Zoo in Landau.

Selbst an den leblosen Ausstellungsstücken wird noch deutlich, welch prachtvolle, majestätische, erhabene Tiere das waren. Vor allem die Männchen: Der Auerhahn ist der größte Hühnervogel Europas. Er kann von der Schnabelspitze bis zum Schwanzende eine Länge von einem Meter erreichen, seine Spannweite misst bis zu 1,30 Meter, bis zu 6,5 Kilo ist ein ausgewachsenes Exemplar schwer. Das Gefieder schimmert metallisch: schwarz, goldgrün und braun. Und über den Augen leuchtet ein roter Fleck, von dem allein schon eine magische Anziehungskraft ausgeht. Seit jeher war der Auerhahn für Jäger ein Objekt der Begierde. Er zählt zum Hochwild, die Jagd auf ihn war einst dem Adel vorbehalten. Pfalzgraf Johann Casimir (1543-1592) notierte seine Abschüsse eigenhändig Jahr für Jahr in einem Heftchen: Im März 1589 hatte er binnen zehn Tagen im Pfälzerwald gleich sieben Auerhähne erlegt. In einem Brief an einen Freund schilderte der Pfalzgraf wenig später seine Erfolge als „Auerhahnenkrieg". Diese Jagdlust mag der Grund sein, dass viele auch heute noch in Johann Casimir das Vorbild für jene Figur sehen, die in einem der bekanntesten deutschen Volkslieder als „Jäger aus Kurpfalz" besungen wird.

Der Auerhahn ist eigentlich ein sehr scheues Tier, nur im Frühjahr zur Balzzeit vergisst er alle Vorsicht und wird so zur Zielscheibe: Sein Testosteronspiegel ist extrem erhöht, mitunter taub vor Ekstase wirbt er um die Gunst der Weibchen. Es ist ein faszinierendes Ritual, das früh am Morgen mit einem eigenwilligen, archaischen Liebesgesang beginnt. Zu vernehmen ist ein hölzernes Klackern, das in ein Trillern und dann in ein Zischen wie beim Schärfen einer Sense übergeht: telactelactelactelac – dödbrrrklack – zschizschizschizschschuit. Dazu stellt der herumschar-

Eine brütende Auerhenne im Juni 1959 im Pfälzerwald zwischen Kalmit und Totenkopf.

wenzelnde Auerhahn seine Schwanzfedern zum imposanten Rad auf. Ein mystisches Schauspiel, nicht umsonst wird dieser truthahngroße Vogel auch Urhahn genannt.

Meist sind es Lichtungen, auf denen die Kontrahenten so um die Hennen buhlen. Diese Balzplätze werden über viele Jahre und über Generationen hinweg beibehalten. Im Pfälzerwald gab es solch einen Balzplatz beispielsweise jahrzehntelang im Gebiet nördlich von Frankenstein (Landkreis Kaiserslautern), wo noch bis zum Jahr 1968 im Frühjahr jeweils fünf bis sechs balzende Hähne und bis zu 20 Hennen beobachtet werden konnten. Weitere Auerhahn-Reviere sind unter anderem bei Johanniskreuz, Waldleiningen, Taubensuhl, am Heldenstein und Kesselberg bei Edenkoben oder am Drachenfels bei Bad Dürkheim überliefert.

Doch all das ist Vergangenheit. Wer heute im Pfälzerwald der Auerhahnbalz nachspüren will, muss sich auf sein inneres Auge und die Kraft seiner Phantasie verlassen. Ein guter Ort dafür ist der 17 Meter hohe Aussichtsturm auf dem Schindhübel bei Iggelbach (Landkreis Bad Dürkheim). Er steht auf einer versteckten Lichtung, die einmal solch ein Balzplatz gewesen sein könnte. Dort kann man sich auf die Lauer legen, im Gebüsch rundum knackt es immer wieder. Speyerer Bundeswehr-Soldaten hatten den Turm 1975 errichtet, verwendet wurde dafür ausschließlich das Holz der Douglasie. Über 65 Stufen geht es hinauf. Das Besondere an dem Turm ist die Plattform, denn sie ist überdacht. Auf diesem Ausguck kann man es also lange aushalten. Ein Versuch ist es wert, einfach einmal laut rufen: „telactelactelactelac – dödbrrrklack – zschizschizschizschschuit". Der Rundblick von dem Turm ist gigantisch. Er reicht über den östlichen Pfälzerwald bis zur Haardt und in Richtung Norden bis zum Nordpfälzer Bergland, wo man den Donnersberg ausmacht. Wie viele Auerhahn-Reviere es dort unten einst gegeben haben mag? „Telactelactelactelac – dödbrrrklack – zschizschizschizschschuit."

Ruine des im 16. Jahrhundert erbauten Jagdhauses von Pfalzgraf Johann Casimir bei Iggelbach

 TOURTIPP

WEGE ZU DEN JAGDHAUS-RUINEN

Strecke 1: *Wanderparkplatz „Mitteleiche" (an der K 17 zwischen Iggelbach und B 48) – Ruine Jagdhaus (1,4 km). In der Gegenrichtung: Wanderparkplatz – Schindhübelturm (0,9 km). Markierung: gelb-roter Balken. ÖPNV: Buslinie 517 (Neustadt - Johanniskreuz), Haltestelle „Mitteleiche", nur Mai bis Oktober jeweils mittwochs und sonntags.*

Strecke 2: *Wanderparkplatz „Alte Schmelz" (an der L 499 Elmstein - Johanniskreuz) – Nibelungenfelsen (1 km) – Nibelungenheim/Ritterstein Ruine Jagdhaus „Breitscheid" (3,6 km) – Alter Steinbruch (4,8 km) – Wanderparkplatz (8,5 km). Markierung: „Trifterlebnispfad". ÖPNV: Busverbindung nur bis Elmstein, von dort 2 km bis zum Wanderparkplatz. Mehrere Rastplätze an der Strecke, der am Nibelungenfelsen liegt spektakulär.*

Von den zwei Jagdhäusern, die Pfalzgraf Johann Casimir zugeschrieben werden, ist nicht viel übrig geblieben. Beide wurden abgerissen, als sie in den 1830er-Jahren auch nicht mehr als Forsthäuser genutzt wurden. Lohnende Wanderziele sind die Orte dennoch. Von dem einstigen Jagdhaus bei Iggelbach („Speckheinrich") ist noch die Ruine zu sehen. Von dem anderen Stützpunkt bei Elmstein („Breitscheid") noch nicht

einmal das. Dort hat eine Gruppe Jugendlicher aus Ludwigshafen, die sich „Nibelungengefolgschaft Pfälzer Wandervögel" nannte, auf den Grundmauern des einstigen Jagdhauses zwischen 1927 bis 1934 ein privates Wanderheim errichtet. Möglicherweise wurde damals der ein oder andere Jagdhaus-Sandstein für die neuen Wände verwendet. Zu erreichen ist dieses Nibelungenheim, das allerdings nicht bewirtschaftet wird, über einen schönen und lohnenden Rundweg: den durch die Legelbachtäler führenden Trifterlebnispfad Elmstein. Entlang der Strecke erfährt man viel darüber, wie vor 200 Jahren das geschlagene Holz auf schmalen Wasserwegen und über ein ausgeklügeltes System Richtung Rheinebene abtransportiert wurde. Wildromantisch ist der Aufstieg zur Quelle im Tal des Kleinen Legelbachs, entwurzelte Baumstämme hängen dort wie riesige Fonduegabeln in der Luft. Auch im Spätherbst noch osterhasennestgrün präsentiert sich der Abschnitt zum Nibelungenfelsen. Dieser ist ein Kuriosum: Ein Kunststudent hat dort in den 1920er-Jahren den Recken Hagen in einer heroischen Darstellung und überlebensgroß als Relief in den Sandstein gehauen, dazu die Köpfe von König Gunther und Giselher. Sagenhaft – in jeder Hinsicht.

Info: Einen Flyer zum Trifterlebnispfad gibt es in der Box am Wanderparkplatz „Alte Schmelz". Internet: www.pfaelzerwald.de (Rubriken „Erleben", „Ausflugsziele").

Die Pirmasenser Zwillingsbrüder und Volksliedsänger Hein und Oss

Die Pirmasenser Zwillingsbrüder Hein und Oss, eigentlich Heinrich und Oskar Kröher (Jahrgang 1927), gehörten jahrzehntelang zu Deutschlands bekanntesten Volkslied-Sängern. Sie gaben zahlreiche Konzerte, veröffentlichten 17 Langspielplatten und CDs sowie Bücher mit gesammelten Liedern aus aller Welt. Und ihre Liebe galt immer auch der Heimat. Wenige Jahre nachdem der Auerhahn aus dem Pfälzerwald verschwunden war, beschrieb Hein Kröher mit Wehmut und Schmerz den Verlust. An Schönheit wie an Scheu sei der Auerhahn erste Garnitur. Dieses eindrucksstarke Tier gehöre nicht nur als ausgestopfter Staubfänger in die Sammlungen von Museen, es sei ein Sinnbild von edler Anmut, das weiter in der Pfalz gegenwärtig bleiben müsse. Hein Kröher hatte selbst noch Begegnungen mit dem Urvogel erlebt. An eine erinnerte er sich besonders gut. Er war damals von Iggelbach den Waldweg hinaufgefahren bis zur Wellbachstraße und hatte dort seinen Wagen abgestellt: *„Ich schaute beglückt in die Runde und sah zu meinen Füßen die Idylle der kleinen Siedlung des Elmsteiner Tales, blauer Rauch stieg aus den Schornsteinen in den Frühsommerabend, da polterte es und klatschte, da schlugen feste Schwingungen ganz nah hinter mir in der Kieferndickung die trockenen Äste runter und ein dunkler, großer, schwerer Vogel flog hoch hinüber in den Mischwald. Gewaltige und rasche Flügelschläge waren es, die den Auerhahn hervorsteigen ließen."*

Etwa 1,5 Kilometer vom Schindhübelturm entfernt stößt man mitten im Wald auf die Ruine eines Gebäudes. Der Grundriss ist noch gut zu erkennen, ein Kellerraum ist sichtbar. Die Mauerreste, die man 1980 ausgegraben und freigelegt hat, sind inzwischen stark bemoost, Farn wuchert üppig über der Anlage. Ein Hexenhaus? Eine metallene Tafel, die in eine Art Gedenkstein eingelassen ist, klärt auf: „1576 – Pfalzgraf Johann Casimir – Jäger aus Kurpfalz – jagt hier auf Hirsch und Auerhahn, ebenso sein Nachfolger." In der Tat glauben Kenner der pfälzischen Forstgeschichte herausgefunden zu haben, dass es der Pfalzgraf war, der an dieser Stelle ein Jagdhaus als Stütz-

17 Meter hoch: der Schindhübelturm bei Iggelbach

punkt errichten ließ. Ein zweites entstand rund sechs Kilometer nördlich, oberhalb von Elmstein. Johann Casimir hatte als dritter Sohn Friedrichs III. keine Aussicht, jemals Nachfolger seines Vaters als Kurfürst von der Pfalz zu werden. De facto Herr der ganzen Pfalz wurde er dann doch für neun Jahre, als er nach dem Tod seines Bruders, Ludwig VI., 1583 die Vormundschaft für seinen noch minderjährigen Neffen Friedrich IV. übernahm. Johann Casimir galt als ein Mann mit Tatkraft und diplomatischem Geschick, den ein Sinn fürs Praktische und Weitsicht auszeichneten. Gut möglich deshalb, dass er mitten im Wald die beiden Jagdhäuser bauen ließ. Schließlich musste man bei der Auerhahnjagd bereits im Morgengrauen an Ort und Stelle sein.

Der Historiker Johann Goswin Widder bemerkt in seinem 1786/88 erschienenen vierbändigen Werk „Versuch einer vollständigen Geographisch-Historischen Beschreibung der Kurfürstl. Pfalz am Rheine" über das Gebiet bei Elmstein und Iggelbach: *„In jenem Waldgebirge befinden sich annoch zwei Kurfürstliche Jagdhäuser, wovon das eine der Speckheinrich, und das andere Breitscheid genannt werden. Beide sind zum Behufe der Auerhahnen-Falze (Balz) für die Landesherrschaft errichtet."* Dass Johann Casimir ein begeisterter Jäger war, belegen seine Schießregister und Tagebuchaufzeichnungen. Am 29. Oktober 1577 war er bei Kaiserslautern unterwegs und notierte: *„Früh gessen, folgends im Reichswald gejagd und ein großes Hauptschwein gefangen, welches 324 Pfund gewogen, (ferner) ein Stück (Rot-) Wilde und einen Rehbock."* Am 12. April 1580 hielt er fest: *„Früh auf den Auerhahnenfals zoge und einen Hahn geschossen. Darnach wieder gen Elmstein und gefischt. Nach dem Essen auf den Wald zoge und die Berg durchtreiben lassen."*

An teils 40 Tagen und mehr im Jahr ging Johann Casimir auf die Jagd. Zur Strecke gebracht hat er dabei vor allem Hirsche, 59 Stück waren es beispielsweise im Jahr 1587. Auerhähne schoss er

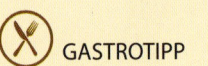 GASTROTIPP

WALDGASTHOF „STILLES TAL"

Das „Stille Tal" ist ein Weiler, der zwar zu Elmstein (Landkreis Bad Dürkheim) gehört, aber vom Ort etwa zehn Kilometer entfernt liegt. Der Name ist Programm: Wer Abgeschiedenheit und Ruhe sucht, ist dort genau richtig. Am Ende der Straße trifft man auf das gleichnamige Gasthaus. Die Stube ist gemütlich und nostalgisch. Über dem Kachelofen hängt ein Gemälde, das Wildschweine im Schnee zeigt. Das passt, denn in dem Landgasthof kann man leckere Wildgerichte genießen: darunter Wildsaumagen, Wildschweinfrikadellen und ein üppiges Wildschweinragout mit Maronen, Rotkraut und drei Knödeln. Dazu auf der Karte: Forelle „Müllerin" und „Blau", die frisch aus dem eigenen Teich kommen; und je nach Saison auch Gänse- und Entenkeule. Während der Gast auf sein Essen wartet, kann er rätseln, was in der Schatzkiste neben der Tür versteckt ist.

Gaststätte „Stilles Tal", Hornesselwiese 2, 67471 Elmstein, Telefon 06328/9849266.

Sitzplätze: Gaststube 40, Nebenzimmer 45, Terrasse 90. Öffnungszeiten: Di bis Do 11.30-18.30 Uhr, Sa und So 11.30-19 Uhr (Im Winter schließt der Gasthof meist etwas früher, deshalb bei Bedarf vorher anrufen). Ruhetag: Mo und Fr. Hauptgerichte: 11,80-17,90 Euro.

dagegen vergleichsweise wenige, ein bis drei pro Jahr, manchmal gar keinen. Vor diesem Hintergrund wird verständlich, dass der Pfalzgraf recht martialisch von einem „Auerhahnenkrieg" sprach, als er 1589 in einem Monat gleich sieben dieser Vögel erlegte. Aber wie soll man angesichts solcher Schilderungen dann nennen, was knapp 400 Jahre später Pfälzer Jäger anrichteten? War es etwa ein blutiges Auerhahngemetzel?

Zwischen 1951 und 1960 wurden im Pfälzerwald jährlich zwischen zehn und 20 Exemplare geschossen. Auch die zwei Auerhähne, die heute ausgestopft im Klassenzimmer der Zooschule Landau und in der Pfälzerwald-Hütte auf dem Hohe-Loog-Gipfel hängen, mussten damals ihr Leben lassen. Experten wie der international renommierte Pfälzer Ornithologe Günter Groh (1933-1996) kamen in der Rückschau zu dem Schluss, dass die schleichende Dezimierung der Auerhahn-Population im Pfälzerwald um das Jahr 1950 herum „wahrscheinlich bereits bestandsbedrohende Ausmaße" erreicht hatte. Dennoch wurde weiter gejagt. Noch in den 1960er-Jahren berauschte man sich an Versen wie diesen: *„Urhahn, Urhahn, balze, / Kull're, schleife, schnalze, / Singe um das Morgenrot / mir zur Lust und dir den Tod!"*

Alarmzeichen gab es indes genug. In den anderen großen Waldgebieten in Rheinland-Pfalz war das Auerwild bereits verschwunden: im Hunsrück und im Westerwald zwischen 1850 und 1900, in der Eifel wohl bereits vor 1800. Im südpfälzischen Bienwald ist der Bestand ebenfalls schon lange erloschen, dort wurden die letzten beiden Auerhähne wohl 1923 geschossen. Deren Schicksal zeigt im Übrigen, dass es bei dieser Jagd schon lange nicht mehr um ein Stück Fleisch für den Sonntagsbraten ging, sondern um Trophäen. Der eine Auerhahn war von einem Oberförster erlegt worden, der ihn präparieren ließ und bei sich zu Hause aufstellte. Französische Besatzungssoldaten haben das ausgestopfte Exemplar dann angeblich 1945 mitgenommen. Auch die Spur des zweiten Bienwald-Hahns verliert sich in Frankreich. Er war angeschossen, aber von dem Jäger bei der Nachsuche

Fast endlose Weite: Blick vom Schindhübelturm

nicht gefunden worden. Kenner der Ereignisse von damals vermuten, dass es sich bei einem kurz danach im Elsass aufgetauchten präparierten Auerhahn um den Vogel aus dem Bienwald handelte. Grenzgänger hätten das verendete Tier wohl entdeckt und mit nach Hause genommen. Im Pfälzerwald kam es 1963 zu einer Bestandsaufnahme, bei der noch 135 Hähne und Hennen gezählt wurden, fünf Jahre später waren es bereits deutlich unter hundert Exemplare. 1969 warnte der Ornithologe Günter Groh noch einmal eindringlich: „Bei der beängstigend kleinen Auerhahnpopulation der Pfalz ist die Erlegung auch nur eines Hahns nicht mehr zu vertreten." Für das Frühjahr 1970 verzeichnet eine Aufstellung der Bezirksregierung Rheinhessen-Pfalz noch einen letzten Abschuss im Kreis Südwestpfalz, der damals noch Landkreis Pirmasens hieß. Dann ordneten die Behörden ein Jagdverbot an.

Groh sichtete im Juni 1976 auf einem Höhenzug etwa sechs Kilometer südwestlich von Neustadt noch einmal eine Auerhenne mit vier Küken. Diese Zufallsbeobachtung ist der letzte Brutnachweis dieser Art im Pfälzerwald und damit auch in ganz Rheinland-Pfalz. „Seitdem gilt das Auerhuhn in unserem Bundesland als ausgestorben", sagt Nora Schweikert, Sprecherin der Bezirksregierungs-Nachfolgebehörde SGD Süd in Neustadt.

Das Abschussverbot kam also eindeutig viel zu spät. Die anhaltende Jagd bis Anfang der 1970er-Jahre war sicherlich am Ende der Todesstoß für das Auerwild im Pfälzerwald, der Rückgang der Population hatte aber schon viel früher eingesetzt und dürfte mehrere Ursachen haben: Dazu gehören die Intensivierung der Forstwirtschaft ebenso wie zu hohe Bestände an Wildschweinen, Dachsen, Füchsen und Mardern. Einen Hinweis darauf liefert auch die Entwicklung im Bienwald. Dort gab es zunächst kaum Schwarzwild. Das änderte sich im Verlauf des Ersten Weltkriegs: Jäger vermuteten,

Auf den Ruinen des alten Jagdhauses „Breitscheid" bei Elmstein wurde von 1927 bis 1934 das Nibelungenheim errichtet. Es dient einem Verein als Wanderstützpunkt und Ferienhaus (Tourtipp S. 141).

dass Wildschweine durch den anhaltenden Gefechtslärm aus den Vogesen vertrieben wurden und in den Bienwald auswichen. Dort konnten sie sich in den Jahren nach dem Krieg zunächst weiter stark vermehren, unter anderem deshalb, weil Deutschen die Jagd anfangs noch verwehrt war. Das war genau der Zeitraum, in dem das Auerwild aus dem Bienwald verschwand.

Volkssänger Hein Kröher hatte seinerzeit für die Wiederansiedlung des Auerhahns plädiert: *„Wir sollten in der Pfalz diesem alten Eingesessenen wieder Quartier machen; das kostet nicht so viel wie die Erhaltung der Pyramiden und der Dome, der Schlösser und der Bühnen."* Doch im Pfälzerwald hätte der Auerhahn heute wohl keine Überlebenschance mehr. Wanderer und Mountainbiker sorgen oft auch abseits der Wege für Unruhe im Wald. Wie sehr das die Rückzugs- und Lebensräume des Auerwilds stört und gefährdet, zeigt sich aktuell im Schwarzwald: Dort gibt es zwar noch eine Population, die aber dramatisch zurückgegangen ist. Nicht zuletzt wegen des Freizeitdrucks gerade in den Höhenlagen des Schwarzwaldes, wo immer mehr Menschen unterwegs sind.

Und im Pfälzerwald kommt noch ein weiteres Problem hinzu: Die Wildschweine, ein Feind des Auerhahns, haben sich so vermehrt und ausgebreitet, dass sie inzwischen häufig zur Plage geworden sind. Schwarzkittel zerwühlen Hausgärten, Sportplätze, Wiesen und Weiden. Die Abschusszahlen schwanken deutlich: 2019/20 haben die Jäger in ganz Rheinland-Pfalz rund 100.000 Wildschweine erlegt, die Saison darauf waren es nur 55.230. Offenbar nicht genug, um die Schadenslage in den Griff zu bekommen. Vor 450 Jahren waren die Wildbestände in den Wäldern offenbar noch im Gleichgewicht, auch wenn Pfalzgraf Johann Casimir selbst kaum Wildschweine geschossen hat: 1588 war es beispielsweise nur ein Exemplar, 1586 gar keins, wie aus seinen Aufzeichnungen hervorgeht. Der umtriebige Jäger zielte bekanntermaßen vor allem auf Hirsche, mitunter auch gerne

Ahnengalerie an der Hofseite des Friedrichsbaus im Heidelberger Schloss (von links): Kurfürst Friedrich III., seine Söhne Ludwig VI. und Johann Casimir sowie sein Enkel Friedrich IV.

auf balzende Auerhähne. Der Tagebucheintrag vom 4. September 1581 steht für viele: *„Früh mit dem Landgraf pirschen gezogen und zwei Hirsche geschossen. Zu Mittag zu Schifferstadt gessen, fürters wieder pirschen und gen Iggelheim zoge und keinen Hirschen geschossen. Abends fröhlich gewesen."*

Die beiden Jagdhäuser des Pfalzgrafen bei Iggelbach und Elmstein wurden später von der Forstverwaltung genutzt. Die ulkige Bezeichnung des einen – „Speckheinrich" oder „Speckhenrich" – bezieht sich wohl auf die gleichnamige Waldabteilung. Die wiederum heißt angeblich so, weil sie in Verbindung gebracht wurde mit einem besonders gut genährten Mann, dem Förster Heinrich, der nie ohne Speck zur Brotzeit kam. Das Forsthaus bei Iggelbach ist bereits Anfang der 1830er-Jahre abgerissen worden. Zuvor war der damalige Förster mit seiner Familie hinunter ins Dorf gezogen. Seltsame Umstände hätten dabei eine Rolle gespielt, will der Volksmund wissen. Es ist eine Geister- und Spukgeschichte um eine herumirrlichternde Gestalt, die „Bordehut" genannt wurde und mal als Schimmelreiter, mal als grinsender Dunkelmann auftauchte. Kein Dienstmädchen hielt es in dem Forsthaus schließlich mehr aus, die Försterfamilie selbst sei am Ende so durcheinander gewesen, dass sie die Wochentage verwechselte und schon Samstag zum sonntäglichen Kirchgang ins Dorf kam. Über diese gespenstische Episode schweigt sich der Gedenkstein in der Jagdhaus-Ruine freilich aus. Darauf ist lediglich das Datum des Auszugs der letzten Försterfamilie vermerkt: 11. Juli 1833.

Also alles nur Legende? Vielleicht. Das gilt wohl auch für die früher häufig vorgebrachte These, dass einzig der jagdbegeisterte Pfalzgraf Johann Casimir das historische Vor- und Urbild jener Figur sein konnte, die in dem Volkslied „Ein Jäger aus Kurpfalz" besungen wird. Karl Scherer, der langjährige Direktor des Instituts für pfälzische Geschichte und Volkskunde (Kaiserslautern),

kommt jedoch in einer umfangreichen Beweisführung, die er wie ein detailbesessener und hart-
näckiger Anwalt in einem Indizienprozess vorträgt, zu einem völlig anderen Schluss. Die Entstehung des Liedes im 16. Jahrhundert – also zur Zeit Johann Casimirs – sei ausgeschlossen, es
stamme vielmehr aus dem 18. Jahrhundert. Erst dieser Epoche seien Begriffe aus dem Liedtext
wie „Kurpfalz" oder „Mantelsack" zuzuordnen.

Eine zentrale Rolle in Scherers 35-seitiger Beweisschrift spielen die Strophen 3 bis 5, die in der ursprünglichen Version von einer derb-sexuellen und frauenfeindlichen Anspielung geprägt sind:
Der „Jäger aus Kurpfalz" schwängert da auf der Pirsch ein 18-jähriges Mädchen. Für Scherer kann
deshalb nur Kurfürst Carl Theodor (1724-1799) der Mann sein, auf den das Lied zielt und dessen
Eskapaden hier zur Sprache kommen. Denn der war nicht nur ein großer Freund der Jagd. Ga-
lante Abenteuer dieses Regenten mit 18-jährigen Damen, die nicht folgenlos blieben, seien wiederholt belegt und damals reichsweit bekannt gewesen. Das Mädchen aus dem Volkslied identi-
fiziert Scherer als Josepha Seyffert, Tänzerin am Hofballett, die 1758 die Mätresse des Kurfürsten
wurde. Und der Historiker unterstellt, dass die kompromittierenden Verse aus dem näheren Umfeld der von den Affären ihres Ehegatten gedemütigten Kurfürstin Elisabeth Auguste stammen.
Chöre lassen heute die Strophen 3 und 5 gerne weg, in Liederbüchern stehen oft umgedichtete,
jugendfreie Zeilen an dieser Stelle. Ähnlich machten es die Pfälzer Volksliedsänger Hein und Oss.

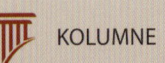 KOLUMNE

SAPPERLOT
ANNAS ARTENSCHUTZ

Sie hätte mit den heutigen geschäftstüchtigen
TV-Köchinnen wie Sarah Wiener oder Cornelia
Poletto wohl locker mithalten können: Anna
Bergner, Wirtin und begnadete Küchenmeis-
terin des 1836 in Dürkheim eröffneten Hotels
„Vier Jahreszeiten". Sie machte das Haus seinerzeit mit Bällen, Gartenfesten und Konzerten
zum gesellschaftlichen Anziehungspunkt. Sie
kochte für königliche Gäste, berühmte Künstler
und das feine bürgerliche Publikum. Der amerikanische Schriftsteller und „Lederstrumpf"-Au-
tor James F. Cooper (1789-1851) schwärmte
nach einer Stippvisite in Dürkheim über Berg-
ners Kochkunst: „Die Speisen mundeten ausneh-

mend und wurden in einer fast verschwende-
rischen Fülle aufgetragen."

Doch die Wirtin, die gerne mit französischem
Akzent sprach, fiel nicht nur wegen ihrer kulina-
rischen Künste auf; nachdrücklich in Erinnerung
blieb auch ihre offenbar sehr anmutige Erschei-
nung. Als „schöne Anna" war sie deshalb weit
über die Stadt hinaus bekannt. Beeindruckte
Zeitgenossen beschrieben sie als „emanzipiert,
charismatisch und kultiviert". Geblieben ist von
der schönen Anna ihr „Pfälzer Kochbuch", das
1858 erschien. Untertitel: „Eine Sammlung von
1002 praktisch bewährten Kochrecepten aller
Art, begründet auf 30-jährige Erfahrung – den
deutschen Frauen und Töchtern gewidmet."

Anna Bergner setzte auf beste Produkte, frische
Zubereitung und überraschende Kreationen.
Echt lecker. Dennoch fällt manches in ihrem

Die späteren Kritiker der Auerhahnjagd hatten kurioserweise zu Beginn ihrer Karriere 1968 ein ganzes Album mit Jagdliedern aufgenommen, das natürlich auch eine Version von „Ein Jäger aus Kurpfalz" enthielt – ohne die anrüchigen Verse. Weil die dunklen Seiten der Figur solchermaßen ausgeblendet wurden, konnte sie 1975 zum beliebten Markenzeichen der Bundesgartenschau in Mannheim werden – als von Loriot gezeichnetes Knollennasen-Jägermännchen. Ein Bundeskanzler und ein Ministerpräsident ließen sich mit diesem Lied aus dem Amt verabschieden, das im Übrigen auch im Pfälzerwald weiter präsent ist. Beispielsweise in Elmstein: Über dem Eingang des Rathauses hängt eine 3,5 Meter breite Sandsteinplatte, die einen beschwingt dahinreitenden „Jäger aus Kurpfalz" zeigt. Geschaffen hatte das Relief 1952 der Kaiserslauterer Bildhauer Rudolf Faschon.

Dafür, dass Pfalzgraf Johann Casimir mit dem zügellosen „Jäger aus Kurpfalz" nicht gemeint sein kann, bedarf es freilich keiner weit ausholenden Beweisführung. Es gibt dafür einen viel einfacheren und offensichtlicheren Beleg. Der Jäger in dem Volkslied schießt nur „ein'n Hirsch und einen Has". Mit dieser mageren Ausbeute hätte sich der Pfalzgraf sicher nicht zufrieden gegeben. Und dass die Jagd auf den balzenden Auerhahn in den neun Strophen überhaupt keine Erwähnung findet, zeigt am deutlichsten: Johann Casimir war volkstümlich, wohl auch oft fröhlich, der Jäger aus einem der bekanntesten deutschen Volkslieder war er aber nicht.

„Pfälzer Kochbuch" aus dem Rahmen, denn das Nachkochen etlicher Rezepte verbietet sich heutzutage von selbst: Das gilt beispielsweise für ihr „Ragout von Auerhahn mit Olivensauce", von dem Bergner behauptet: „Eins der feinsten, die man hat". Der majestätische Vogel steht in Deutschland auf der roten Liste, in Rheinland-Pfalz ist er bekanntlich schon lange ausgestorben. Bei anderen angeblichen Delikatessen, die inzwischen gesellschaftspolitisch absolut verpönt oder gar verboten sind, schien die versierte Köchin dagegen ziemlich fortschrittlich zu denken. Das zeigt Rezept Nummer 75: „Schildkröten-Suppe ohne Schildkröten."

In England war die Essenz aus Schildkrötenfleisch im 18. Jahrhundert zur Leib- und Magenspeise der vornehmen Gesellschaft geworden und wurde als „Königin der Suppen" gerühmt. Kein Wunder, dass auch Anna Bergner ihrem verwöhnten Publikum diesen Gaumenkitzel bieten wollte. Aber entweder wurden nach Dürkheim einfach keine Suppenschildkröten geliefert oder die Tötungsprozedur war selbst der beim Tranchieren ansonsten abgebrühten Köchin zu brutal. Oder aber sie sah tatsächlich voraus, dass Artenschutz wichtiger ist. Wie auch immer: Statt einer ausgebluteten Schildkröte nahm Bergner einen ganzen Kalbskopf, um ihre Suppe zuzubereiten. Sie war damit auf der Höhe der Zeit: Denn „Mockturtle-Soup" – also falsche Schildkrötensuppe – entwickelte sich zu einer beliebten Alternative, in Niedersachsen gilt sie heute noch als Spezialität. Nicht jedoch in der Pfalz. Was auch daran liegen mag, dass Anna Bergner selbst ganz andere Präferenzen hatte: Denn „die feinste Suppe der Welt" war für sie ihre Pfälzer Zwiebelsuppe. In dem Fall natürlich die echte, mit richtigen Zwiebeln.

In St. Martin ist der Schutzpatron an vielen Ecken präsent – ob als Statue oder beim Martinusspiel am 11. November.

Foto: S. 150: AdobeStock/petair; S. 151: Kai Rieth

HEILIGE ORTE

ST. MARTIN & CO.

Die „heiligen Orte" in Deutschland passen heutzutage auf eine Seite: Das Postleitzahlenbuch verzeichnet 76 Gemeinden, Städte und Ortsteile, die sich mit einem „Sankt" oder zumindest mit einem „St." schmücken. Der Bogen spannt sich von Sankt Alban in der Pfalz bis St. Wolfgang in Oberbayern. Doch nicht immer ist klar, auf welchen Heiligen ein Ortsname zurückgeht. Denn die Quellenlage ist mitunter dürftig und in mindestens einem Pfälzer Fall hat sich inzwischen herausgestellt, dass man auf einen skrupellosen Urkundenfälscher hereingefallen ist.

Betrachtet man ausschließlich die selbstständigen Gemeinden, zeigt sich, dass Rheinland-Pfalz mit zwölf Kommunen und Baden-Württemberg mit immerhin noch sechs bei den „heiligen Orten" bundesweit vorne liegen. Die Pfalz ist auf dieser Liste außer mit Sankt Alban (Donnersbergkreis) noch mit St. Martin (Landkreis Südliche Weinstraße) und Sankt Julian (Landkreis Kusel) vertreten. Dazu kommt St. Johann als Ortsteil des südpfälzischen Albersweilers. Einst hatte die Pfalz allerdings deut-

Von der Siedlung Sankt Ulrich, die es bei Fischbach gegeben haben soll, steht noch eine Kapelle.

lich mehr „heilige Orte": Heute kaum noch bekannt sind einige untergegangene Siedlungen wie St. Georgen bei Pleisweiler (Landkreis Südliche Weinstraße), St. Jakob bei Dannenfels (Donnersberg-kreis), St. Johann bei Hornbach oder St. Ulrich bei Fischbach (beide Landkreis Südwestpfalz). Andere Orte haben ein früher vorangestelltes „Sankt" später abgelegt. Das gilt beispielsweise für Lambrecht (Landkreis Bad Dürkheim), das anfangs wegen eines benachbarten Benediktinerklosters Sankt Lambrecht hieß. Im 16. Jahrhundert wurde das Kloster jedoch aufgelöst und kurz darauf wallonischen Hugenotten als Asyl überlassen – infolge dieser Entwicklung wurde das „Sankt" vor dem Ortsnamen allmählich aufgegeben.

„Die meisten der Sankt-Orte beziehen sich auf den Kirchenpatron oder eine dem Heiligen gewidmete Kapelle", sagt Rita Heuser von der Akademie der Wissenschaften und der Literatur Mainz. Ausschlaggebend für die Namensgebung könne aber auch gewesen sein, dass der Heilige an diesem Ort gewirkt und gelebt hat oder dort seine Reliquien aufbewahrt werden. Heuser, die seit Jahren auf diesem Gebiet forscht, nimmt dabei mehr als nur die Sankt-Orte in den Blick: Auch in Namen wie Weihenstephan oder Weihmörting in Bayern stecke, wie übrigens auch in Weihnachten, ein altes Wort für „heilig, geweiht": nämlich das althochdeutsche *„wih",* das später im Wortschatz durch „heilig" ersetzt worden sei.

Wer den „heiligen Orten" der Pfalz nachspüren will, kommt an zwei Standardwerken nicht vorbei. Der Pfälzer Philologe und Volkskundler Ernst Christmann (1895-1974) hat akribisch Sprache und Bräuche seiner Heimat erforscht. Sein Hauptwerk „Die Siedlungsnamen der Pfalz" erschien von 1952 bis 1964 in drei Teilen mit insgesamt fast 1500 Seiten. 1991 wurde die Thematik dann auf 556 Seiten nochmals unter Berücksichtigung neuster Quellenstudien ausgeleuchtet: Der Kaiserslauterer Päd-

Der Grundriss der alten Kirche in St. Julian ist im Pflaster des Kirchhofs abgebildet.

agoge und Heimathistoriker Martin Dolch (1922-2011) legte damals zusammen mit dem Mainzer Sprachwissenschaftler Albrecht Greule das Buch „Historische Siedlungsnamen der Pfalz" vor.

Was sind nun die Namensgeber der verschiedenen „heiligen Orte" in der Pfalz? Bei Sankt Julian im Landkreis Kusel kommt Martin Dolch zu dem Schluss: „Bisher unbekannte Belege erlauben jetzt, die hl. Juliana mit Sicherheit als Patronin der Kirche zu erkennen." Genau das war lange Zeit umstritten. Vorherrschende Meinung war, dass nicht einer Heiligen, sondern einem Heiligen die Verehrung des Nordpfälzer Ortes galt. Man tippte auf Julianus Hospitator, den Gastfreundlichen – wohl auch deshalb, weil dieser häufig der Patron der zahlreichen französischen Orte mit dem Namen „Saint Julien" ist.

Gestützt wurde diese Auffassung durch eine angebliche Schenkungsurkunde des Erzbistums Mainz aus dem Jahr 1192, in der erstmals der Ortsname auftaucht – und zwar in der männlichen Form als „St. Julian". Die vermeintliche Urkunde ist allerdings lediglich in einer Abschrift überliefert. Der Historiker Peter Acht, der sich umfassend mit den Mainzer Schriftstücken des 12. Jahrhunderts befasst hat, kam in den 1960er-Jahren aufgrund einer Reihe von Indizien zur Überzeugung, dass es sich dabei um eine komplette Fälschung handelt. Die Recherche geriet hier zu Ermittlungen wie in einem Kriminalfall. Denn das Dokument, das eine Abschrift sein sollte, stammt von Georg Friedrich Schott (1736-1823), einem Archivar aus dem rheinland-pfälzischen Kirn. Ihn hält die Fachwelt mittlerweile für einen der "fruchtbarsten modernen Urkundenfälscher". Schott hat über 2000 Abschriften von Dokumenten des Mittelalters und der frühen Neuzeit angefertigt. Anders als bei dem Skandal um die vermeintlichen Hitler-Tagebücher, für die Fälscher und Hintermänner Anfang der 1980er-Jahre über neun Millionen Mark vom Nachrichtenmagazin „Stern" kassiert hatten, ging es Schott aber of-

Die kleine Grotte im Wald bei Busenberg (S. 155) erinnert an den tragischen Tod eines neunjährigen Mädchens.

fenbar nicht ums Geld. Er trieb keinen Handel mit seinen Abschriften. Sein Motiv war offenbar reiner Geltungsdrang. Die Schenkungsurkunde hatte er wohl erfunden, um damit einen Beleg über die Ausdehnung eines Waldgebietes vorweisen zu können, mit dem er sich in einer seiner Studien befasst hatte.

Die Bedeutung von Peter Achts Entdeckung für den Ortsnamen von Sankt Julian blieb zunächst unbemerkt. Wohl auch deshalb, weil sie nur ein Detail in einer 1174 Seiten umfassenden Publikation zu alten Mainzer Urkunden ist. Erst 20 Jahre später erkannten die Pfälzer Ortsnamenforscher, dass sie jetzt einem anderen Dokument besondere Aufmerksamkeit schenken müssen. „Da die angebliche Urkunde von 1192 nun als Fälschung ausscheidet, findet sich die früheste urkundliche Mitteilung über St. Julian in dem Stiftungsbrief für eine Kapelle aus dem Jahre 1290", stellte Martin Dolch fest. Ein Priester Conradus ließ Ende des 13. Jahrhunderts neben der Kirche eine Kapelle bauen; die Schriftstücke dazu zeigen, dass dort auch „einiges Gebein der hl. Jungfrau Juliana eingelegt" wurde. Nach Ansicht von Dolch dürfte damit wohl die Märtyrerin Juliana von Nikomedien gemeint sein. Laut Überlieferung war jene Heilige Anfang des 4. Jahrhunderts während der Christenverfolgungen standhaft in ihrem Glauben geblieben, hatte sich geweigert, einen vornehmen Nicht-Christen zu heiraten, und war schließlich nach grausamen Foltern in Nikomedien in der heutigen Türkei enthauptet worden. Juliana von Nikomedien wurde vor allem im Mittelalter verehrt, sie gilt als Patronin für gute Entbindungen und gegen Infektionskrankheiten.

Die Kapelle entwickelte sich rasch zum Wallfahrtsort, die Verehrung der Heiligen prägte in der Folgezeit auch den Dorfnamen: In einem Dutzend Urkunden zwischen 1290 und 1588 wird für den Ort fast ausschließlich nur die weibliche Namensform verwendet: *Sancta Juliana, Sente Juliane, Sant*

Luftig: die Ruine Drachenfels

TOURTIPP

DIE GROTTE AM „HOLZSCHUHPFAD"

Die Strecke:

Busenberg, Wanderparkplatz am Sportplatz („Hexenplätzel") – Lourdesgrotte (0,7 km) – Eilöchelfels (2,7 km) – Sprinzelfelsen (4,2 km) – PWV-Drachenfelshütte (10,5 km) – Ruine Drachenfels (10,8 km) – Von dort entweder weiterhin dem „Busenberger Holzschuhpfad" folgen bis nach Busenberg, Wanderparkplatz (24,8 km) oder direkt zurück in den Ort: Dafür nach dem Abstieg von der Burgruine, noch vor dem Tor, den Weg gleich rechts („Drachenfels-Tour") nehmen, bis zum Startpunkt (13,3 km). Markierung „Holzschuhpfad": schwarzer Holzschuh auf weißem Grund; „Drachenfels-Tour": Burgsymbol auf rotem Grund. Einkehrmöglichkeit: Drachenfelshütte (www.pwv-busenberg.de).

ÖPNV:

Buslinie 545 Bad Bergzabern - Busenberg - Dahn, samstags Ruftaxi 2553 (Telefon: 06391/1824).

Die Lourdesgrotte bei Busenberg (Landkreis Südwestpfalz) ist klein; ein Gittertor dient ihr als Schutz, denn sie liegt mitten im Wald am Fuß des Kreuzeckfelsens. Wer hineinspäht, wird betroffen sein. Auf einer Granittafel steht die Nachricht von einem Unglück: *„Hier fand unser lb. Mariechen i. Blütenalter v. 9 Jahren d. Sturz v. Felsen d. Tod am 8.11.1931. Der Herr hats gegeben, der Herr hats genommen – Familie Wendelin Rötterer".* Der kleine Andachtsort erinnert seitdem an diese Tragödie einer Busenberger Familie. Der Vater des Mädchens sei Maurer gewesen, er habe nach dem Schicksalsschlag die Grotte an der Absturzstelle in den Fels gehauen, wissen ältere Dorfbewohner zu berichten. Die Lourdesgrotte liegt am „Busenberger Holzschuhpfad". Wer vom Wanderparkplatz nur dorthin will, für den ist es ein kleiner Spaziergang. Der komplette Rundweg ist aufgrund seiner Länge eine anspruchsvolle Tour (acht Stunden reine Gehzeit).

Unsere Empfehlung: Auf jeden Fall auf dem „Holzschuhpfad" bis zur Ruine Drachenfels wandern, denn sie ist wohl die wildeste Burg im Pfälzerwald. Der Aufstieg bis zum luftigen Plateau des Bergfrieds mit der Zisterne ist schmal, kurvig und spektakulär; das Panorama natürlich grandios. Dort oben möchte man den Wasgau am liebsten umarmen.

Info: „Busenberger Holzschuhpfad" beziehungsweise „Drachenfels-Tour" (Abkürzung): jeweils www.outdooractive.com über Suchfunktion. Wege zu den anderen Lourdesgrotten: St. Martin, über „Martinusweg" (5,3 km), www.sankt-martin.de (Rubrik „Rundwanderwege"). Hagenbach, über „Römer-Rundweg" (7,3 km), www.tourenplaner-rheinland-pfalz.de (über Suchfunktion: „Hagenbach – Römerweg"). Vinningen und Böbingen: jeweils im Ort. Eppenbrunn und Weyher: jeweils oberhalb des Ortes am Hang.

Die Lourdesgrotte bei St. Martin entstand 1912 an einem ehemaligen Steinbruch.

Julyane. Heimatforscher Dolch: „Es gibt keinen Grund mehr anzunehmen, dass die Namensgebung ursprünglich von einem männlichen Heiligen Julian ausgegangen ist." Spätestens seit der Reformation setzte sich dann doch die männliche Namensform durch. Diese war deshalb auch Georg Friedrich Schott geläufig, und so unterlief ihm bei seiner Urkundenfälschung im 18. Jahrhundert der Lapsus, dass er „St. Julian" statt „Sancta Juliana" verwendete. Die Kapelle von 1290, deren Stiftung die Erinnerung an die heilige Juliana eigentlich „auf ewig" wachhalten sollte, wurde schließlich 1776 abgerissen. Spuren oder Überbleibsel sind keine mehr zu finden; einzig der Grundriss jener alten Kirche, neben der die Kapelle stand, ist heute im Pflaster des Kirchhofs nachgezeichnet.

Warum aber sind nun ausgerechnet im Südwesten Deutschlands mehr „heilige Orte" anzutreffen als anderswo? Sprachwissenschaftlerin und Namenforscherin Rita Heuser hat dafür eine Erklärung: „Aufgrund der frühen Christianisierung finden sich die ersten Namen mit Sankt und Weihen vor allem im Süden in den ehemals römischen Provinzen. Einige wenige Sankt-Namen gehen also schon in die fränkische und frühmittelalterliche Zeit zurück; aber die meisten sind im hohen Mittelalter entstanden, zu einer Zeit, in der viele neue Siedlungen gegründet wurden." Allerdings gibt es auch im Nordwesten Deutschlands einige Sankt-Namen, bekanntes Beispiel ist Sankt Peter-Ording in Nordfriesland.

Zurück zur Pfalz. Sankt Alban wird 863/64 als *villa sancti Albini* und später als *sancte Elben* erwähnt: „Dorf bei einer dem heiligen Albinus geweihten Kirche". In der Mundart ist das unbetonte „Sanct" bis auf das „t" meist verschluckt worden und so wurde aus t'Albin beziehungsweise d'Elben schließlich Delben oder Delwe. Bei dem Heiligen Albinus handelt es sich wohl entweder um den britischen Märtyrer des 3. Jahrhunderts Albanus, der auf dem Festland im frühen Mittelalter meist als Albinus

Blick über die Dächer des Weinbauorts St. Martin.

verehrt wurde, oder den wundertätigen Bischof Albinus von Angers (etwa 469-554). Denkbar ist aber auch ein Bezug zu dem frühchristlichen Märtyrer Albinus aus Rom, dessen Reliquien die deutsche Kaiserin Theophanu, Gemahlin Ottos II., wohl bei einer Italienreise erworben hatte und dann um das Jahr 990 zum Kloster Pantaleon bei Köln überführen ließ.

Der Name Albinus wurde später offiziell durch den des weit verehrten Mainzer Heiligen Alban ersetzt – möglicherweise eine reine Verwechslung. Damit kam es zu der erst seit dem 18. Jahrhundert gebräuchlichen Namensform St. Alban. Ortsbürgermeisterin Petra Becher zum Sprachalltag: „Auch heute steht der Name St. Alban mehr für den amtlichen Gebrauch, doch in der Nordpfalz ist und bleibt es Delwe."

Im Fall von St. Martin gibt es keine Unklarheiten und keine Verwechslungen. Wer in den Ort kommt, begegnet dem Namenspatron fast auf Schritt und Tritt: Seine Darstellung ziert die Schilder von Weingütern, hängt an Rebbögen über der Straße, seine fast lebensgroße Statue erhebt sich unübersehbar auf der Stützmauer des Kirchvorplatzes: der heilige Martinus. Meist ist es die berühmte Szene, in der St. Martin seinen Mantel teilt und einem Armen gibt. Der Wohltäter wirkte im 4. Jahrhundert und wurde nach seinem Tode der bedeutendste Heilige und Schutzpatron des merowingisch-fränkischen Reiches. Die Siedlung St. Martin ist wohl eine frühe fränkische Gründung: Man vermutet, dass dort im 7. oder 8. Jahrhundert noch vor den ersten Häusern bereits ein Kirchlein errichtet wurde, das Martinus gewidmet war. Der allmählich heranwachsende Ort vereinnahmte den Heiligen dann als Namenspatron, wie eine Urkunde aus dem Jahr 1203 verdeutlicht: *villa quae dicitur apud Sanctum Martinum* (Dorf, das nach einer dem heiligen Martin geweihten Kirche genannt ist).

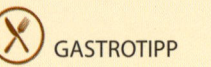

SCHIFFSLOKAL „LAUTERMUSCHEL"

Der Lotse Ernst Ertel versorgte in den 1930er-Jahren von hier vorbeifahrende Rheinschiffer mit Lebensmitteln. Heute ersetzt Radar den Lotsen, aus der Station wurde ein schwimmendes Ausflugslokal. Rund vier Kilometer von der Hagenbacher Lourdesgrotte entfernt liegt im Hafen bei Neuburg am Rhein das Restaurantschiff „Lautermuschel" vor Anker. Das Ambiente ist stilecht: Reusen an der Decke, Rettungsring an der Wand und ein präparierter Welskopf über der Tür. Ganz oben auf der Speisekarte steht natürlich Fisch: schnörkellos paniertes Merlanfilet mit Kartoffelsalat (11 Euro) oder Backfisch komplett mit Kopf, Schwanz und Gräten (10 Euro). Genau die richtige Stärkung – beispielsweise bei einer Tour auf dem Rheinradweg, der hinten auf dem Deich verläuft. Schnitzel, Rumpsteak und Saumagen gibt es freilich auch. Wer kann, wählt einen der Logenplätze mit direktem Blick auf den Rhein. Dass man auf einem Boot sitzt – die „Lautermuschel" ist ein ehemaliges Frachtschiff, Baujahr 1907 – merkt man meist nur an den leicht pendelnden Deckenlampen.

Sitzplätze innen: 60, außen: 80.
Gaststätte „Lautermuschel",
Im Bruchloch 2, 76776 Neuburg
am Rhein, Telefon: 07273/1258.
Geöffnet: April bis Oktober täglich
10-19 Uhr, November bis März:
Di bis So 10-19 Uhr.

Reine Spekulation ist freilich, ob Martinus tatsächlich einmal an jener Stelle vorbeikam, wo später das Kirchlein und der Ort entstehen sollten. Denkbar wäre es, denn dort kreuzten sich zwei wichtige Römerstraßen. Man weiß, dass Martinus als römischer Soldat in Worms stationiert war. Dass er dort vor einer Schlacht gegen die Alemannen den Wehrdienst verweigerte (*„Ich bin ein Soldat Christi, es ist mir nicht erlaubt, zu kämpfen"*), daraufhin eingekerkert wurde und nach seiner Freilassung nach Frankreich reiste, wird so von Sulpicius Severus beschrieben – einem Freund und Zeitgenossen, der 396 die Lebensbeschreibung Martins verfasste. Doch Severus vermischt Historisches mit Heldenverehrung und Legendenbildung. Möglicherweise verlief alles viel unspektakulärer und der damals 40-jährige Martinus war einfach nur fristgemäß aus dem Militärdienst entlassen worden. Von Severus erfährt man zwar nichts über die anschließende Reiseroute, aber über das Ziel: „Martinus nahm also seinen Abschied und ging hernach zum heiligen Hilarius, Bischof von Poitiers." Also zu jenem Mann, der ihn Jahre zuvor getauft hatte. Auf dem Weg dorthin könnte Martinus, von Worms kommend, möglicherweise jene Römerstraßen-Kreuzung bei dem späteren St. Martin passiert haben.

Wie auch immer, die rührige südpfälzische Weinbaugemeinde hält die Erinnerung an den Namenspatron heute vielfältig wach: Unter anderem jeweils im November mit einem Martinusspiel und einer Prozession, bei der Winzer eine Statue des Schutzheiligen durch den Ort tragen: Beherbergt wird sie über das Jahr hinweg immer von einem anderen Weingut. Weil die Feierlichkeiten zur Erinnerung an St. Martin im Trubel des zeitgleichen Martinus-Weinfestes unterzugehen drohten, wurden beide Veranstaltungen vor einigen Jahren entkoppelt.

Der rund 1700 Einwohner zählende Weinbauort ist eines der Bilderbuch-Dörfer an der Weinstraße. Malerisch, schmuck, verwinkelt. Und deshalb ein Besuchermagnet. Schon in den 1920er-Jahren rührte St. Martin die Werbetrommel und rühmte sich, „das an Altertümern reichste Dorf der Pfalz" zu sein. In den engen Gässchen geht es heutzutage vor allem an den Wochenenden ganz schön

Weitläufige Anlage: die Lourdesgrotte oberhalb von Eppenbrunn

turbulent und trubelig zu. Ein Dutzend Lokale laden zur Einkehr ein, Weinautomaten bedienen Durstige rund um die Uhr. Der „heilige Ort" ist also eher kein geeigneter Platz zur inneren Einkehr. Wem nach Ruhe, Andacht, Zwiegespräch ist, der muss ein Stück den Berg hoch. Entweder auf der direkten Route an der Kropsburg vorbei oder über den abwechslungsreichen lokalen „Martinusweg" – so oder so gelangt man zur St. Martiner Mariengrotte, die als eine der schönsten Nachbildungen der Grotte von Lourdes in Deutschland gilt. Auch bei schlechtem Wetter glaubt man dort oben einen Sonnenstrahl zu erhaschen – er erweist sich jedoch als ein geschickt versteckter Scheinwerfer, der die Statue der Madonna in ihrer Felshöhle anleuchtet.

Entstanden ist die weitläufige, idyllisch gelegene Anlage mit zahlreichen Sitzplätzen 1912 an einem ehemaligen Steinbruch mitten im Wald. Der Anstoß kam von dem wohlhabenden St. Martiner Kaufmann und Tuchhändler Jakob Koch, der von einer Reise in das südfranzösische Lourdes tief beeindruckt und mit vielen Abbildungen der dortigen Wallfahrtsstätte zurückgekehrt war. Koch kaufte das Grundstück und begeisterte die Dorfbewohner für das Projekt. Ortschronistin Cäcilie Ziegler beschrieb die Aufbruchstimmung und gemeinsame Kraftanstrengung später so: *„Auf dem Platz wimmelte es wie auf einem Ameisenhaufen. Trotz harter Arbeitsbedingungen erlahmte nicht der Eifer der freiwilligen Helfer. Jeder fühlte sich für das Werden dieser Stätte verantwortlich."* Felsen wurden gesprengt, Bäume gefällt, 150 Zentner Zement die steilen und damals noch unwegsamen Pfade hochgeschleppt.

Wie viele Lourdesgrotten es in der Pfalz gibt, lässt sich nicht genau sagen. Eine detaillierte Übersicht dazu hat selbst das Bistum Speyer nicht. Bei Recherchen im Archiv der Tageszeitung DIE RHEIN-PFALZ lassen sich Berichte zu rund 40 solcher Stätten der Marienverehrung in allen Teilen der Pfalz finden. Vermutlich sind es sogar noch ein paar mehr. Teils sind es einzelne gemauerte Nischen, teils

Überstanden 1939 die Sprengung der Kirche in Vinningen: Marienstatue und Grotte.

dienen Felsformationen als natürlicher Hintergrund. Die Anstöße für solche Grotten gingen von Pfarreien, Gemeinden, Stiftungen und Privatleuten aus. Wie im Fall von St. Martin war dabei auch an anderen Orten ein Besuch in Lourdes ausschlaggebend gewesen. So beispielsweise in Hagenbach (Landkreis Germersheim). Initiator und Erbauer war dort Eugen Winter, 1908 hatte er eine Pilgerreise in den Pyrenäenort unternommen. In Lourdes feierte man damals gerade das 50. Jubiläum jener Ereignisse, die das vormals unscheinbare Dorf inzwischen weltberühmt gemacht hatten: Die 14-jährige Müllerstochter Bernadette Soubirous hatte im Februar 1858 in einer Grotte mehrfach die Vision, dass ihr die Jungfrau Maria erschienen war; noch im selben Jahr soll es dort zu ersten Wunderheilungen gekommen sein. Wie Jakob Koch war auch Eugen Winter fasziniert und ergriffen, machte sofort einige Skizzen und brachte eine Marienstatue mit nach Hause. Unter Mithilfe von Bauern und Maurern entstand am Ortsrand Hagenbachs an einem Hügel die Lourdesgrotte; Pferdefuhrleute schafften dafür das Material aus einem Steinbruch bei dem 36 Kilometer entfernten Albersweiler herbei. Zur Anlage, in der wie anderswo meist zahlreiche Kerzen brennen, führt heute eine kleine Allee, die von Bäumen und Kirschlorbeer-Hecken gesäumt wird.

Verschiedene Lourdesgrotten in der Pfalz waren mitunter plötzlich mehr als Orte eines stillen Gebets. Die 1904 am Rand von Weyher (Landkreis Südliche Weinstraße) errichtete Anlage geriet so beispielsweise am 25. Mai 1933 zum Schauplatz einer großen katholischen Kundgebung – der letzten dieser Art in der Südpfalz für lange Zeit. Adolf Hitler war da bereits fast vier Monate an der Macht und der nationalsozialistische Terror hatte längst begonnen, als sich in Weyher rund 3000 junge Katholiken versammelten. Was der Weyherer Pfarrer Nikolaus Jung vom NS-Regime hielt, war bekannt. Denn er hatte von der Kanzel herab verkündet: „Wer im Braunhemd kommuniziert, kommuniziert unwürdig." In Eppenbrunn (Landkreis Südwestpfalz) sollte der Bau einer Lourdesgrotte zwei Jahre später selbst

Die Grotte in Vinningen heute.　　　　　*Die Mariengrotte in Hagenbach.*

ein Zeichen setzen. Die weitläufige Besinnungsstätte oberhalb des Orts schmiegt sich an eine Felswand, Platz nehmen kann man dort heute auf der wohl längsten Bank der Pfalz. Damals war es noch unwegsames Gelände. Anhänger der Nationalsozialisten hatten an einem der gegenüberliegenden Berge ein großes Hakenkreuz aufgestellt. Der Eppenbrunner Pfarrer Johannes Drauden, der zu seinen Überzeugungen stand und als widerspenstig im positiven Sinn beschrieben wird, wollte diese Machtdemonstration nicht hinnehmen. Er ließ ein großes Kreuz aus Eichenholz anfertigen und 1934 als deutlich sichtbares Symbol des Glaubens an einem Berghang im Norden des Orts errichten. Bei den Arbeiten wurde direkt unterhalb jene Felswand freigelegt, die Eppenbrunner Katholiken dann als ideal für die Anlage einer Grotte nach dem Vorbild des französischen Wallfahrtsorts erschien. Viele freiwillige Helfer engagierten sich, im Juni 1935 konnte die Grotte eingeweiht werden.

Nur acht Kilometer von Eppenbrunn entfernt kam es im September 1939 zu jenem Ereignis, das später im Volksmund als „das Wunder von Vinningen" bezeichnet wurde. Das deutsche Militär sprengte zu Beginn des Zweiten Weltkriegs, als wegen der Evakuierung entlang der Westgrenze auch in der Pfalz viele Menschen für Monate ihren Heimatort verlassen mussten, die große katholische Kirche in Vinningen. Aus den Trümmern ragten nur noch die Mutter-Gottes-Statue des Marienaltars und die Lourdesgrotte heraus, die 1934 direkt neben der Kirche errichtet worden war. Wie durch ein Wunder hatten sie den Gewaltakt nahezu unbeschädigt überstanden. Angeblich war die Kirche ein Kriegshindernis gewesen, weil sie mit ihrem Turm der französischen Armee als Orientierungspunkt hätte dienen können. Vinningens damaliger Pfarrer Hubert Knecht hatte deshalb angeboten, den Turm abzutragen. Das wurde jedoch abgelehnt. Für den späteren Pfarrer und Ortschronisten Franz Lang ist dies der Beweis, dass die Zerstörung der Kirche keine militärischen Gründe hatte, sondern „ein Racheakt an den Katholiken für ihre Ablehnung des Hitlerregimes war". Bei der Volksabstimmung über den Austritt Deutschlands aus dem Völkerbund, die am 12. November 1933 gleichzeitig mit der Reichtagswahl stattfand, hatte es in Vinningen 101 Nein-Stimmen gegeben.

Anderswo blieben Wunder aus, dort schlugen Vandalen zu: In Hettenleidelheim (Landkreis Bad Dürkheim) wurde die Muttergottes-Statue zertrümmert, in Leimen (Landkreis Südwestpfalz) gestohlen. Davon unbeeindruckt werden in der Pfalz aber auch immer wieder neue Besinnungsstätten angelegt: So beispielsweise 2015 in Elmstein (Landkreis Bad Dürkheim), wo der Speyerer Bischof Karl-Heinz Wiesemann die Grotte mit Marienfigur segnete, 2012 in Venningen (Landkreis Südliche Weinstraße), 2006 in Otterstadt (Rhein-Pfalz-Kreis) und 2005 in Clausen (Landkreis Südwestpfalz).

In Böbingen (Landkreis Südliche Weinstraße) hat die Einweihung und Segnung einer neuen Lourdesgrotte im Jahr 2011 eine ganz besondere Vorgeschichte: Dort stand die Renovierung der Kirche an. „Bei der Kollekte im Gottesdienst kamen meist 30 bis 40 Euro zusammen, damit hätten wir das nicht schaffen können", sagte Marco Richtscheid, damals Pfarrer in der katholischen Pfarrgemeinde St. Sebastian. Seine Idee: Im März 2010 versprach er den Böbingern, eine Lourdesgrotte zu bauen, wenn 70.000 Euro an Spendengeldern für die Kirchensanierung zusammenkommen würden. Ein Motivationsschub. Denn schon einige Monate später waren 90.000 Euro eingesammelt worden. Richtscheid löste seine Zusage ein. Der Mörtel zur Grundsteinlegung wurde mit originalem Wasser aus Lourdes

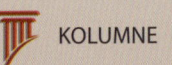

KOLUMNE

SAPPERLOT
KLEINES, TAPFERES GÄNSEBLÜMCHEN

Jedes Jahr das gleiche Bohei um die erste Mandelblüte an der Deutschen Weinstraße: Wer sichtet zwischen Schweigen und Bockenheim die ersten Knospen? Wer hat das erste Foto von den allerfrühesten Blüten? Inzwischen werden sie mitunter bereits Mitte Januar erspäht. Miesepeter behaupten dann zwar, manch einer würde da ein wenig mit dem Föhn nachhelfen – nur damit sein Mandelzweig das Rennen macht. Doch auf solch böswillige Gerüchte geben wir nichts. Zu hinterfragen ist eher, wieso eigentlich die Mandelblüte derart unwidersprochen als der Inbegriff des Frühlings gilt? Für die Touristikwerber an der Südlichen Weinstraße ist die Mandelblüte der schönste aller Frühlingsboten: „So klein und so zart sie auch ist, sie ist der Star." Sagen wir mal so: Sie wird zum Star gemacht.

Natürlich sorgen die Klimawandel-Temperaturen dafür, dass an Dutzenden von Mandelbäumen die Blüte früher einsetzt als anno dazumal. Aber: Setzt der Frühling denn keine anderen Zeichen? Erblüht sonst gar nichts? Mitnichten! Die Fixierung auf die Mandelblüte ist das Ergebnis eines himmelwärts gerichteten Tunnelblicks. Wer aber mit beiden Füßen auf dem Pfälzer Boden steht und auch dorthin schaut, müsste es besser wissen. Natürlich gibt es einen anderen Frühblüher, dazu einen viel beständigeren als die nervöse Mandelblüte: das Gänseblümchen. Verlässlich zeigt es links und rechts der Feldwege Flagge, setzt auf Wiesen und Rasenflächen vielfach Farbtupfer.

angerührt, die Grotte selbst – passend zur benachbarten Kirche – aus rotem Sandstein errichtet. Richtscheid selbst unternimmt bis heute einmal im Jahr eine Wallfahrt nach Lourdes, von der er, wie er sagt, immer wieder gestärkt für seine Aufgaben zurückkehrt. Er weiß aber auch: „Viele ältere Gläubige können das nicht mehr." Sie hätten in Böbingen nun seit zehn Jahren die Gelegenheit, die für alle zugängliche Grotte vor Ort zu besuchen, „innezuhalten und auch eine Kerze anzuzünden".

Dass „Orte zum Innehalten" fast überall sein können, zeigt der sogenannte Visionsprozess, den das Bistum Speyer 2019 für die Pfalz und die Saarpfalz gestartet hat. Dabei geht es um die Kernfrage, was will und soll Kirche für die Menschen sein. Glaubwürdigkeitsverlust, Personalmangel, Kirchenaustritte verlangen Antworten und ein Gegensteuern. Dreh- und Angelpunkt in diesem Prozess des Bistums sollen „Segensorte" sein, an denen Menschen Gemeinschaft erfahren oder Hilfe geben und erhalten können. Bischof Karl-Heinz Wiesemann: „Gott ist immer schon da. Wir müssen ihn nur entdecken, oft an Orten und auf eine Weise, wie wir es gar nicht erwartet haben." In einem ersten Schritt hatten über 4000 Personen bei Ortsterminen und in Gruppen ihre Lieblings-Segensorte und Wunsch-Segensorte benannt. Der Bogen ist weit gespannt: Von der Bücherei, der Familie bis zum monatlichen Friedensgebet am Westtor der Air Base Ramstein. Das Fazit einer Gruppe in Ludwigshafen lautet: „Segen können wir überall erleben, auch in der Natur und der Kita. Ein Waldspaziergang, eine Krötenwanderung und das Zwitschern der Vögel können uns bewegen, und wir erleben es als segensreich."

Das Gänseblümchen trotzt sogar dem Frost, scheint sich geschickt wegzuducken, wenn der Rasenmäher über es hinwegrollt. Ein Stehaufmännchen! Klein und tapfer. Immer der Sonne zugewandt – ein Optimist, der Zuversicht keimen und wachsen lässt.

Viele Mythen ranken sich um das Gänseblümchen. Es heißt, nachts gehen Engel über die Erde und küssen die Blüten – die aus lauter Freude darüber erröten. Hieronymus Bock (1498-1554), einer der berühmten Väter der Botanik und dazu mit westpfälzischen Wurzeln, schrieb in seinem Standardwerk „Kreutter-Buch" über das damals Maßliebchen genannte Gänseblümchen: „Etliche dieser Blümlein seind ganz blutroth gefüllet." Der Pflanzenforscher, dazu Arzt und Theologe, empfahl Gänseblümchen zur Wundheilung, als Magen-, Leber- und Gallemittel, zur Appetitanregung und als Blutreinigungstee. Und der Volksmund – oder ist es eher der Aberglaube? – wusste dies: Derjenige, der die ersten drei Gänseblümchen, die im Frühjahr erblühen, findet und verspeist, bleibt den Rest des Jahres von Zahnschmerzen, Augenleiden und Fieber verschont. Alles Wirkungen, die – auch wenn sie aus heutiger Sicht nicht in jedem Fall wissenschaftlich belegt sind – dem Gänseblümchen zur Ehre gereichen: Unlängst wurde es gar zur Heilpflanze des Jahres gekürt. Und wie andere Wildkräuter ist das nussig schmeckende Gänseblümchen zudem in der Küche willkommen: als Beigabe für Salate, Suppen, Gemüse oder Aufstriche.

Wäre es also nicht an der Zeit, irgendwo in der Pfalz endlich ein Gänseblümchen-Fest zu feiern? Samt Krönung der Gänseblümchenkönigin?

Blick in den Sternenhimmel vom Luitpoldturm auf dem Weißenberg bei Leimen (Kreis Südwestpfalz)

Foto: S. 164, Christian Mössner; S. 165, Hanna Stahl

DER KRÄHENBERG-METEORIT

EIN GANZ SELTENER FALL

Der 5. Mai 1869: Dass es ein bedeutender Tag für die Pfalz werden sollte, ahnt zunächst niemand. Der 33-jährige Paul Reinsch, Chemie- und Physiklehrer an der Königlich Bayerischen Gewerbeschule in Zweibrücken, ist bis in den frühen Abend hinein in seinem Arbeitszimmer mit mikroskopischen Untersuchungen beschäftigt. Als begeisterter Algenforscher und Paläontologe hat er auf diesen Gebieten bereits mehrere Veröffentlichungen vorgelegt. Reinsch ist offenbar von dem, was er gerade unter dem Mikroskop betrachtet, so gefesselt, dass er die Welt um sich herum vergisst. Und die scheint an diesem Tag um 18.32 Uhr aus den Fugen zu geraten. Hinterher sagen Ohrenzeugen, sie hätten geglaubt, der Pulverturm in der benachbarten Festung Bitsch sei explodiert. Andere befürchten, zwei Eisenbahnzüge seien zusammengeprallt oder ein Gebäude sei eingestürzt. Auch in der Südpfalz und Speyer schreckt man auf; dort geht man davon aus, dass in Germersheim oder Landau Kanonen abgefeuert wurden. Nichts dergleichen war passiert. Sondern bei dem kleinen Dorf Krähenberg – rund elf Kilometer von Zweibrücken entfernt – war auf einer Wiese ein

Wiesen unterhalb von Krähenberg: Dort soll der Meteorit am 5. Mai 1869 aufgeprallt sein.

Steht nicht an der Fundstelle: Gedenkstein zur Erinnerung an den Meteoriten-Einschlag bei Krähenberg.

Meteorit eingeschlagen. Dieses Geschenk des Himmels, das in etwa die Größe eines runden Laibs Brot hat, gilt bis heute als Sensation.

„Meines Wissens handelt es sich um den einzigen Meteoriten, der jemals in der Pfalz niedergegangen ist", sagt Ludger Tekampe, einer der Sammlungsleiter beim Historischen Museum der Pfalz in Speyer, das den Stein aus dem All seit Jahrzehnten wie einen Schatz hütet. Passionierte Sammler wie der Pirmasenser Hanno Strufe schwärmen: „Es ist einer der allerschönsten Meteoriten, etwas ganz Feines." Als das Museum den Meteoriten 2012 für die Mineralientage in München ausleiht, wird er mit einer Million Euro versichert. „Er gehört zweifellos zu den herausragenden Exponaten unserer Sammlung", bestätigt Tekampe. Ein Unikat, unersetzbar. Die Fachwelt spricht fast ehrfürchtig von „dem Krähenberger". Entstanden ist das Gestein vor etwa 4,5 Milliarden Jahren. „Das ist ungefähr das Alter unseres Sonnensystems, da liegen nur noch ein paar Millionen Jahre dazwischen, sagt Rainer Bartoschewitz. Der Diplom-Ingenieur aus dem niedersächsischen Gifhorn betreibt seit mehr als drei Jahrzehnten Meteoritenforschung in einem eigenen Labor (www.meteorite-lab.org) und hat sich auch intensiv mit dem „Krähenberger" beschäftigt. Man geht davon aus, dass er von einem Asteroiden stammt – also von einem der zahllosen kleineren Gesteinsbrocken, die neben Planeten und Kometen im Universum umherschwirren. Dieser kollidierte wohl vor etwa 4,2 Milliarden Jahren mit einem anderen Himmelskörper. „Der Impakt führte möglicherweise zur kompletten Zerrüttung und einer anschließenden Wiederverheilung", erklärt der Meteoriten-Experte. Weitere, aber wohl schwächere Kollisionen folgten; bis dann vor etwa 15 Millionen Jahren aus diesem Mutterkörper jenes Stück herausgeschlagen und freigelegt worden ist, das 1896 in der Pfalz niedergehen sollte. Bartoschewitz: „Bis dahin war es als einzelnes Objekt ohne bemerkenswerte Zusammenstöße durch den Weltraum gerauscht, bis zu seiner letzten Kollision – mit unserer Erde."

Millimeterarbeit (von links): Museumsdirektor Otto Roller mit den Wissenschaftlern Frank Wlotzka und Kurt Fredriksson 1978 bei der Entnahme einer Probe aus dem Meteoriten.

Als Paul Reinsch Stunden nach dem Meteoriten-Einschlag von den Ereignissen erfährt, ist er offensichtlich zerknirscht. Er hadert damit, dass er dieses „denkwürdige Naturereignis" verpasst hat. Der Chemie- und Physiklehrer eilt gleich am nächsten Tag von Zweibrücken nach Krähenberg und versucht sich einen Überblick zu verschaffen. Er ist nicht der Einzige: Rund 400 Schaulustige sind in das Dorf gepilgert, um den rätselhaften schwarzgrauen Brocken zu bestaunen. Reinsch notiert, was ihm Augen- und Ohrenzeugen berichten. Rund drei Wochen später wird auch der berühmte Pfälzer Geophysiker und Polarforscher Georg von Neumayer vor Ort sein und unter anderem versuchen, Flugbahn und Herkunft des Meteoriten zu klären. Was Reinsch und Neumayer später über die Vorgänge veröffentlichen, unterscheidet sich meist nur in Details, es gibt erstaunlicherweise aber auch etliche Widersprüche.

Reinschs Version über den 5. Mai 1869: Zur fraglichen Zeit sitzt ein kleiner Junge vier Meter von der Stelle entfernt im Gras, wo gleich der Meteorit aufschlagen wird. 15 Meter weiter pflügt ein Bauer mit zwei Pferden seinen Acker. Nochmals 340 Meter weiter sind mehrere Frauen an einer Quelle mit Wäschewaschen beschäftigt. Dann um 18.32 Uhr der große Rumms. Der Junge wird ohnmächtig, eine Frau wirft sich zu Boden und ruft verzweifelt „Herr! Erbarme dich unser", eine andere Frau erholt sich von dem Schrecken nicht und wird krank. Reinsch über den Fortgang: *„Der Stein wurde noch an demselben Abend von einigen jungen Leuten ausgegraben, war aber noch so heiß, daß er durch Übergießen von Wasser abgekühlt wurde und wurde hierauf in das Schulhaus verbracht."*

In der Version Georg von Neumayers ist es ein kleines Mädchen, das sich direkt an dem Ort aufhält und dann „wie leblos" liegen bleibt. Mehrere Dorfbewohner sehen, wie die Erde aufspritzt

In die Jahre gekommen: Hinweisschild am Ortsrand von Krähenberg.

und eilen herbei. Nach dieser Darstellung ist es der Bauer Heinrich Lauer, der den Stein schon acht Minuten später ausgräbt. Und eine Kühlung scheint auch nicht erforderlich. Neumayer: *„Der Stein, obgleich noch warm, verursachte übrigens den Händen nicht die geringste Pein."*

Kolportiert wird später, die Frau des Schulleiters habe „das Teufelsding" nicht im Hause haben wollen, der Stein sei deshalb zunächst zum Hof des Landwirts Lauer gebracht worden. Für den Speyerer Museums-Sammlungsleiter Tekampe sind solche Schilderungen freilich eher anekdotenhafte Randnotizen. Und Krähenbergs Ortsbürgermeister Thomas Martin sagt: „Es gibt viele Berichte, nicht alles ist wahr." Wer heute nach der Einschlagstelle sucht, um sich selbst ein Bild zu machen, den schickt ein etwas in die Jahre gekommenes Holzschild vom Ortsrand weit hinunter ins Ohmbachtal. Dort erinnert ein Gedenkstein an das Jahrhundertereignis. Die Metallplatte mit der Inschrift ist pechschwarz. Fast so, als hätte der heiße Meteorit sich da eingebrannt. Über die Einschlagstelle heißt es: *„Hier am Südosthang des Ohmochtales, ca. 200 M vom Waschbrunnen entfernt."* Wanderer, die zum Gedenkstein wollen, kommen kurz zuvor an einer Koppel vorbei: Die Pferde dort heben den Kopf und schauen verwundert bis belustigt. Als wollten sie sich zurufen: Schon wieder welche auf der falschen Fährte!

In der Tat: Der Gedenkstein steht etwas abgelegen in einem kleinen Wäldchen und nicht im freien Feld. Von Krähenberg, das oben auf der Höhe liegt, ist dort unten im Tal nichts zu sehen. Wie aber sollten dann umgekehrt die Ortsbewohner damals das Aufspritzen der Erde beobachtet haben, als sich der Meteorit rund einen halben Meter tief in den Boden bohrte? Zum 150. Jahrestag des Ereignisses hatten sich 2019 in Krähenberg Meteoriten-Experten aus ganz Deutschland zu einer dreitägigen Fachtagung versammelt. Organisator war Bartoschewitz, der diese Kolloquien

TOURTIPP

DIE METEORITEN-RUNDE

Die Strecke: Winterbach (Bus-Wendeplatz) – Anhöhe/Blick auf Krähenberg (2,9 km) – Abzweig zum Gedenkstein „Krähenberger Meteorit" (4,9 km) – Gedenkstein (5,1 km) – K 66 (6,1 km) – Stampermühle (6,7 km) – Abzweig weiterer Verlauf Meteoritenweg (7,9 km) – Ölmühle (8,3 km) – Winterbach (9,1 km). Markierung Meteoritenweg: gelber Komet auf weißem Grund.

ÖPNV: Buslinie 231 Zweibrücken - Wallhalben (Montag bis Freitag), Wochenende: Ruftaxi 2591 (Telefon: 06337/6637).

Der Meteoritenweg ist kurioserweise mit einem Kometen-Symbol markiert.

Der Weg, den ein Meteorit aus dem All bis zur Erde zurücklegt, ist fast unendlich lang. Das gilt auch für das Exemplar, das 1869 bei Krähenberg aufschlug. Wohl deshalb haben die Planer des 2009 in der Südwestpfalz eröffneten Meteoritenwegs auch etwas weiter ausgeholt: Die Strecke führt vom Serinihöfchen bei Schmitshausen bis zur Fasanerie am Stadtrand von Zweibrücken. „Das ist Wahnsinn, was die da gemacht haben, das läuft doch keiner an einem Tag", sagt Krähenbergs Ortsbürgermeister Thomas Martin. In der Tat, für den kompletten Meteoritenweg ist man rund 32 Kilometer unterwegs. Krähenberg hat deshalb selbst zwei kleinere Meteoriten-Rundwege um den Ort kreiert – die aber nicht ausgeschildert sind. Unser Tipp: In Winterbach auf den großen, markierten Meteoritenweg einsteigen, er führt durch ein sehr idyllisches Wiesental und dann hinauf auf eine Anhöhe. Von dort blickt man hinüber auf die Wiesen am Ortsrand von Krähenberg, wo der Meteorit sich in den Boden gebohrt hatte. Felder, freie Landschaft, federnder Boden – in diesem malerischen Ambiente kann man kräftig durchatmen. Enge kommt hier nicht auf. Zu dem Gedenkstein, der an den Meteoriten erinnert, führt ein kleiner Extra-Abstecher hin. Durch ein weiteres schmuckes Wiesental geht es dann weiter zur Kreisstraße. Ursprünglich kam man dort direkt über den Bach, die Wiese ist jedoch Privatgelände und jetzt abgesperrt. Deshalb muss man rund 500 Meter Straße in Kauf nehmen. Ein Manko; aber der Liebreiz der gesamten Strecke überwiegt dies bei Weitem. Der Meteoritenweg zweigt zwischen Stamper- und Ölmühle ab in Richtung Großbundenbach. Er hat einen bis dahin aber bereits in einer großen Schleife fast wieder nach Winterbach zurückgebracht. Für unsere Variante bleiben wir im Tal (jetzt ohne Markierung). Ab der Ölmühle geht es dann nochmals über ein kurzes Stück Straße hinein nach Winterbach.

Info: „Meteoritenweg von Winterbach", www.outdooractive.com (über Suchfunktion). Ausführliche Wegbeschreibung: www.grossbundenbach.de (Rubrik „Tourismus").

Schwer leserlich: Inschrift auf dem Gedenkstein.

seit 2010 an wechselnden Orten veranstaltet. Bei dem Treffen in Krähenberg wurde auch versucht, die exakte Stelle des Einschlags zu rekonstruieren. Hilfreich waren dabei unter anderem etliche Angaben, die Georg von Neumayer seinerzeit gesammelt hatte: zur Flurnummer der Wiese, zu deren Eigentümerin und zu Entfernungen. „Das Grundstück liegt wesentlich weiter oben, wir konnten den Punkt bis auf etwa fünf Meter genau bestimmen", sagt Meteoritensammler Hanno Strufe, der auch zu den Tagungsteilnehmern gehörte. Bartoschewitz geht mittlerweile Hinweisen nach, wonach sich das Geschehen 1869 sogar noch näher am Dorf abgespielt hatte. „Der Krähenberger" wäre den Krähenbergern demnach quasi fast vor die Füße gefallen.

So oder so: Der Gedenkstein steht falsch, er wurde rund 230 – oder vielleicht sogar noch mehr – Meter unterhalb des tatsächlichen Einschlagpunkts platziert. Über 30 Jahre ist dies inzwischen her. Im Dorf wussten wohl bereits damals einige, dass man es bei der Ortswahl nicht ganz genau genommen hatte. Bürgermeister Martin zu den Gründen: „Da hätte sich jeder Bauer bedankt, wenn man ihm solch einen Stein mitten in seine Wiese gestellt hätte." Das mag sein. Martin ist der Typ des gestandenen, selbstbewussten Bürgermeisters, für den sein Dorf der Mittelpunkt ist. Wenn nötig, streitet er auch mit Ellenbogeneinsatz für die Geschicke der Gemeinde. Es verwundert deshalb schon ein wenig, dass die Krähenberger den Gedenkstein für den Meteoriten, der den Ort berühmt gemacht hat, solchermaßen an den Rand gerückt haben.

Zurück zum 5. Mai 1869. Trotz der kleineren Widersprüche: Die Berichte, die Paul Reinsch (1836-1914) und Georg von Neumayer (1826-1909) gesammelt haben, stimmen in wesentlichen Punkten überein und liefern ein klares Bild der Geschehnisse. Beide zweifeln nicht eine Sekunde daran, dass es sich um ein außerirdisches Objekt handelt. Der Meteorit kündigt sich äußerst

Ortsbürgermeister Thomas Martin mit der Kopie, die im Dorfgemeinschaftshaus aufbewahrt wird.

Der Meteorit auf der Waage: Aktuell ist er 14,76 Kilogramm schwer.

geräuschvoll an – mit einem mächtigen Donnern, Knallen, Getöse und Brausen, das wohl rund zwei Minuten andauert. Kein Wunder deshalb, dass die Menschen in der Region eine Katastrophe befürchten. Das Licht des Flugobjekts wird als sehr brillant und intensiv weiß beschrieben, Augenzeugen dafür melden sich aus Speyer und selbst aus Wiesbaden. Von Neumayer fasst die Beobachtungen so zusammen: „Der Lichtstreifen erinnerte unwillkürlich an den Schweif eines Kometen; das Ganze war nur einen Augenblick sichtbar." Es ist ein völlig windstiller Tag. Daher wird aus der Angst der Krähenberger pure Verzweiflung, als sie sehen, wie sich plötzlich die Blätter der Bäume aus unerklärlichen, scheinbar übernatürlichen Gründen heftig bewegen.

Was sich in diesen Augenblicken zwischen Himmel und Erde abspielte, beschreibt Experte Rainer Bartoschewitz so: Der Meteorit, dessen Material vor 4,5 Milliarden Jahren entstanden war und der vor 15 Millionen Jahren als circa 45 Zentimeter großes und etwa 150 Kilogramm schweres Fragment aus einem größeren Brocken herausgeschlagen worden war, wird aus der Bahn geworfen; er rast mit einer Geschwindigkeit von 30 bis 50 Kilometer pro Sekunde auf die Pfalz zu. Dabei wird er an der Oberfläche aufgeheizt, während sein Inneres weiter eiskalt ist. Das schmelzende Material wird sofort weggeblasen. Bei dem feurigen Flug verliert der Körper etwa 90 Prozent seiner Masse und schrumpft auf die heutige Größe. Der „Krähenberger" gilt als ein besonders schönes und seltenes Beispiel für einen sogenannten „orientierten Meteoriten". Er bleibt während des Sturzes zur Erde stets in seiner Lage, während die meisten Meteoriten dabei in taumelnde Bewegungen geraten. So erklären sich die besonderen Fließ- und Schmelzstrukturen auf der Vorderseite, die oft als „tiefe Daumeneindrücke" beschrieben werden. Diese speziellen Rinnen und Vertiefungen – Wissenschaftlerinnen und Wissenschaftler nennen sie Regmaglypten – sind das Markenzeichen des Krähenberg-Exemplars.

GASTROTIPP

KAFFEEHAUS
ALTE BÄCKEREI

Christine und Jürgen Bendzko hatten vor 20 Jahren die ehemalige Dorfbäckerei in Großbundenbach (Landkreis Südwestpfalz) aus dem Dornröschenschlaf erweckt: Entstanden ist mit viel Liebe zum Detail ein Kaffeehaus im englischen Landhausstil samt Hotel garni. Sehr gemütlich, knuffig und plüschig. Die Tortenauswahl ist eine Wucht und richtet sich nach der Saison: In der Adventszeit stehen beispielsweise eine Spekulatius-Tiramisutorte, eine Zimtstern- und eine Bratapfel-Marzipantorte in der Vitrine. Inzwischen ist Bendzkos Sohn mit Partnerin in den Betrieb eingestiegen. „Wir verwenden vor allem Produkte aus der Region", sagt Cleo Thalheim. Wanderer auf dem Meteoritenweg (S. 169) können dort eine Zwischenstation einlegen, das Kaffeehaus hat auch etwas Herzhaftes im Angebot: eine Schinken-Käseplatte mit Walnussbrot. Schließlich ist Großbundenbach für die Vielzahl seiner Walnussbäume bekannt.

Gästehaus Alte Bäckerei –
Kaffeehaus, Bergstraße 7,
66501 Großbundenbach,
Telefon: 06337/9952970,
bendzko@gaestehaus-alte-baeckerei.de,
www.gaestehaus-alte-baeckerei.de

Sitzplätze innen: 24, außen: 50.
Geöffnet: Fr bis So 14-18 Uhr.
Frühstücksbuffet (Anmeldung erforderlich): Mo bis Fr 6.30-10.30 Uhr,
Sa bis So 8.30-11.30 Uhr. Kuchen/
Torten: 3-3.50 Euro, Frühstücksbuffet: 13 Euro.

Was schließlich unten ankommt, ist relativ präzise überliefert: Reinsch gibt das Gewicht des Meteoriten mit 32 Pfund an. Das wären 16 Kilogramm. Sollte der Zweibrücker Chemie- und Physiklehrer noch in bayerischen Pfund gerechnet haben, wären es sogar 17,92 Kilogramm. Heute wiegt „der Krähenberger" nur noch 14,765 Kilogramm. „Das habe ich selbst mit einer geeichten Präzisionswaage überprüft", versichert Ludger Tekampe. Doch wo ist der Rest geblieben? Noch am ersten Tag werden wohl bereits einige Stückchen abgeschlagen, eine Krähenberger Familie verkauft Jahre später ein paar Gramm an einen französischen Wissenschaftler. Reinsch hat ebenfalls an dem Meteoriten etwas herausgebrochen. Offenbar für eigene Experimente, denn er berichtet kurz darauf, wie das Gestein auf Salpeter- und Salzsäure reagiert. Rainer Bartoschewitz hat aufgrund einer von Tekampe zur Verfügung gestellten Fotodokumentation die verschiedenen Bruch- und Schnittstellen bewertet. Sein Fazit: Noch vor Ort in Krähenberg war der Meteorit um knapp ein Kilogramm erleichtert worden.

Auch als der Brocken längst in der Obhut des Museums ist, werden mehrfach kleine Proben entnommen – unter anderem, um sie gegen andere Bruchstücke zu tauschen. So gelangen im Jahr 1900 beispielsweise zwölf Gramm des „Krähenbergers" in den Besitz eines Londoner Museums, während im Gegenzug 16,5 Gramm eines bei Zomba in Britisch-Zentralafrika, dem heutigen Malawi, niedergegangenen Meteoriten nach Speyer kommen. Fragmente des Pfälzer Meteoriten, teils sind es auch nur Splitter, finden sich heute in den Sammlungen von Museen in Wien, Paris, Kalkutta, Budapest oder Stockholm. 1978 tranchieren Wissenschaftler des Max-Planck-Instituts für Chemie (Mainz) mit einer dünnen Schleifscheibe, wie sie Zahntechniker benutzen, nochmals einige Schnipsel heraus. Der Direktor des Historischen Museums, Otto Roller, holt dafür den Meteoriten persönlich aus der Glasvitrine. Bei den späteren Untersuchungen, an denen auch Kollegen des Nationalmuseums für Naturgeschichte in Washington (USA) beteiligt sind, wird eine weitere Besonderheit entdeckt: Die hellen und dunklen Parti-

Das Ohmbachtal unterhalb von Krähenberg – dort führt der Meteoritenweg entlang.

en, aus denen das Gestein im Inneren besteht, haben eine völlig unterschiedliche Struktur. Diese Erkenntnis passt zur Überlegung von Bartoschewitz, wonach der Meteorit bei einer Kollision im All zerstört wurde, das Material sich allerdings nicht weit voneinander entfernte, sondern wieder zusammengebacken wurde: „Aber in einer anderen Konstitution, sodass man jetzt beispielsweise innen Teile hat, die vorher außen gewesen waren."

Mit Analysemethoden, wie sie heute zur Verfügung stehen, wäre im Jahr 1869 wohl auch Georg von Neumayer, ein gebürtiger Nordpfälzer, gerne dem Phänomen des „Krähenbergers" auf den Grund gegangen. Er hatte mehrfach Australien bereist, dort zahlreiche Expeditionen unternommen, in Melbourne baute er ein Observatorium für Geophysik, Magnetismus und Nautik auf, das er sieben Jahre lang leitete. Erst 1864 kehrte er nach Deutschland und in die Pfalz zurück, wo er mit seinem Engagement für eine Südpol-Expedition und den Aufbau einer Seewarte, die später in Hamburg entsteht, weiter auf sich aufmerksam machte. Von Neumayer erhält aufgrund seines Bekanntheitsgrades denn auch zahlreiche Hinweise aus allen Teilen der Pfalz, als er sich mit dem Krähenberg-Meteoriten zu beschäftigen beginnt. Reinschs Vorteil ist, dass er als Erster vor Ort war. Aber von Neumayer hat den längeren Atem: Er stellt Nachfragen, setzt über Wochen und Monate hinweg die verschiedenen Beobachtungsdetails wie ein Puzzle zusammen. Am Ende ist er davon überzeugt, dass der Brocken während seiner Zeit im All zu einem Meteoritenschwarm gehörte, der seinen Ausgangspunkt im Sternbild Jungfrau hatte.

In Krähenberg selbst geht es in den Tagen nach dem 5. Mai 1869 um eine ganz andere Frage: Wem gehört der Meteorit? Ansprüche machen die Finder, die Eigentümerin des Grundstücks und die Gemeinde geltend. Auch das Königreich Bayern versucht vehement und teils sogar mit

Wegweiser zur vermeintlichen Fundstelle

Drohungen, in den Besitz des Steins zu kommen. Noch heute beklagt beispielsweise das Bayerische Landesamt für Umwelt: *„Vier Monate vor Baubeginn von Schloss Neuschwanstein erhält Ludwig II. ein himmlisches Zeichen in Gestalt eines Meteoriten. Doch der Klumpen landet in der damals bayerischen Pfalz – und die Pfälzer wollen ihn partout behalten."* Die Regierung der Pfalz ordnet am 14. Mai 1869 die Beschlagnahmung des Meteoriten an, noch am selben Tag macht sich eine Delegation von Speyer auf nach Krähenberg, wo sie am nächsten Tag eintrifft. Dass die Gemeindeoberen nicht bereit sind, das Geschenk des Himmels herauszurücken und Entschädigungsangebote zunächst „kategorisch" ablehnen, überrascht Zeitgenossen nicht. Die „Pfälzer Zeitung" schreibt später: *„Der Ortsvorstand von Krähenberg hat gegen die Hinwegbringung des Meteoriten remonstrirt, wie es in Krähenberg und Umgebung notorisch ist."*

Doch der Widerstand ist zwecklos, die Abgesandten der Regierung nehmen den Meteoriten mit nach Speyer ins Historische Museum der Pfalz. Der Gemeinde werden als Entschädigung 100 Gulden ausgezahlt; die Grundstücksbesitzerin geht vor Gericht und erhält im Rahmen eines Vergleichs schließlich 200 Gulden. Von den Begleitumständen dieses juristischen Tauziehens darf offensichtlich einiges nicht ans Tageslicht kommen. Denn ein internes Protokoll hält hinterher fest: *„Um böse Mäuler zu stopfen, mußte man auch für drei Personen je 5 Gulden zusichern (Schweigegeld)."* Doch all das ist ein Klacks angesichts des Millionenwerts, den der Krähenberg-Meteorit heute hat.

Aufbewahrt wird das teure Stück heute im Sicherheitslager des Historischen Museums in Speyer. Krähenbergs Ortsbürgermeister Martin mutmaßt, dass es den Tresor auch für Ausstellungen nie verlässt: „Das Original ist selbst im Museum nicht zu sehen, das ist nur eine Attrappe." Ob das

Grabstätte Georg von Neumayers auf dem Hauptfriedhof in Neustadt an der Weinstraße

stimmt? Als Leihgabe war der Stein zeitweise im Pfalzmuseum für Naturkunde in Bad Dürkheim und in dessen Zweigstelle Geoskop in Kusel ausgestellt, zuletzt konnte die Öffentlichkeit ihn in der Kundenhalle der Sparkasse in Speyer bewundern. Der Sammler Hanno Strufe, der auch mit Meteoriten handelt, hält das Exemplar schlichtweg für unverkäuflich: „Selbst wenn ihn jemand klauen würde, könnte er ihn auch nicht auf dem Schwarzmarkt loswerden, das ist ein Unikat wie die Mona Lisa."

Strufe hatte schon als kleiner Junge mit seinem Hobby angefangen: „Wenn wir spazieren gingen und ich habe einen Bruchstein mit einem Quarzkristall gesehen, habe ich mir den in die Hosentasche gesteckt." Irgendwann schwenkte er dann auf Meteoriten um: „Ich habe dafür fast alle meine Mineralien weggeschafft, das ist einfach ein Platzproblem." Das Himmelsgestein übt bis heute eine starke Faszination auf den Pirmasenser aus: „Das Material ist älter als jeder Bergkristall, jeder Amethyst, jedes Fossil." Händler wie Strufe bieten in Onlineshops oder auf Mineralienbörsen eine Vielzahl von kleinen Meteoriten beziehungsweise Splitter oder Bruchstücke davon an. In Deutschland gibt es freilich lediglich 51 anerkannte Meteoritenfunde, „der Krähenberger" zählt unter ihnen zu den schwersten. Handelt es sich also tatsächlich um eine außergewöhnliche Rarität?

Das kommt darauf an. Jedes Jahr, so schätzt man, treffen rund 20.000 Meteoriten, die mehr als 100 Gramm wiegen, die Erde. Doch deren Oberfläche besteht zu 71 Prozent aus Wasser. Und von den Einschlägen im Boden werden nur die wenigsten entdeckt. Vergleichsweise häufig geschieht dies noch beispielsweise in Wüsten wie in Afrika: Weil das Material dort weniger schnell verwittert und in dieser Umgebung wegen seiner schwarzen Schmelzkruste mehr auffällt. Rainer

Bartoschewitz geht davon aus, dass gerade einmal zwei Prozent der niedergegangenen Himmelskörper gefunden werden. In der Pfalz war dies bisher nur einmal der Fall. Dabei schlägt in einer Region von der Größe der Pfalz etwa alle sieben Jahre ein kleinerer Meteorit auf, größere Brocken wie das Krähenberg-Exemplar gehen dort statistisch gesehen allerdings nur alle 185 Jahre nieder. Bartoschewitz: „Wir müssen also noch 33 Jahre warten, doch ob er dann auch entdeckt wird?"

„Der Krähenberger" war seit dem 15. Mai 1869, dem Tag seiner Beschlagnahmung durch die damalige Regierung der Pfalz, nicht mehr in dem Dorf auf der Sickinger Höhe zu Gast, dessen Namen er trägt. Auch 2009, als Krähenberg den 140. Jahrestag des Meteoriteneinschlags mit einer großen Ausstellung feierte, fehlte das wichtigste Objekt. „Es war keine Versicherung zu finden, die den Meteoriten für diese Schau hier versichert hätte", sagt Bürgermeister Martin. Immerhin gibt es in dem Ort inzwischen eine Kopie des „Krähenbergers" aus Gips. Sie wird in einer Vitrine im Dorfgemeinschaftshaus aufbewahrt, liebevoll verziert mit Plastik-Weinlaub. Ab und an kommen Schulklassen bei einem Ausflug vorbei und die Kinder dürfen den Brocken dann aus der Vitrine heben. Thomas Martin: „Da ist dann immer die Frage, wer packt ihn?" Denn die Kopie ist fast so schwer wie das Original.

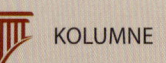 KOLUMNE

SAPPERLOT
SÜSSE STERNSTUNDEN

In der Weihnachtsbäckerei gehören Sterne zu den Favoriten. Auch in der Pfalz. Ob als „Omas Zimtsterne", „Schokoladen-Sterne Tante Friedl" oder „Ediths Nuss-Sterne" – der Phantasie sind da keine Grenzen gesetzt. Angeblich gibt es über 300 verschiedene Rezepte für solche Plätzchen. Doch irgendwann wurde die Pfälzer Sternebäckerei quasi ausgestochen. Designer wie der Berliner Philipp Berief kreierten Förmchen, um die Münchner Frauenkirche, Kölner wie Aachener Dom, Schloss Neuschwanstein oder das Brandenburger Tor klitzeklein aufs Backblech zu bringen. Pfälzer Attraktionen wurden dabei unverständlicherweise ausgespart: kein Dürkheimer Fass, kein Fritz-Walter-Stadion. Ganz anders sieht es dagegen in der großen, weiten Welt aus, deren Wahrzeichen sich natürlich auch längst versüßen lassen: Ob Eiffelturm, Freiheitsstatue, Chinesische Mauer, Akropolis oder Big Ben – für deren charakteristische Silhouetten findet man jeweils die passenden Ausstecher.

Auf diese Weise kann übrigens eine Bescherung schnell zur vanillezuckrigen Weltreise werden. Etwa ohne einen Abstecher in die Pfalz? Nein. Denn inzwischen haben die Pfälzer das Ruder herumgerissen. Besonders energisch tat dies beispielsweise der Dombauverein Speyer. Er brachte 2021 die Westfassade des Doms als Ausstechform heraus: Die 65,60 Meter vom Boden bis zur Turmspitze des Originals werden damit auf kompakte und handliche zehn Zentimeter gebracht. Dass der

Etwa 4,5 Milliarden Jahre alt: der Krähenberg-Meteorit, der dem Historischen Museum der Pfalz in Speyer gehört.

Verein gleich einen Domplätzchen-Backwettbewerb auslobte, kurbelte den Verkauf zusätzlich an. Die ersten 500 Stück des Domausstechers waren binnen weniger Tage weg. Und auch ein anderes Wahrzeichen der Pfalz kann man sich seit Neuestem – ob süß oder salzig – auf der Zunge zergehen lassen: das Hambacher Schloss. Die Neustadter Tourist-Information schnürt daraus gleich ein Paket: Zu der Ausstechform gibt es 500 Gramm „Plätzchenmehl" einer Pfälzer Mühle und eine Glühweintasse.

Das passt. Denn Pfälzer Andenken sind heutzutage meist Sachen zum Naschen und Trinken. Früher durfte man sie dagegen noch kräftig schütteln. Den Speyerer Dom, das Weintor in Schweigen oder das Dürkheimer Riesenfass gab es damals auch als Schneekugel. Sie war das klassische Souvenir der 1950er- und 1960er-Jahre; nicht nur in der Pfalz, sondern überall dort, wo die Deutschen gerne hinreisten. 44 Jahre lang betrieb Hilde Scheydt ihren Andenken-Kiosk am Weintor, 1994 schloss sie das Geschäft. Zu dem Zeitpunkt war die Weintor-Schneekugel freilich schon lange aus dem Sortiment verschwunden: „Da hatte das Interesse einfach nachgelassen", erinnerte sich Scheydt später. Wie schade, denn der Miniaturschnee aus Plastik war einfach zauberhaft.

Als Ersatz kann man sich jetzt wenigstens ein paar Pfälzer Wahrzeichen backen. Aber auch als Pfälzer Patriot muss man ehrlich sein: Eine Zinne vom Hambacher Schloss oder die Spitze eines Domturms abzubeißen, macht lange nicht so viel Vergnügen wie das Schnabulieren eines Stern-Plätzchens mit seinen Zacken, die sich genussvoll und reihum wegknabbern lassen.

Der Christkindelsfelsen oberhalb von Rumbach

Foto: S. 178, Nr. 3, 179: Ulrich Büttner

DIE CHRISTKINDELSFELSEN IM WASGAU
WELT VOLL WUNDER

Der Wasgau ist besonders reich an faszinierenden und sagenumwobenen Felsformationen. Zwei von ihnen sollte man gerade in der Adventszeit aufsuchen: Denn die beiden Christkindelsfelsen bei Rumbach und Eppenbrunn im Landkreis Südwestpfalz sind Orte der Wünsche, vieler Erinnerungen, der Geschichte und vor allem der Phantasie. Es sind zwei besondere Plätze im Pfälzerwald, deren Aura auf Schritt und Tritt zu spüren ist.

Wer zum Christkindelsfels von Rumbach will, muss ganz am Ende eine steile Metalltreppe hinaufsteigen. Die 23 Stufen sind schmal, die Treppe ist eher eine Leiter – diese Schlussetappe erfordert, zumal bei Nässe, etwas Konzentration. Deshalb dürfte manch einer die kleine Krippe auf dem Felssims übersehen, obwohl die Hand, mit der man sich am Geländer festhält, fast Josefs Mantel berührt. Es ist eine eher moderne Darstellung aus schwarz lackiertem Metall, nur das Jesuskind leuchtet golden. Aus einer Art Mini-Gondel, die über der Szene schwebt, schaut ein En-

Blick vom Christkindelsfelsen auf Rumbach.

gel zu. Frieden auf Erden. Nirgendwo ist man vielleicht der Weihnachtsbotschaft für einen wunderbaren Augenblick näher als hier am Christkindelsfelsen auf Stufe 11 der Leiter.

Vor Jahren war es noch eine andere Krippe gewesen: weniger modern, dafür wärmer, menschlicher. Das Jesuskind war auf frischem Moos gebettet, manchmal auch auf Tannenzweigen. Und auch die Heiligen Drei Könige hatten sich auf den schmalen Felssims gewagt. Möglicherweise waren Vandalismus oder eine Orkanböe der Grund, weshalb die alten Figuren aus Ton verschwunden sind oder ausgetauscht wurden. Die neue Krippe ist jetzt auf jeden Fall sturmfest, man hat sie auf dem Sandstein festgeklebt.

Ganz oben haben Wanderer einen prächtigen Blick hinunter auf Rumbach. Dort kennt man die Sage vom „Christkindl-Fels" bestens: Wenn im späten Herbst die Nebelschwaden durchs Tal hoch auf die Berge ziehen, sieht es aus, als ob Rauch aufsteigt. Die Eltern, so heißt es, hätten dann angeblich früher ihren Kindern geheimnisvoll zugeflüstert: „Schaut, das Christkindl backt Bretcher." Gemeint war Weihnachtsgebäck. Und wenn der Felsen über Rumbach schließlich im Abendrot aufglühte, sagten die alten Rumbacher oft: „Jetzt müssen die Engel helfen, das Christkindl schafft es nicht allein." Mit etwas Phantasie kann man am Fuß des Felsblocks tatsächlich einen Backofen im Gestein erkennen.

Unten am Weg führen beidseits des Christkindelsfelsens vier Stollen in den Berg, die zwischen 30 und 160 Meter lang sind. Bautrupps der Nationalsozialisten hatten sie zu Beginn des Zweiten Weltkriegs in den Buntsandstein getrieben. Die Stollen waren ursprünglich als Munitions- und Versorgungslager gedacht. Als die Amerikaner gegen Kriegsende vorrückten, wurden sie dann

Wurden erst in den 1980er-Jahren verschlossen: die vier Stollen unterhalb des Rumbacher Christkindelsfelsens.

zweimal zum Zufluchtsort für die zurückgebliebene Bevölkerung. Im Rumbacher Rathaus hatte sich ein Hauptverbandsplatz der deutschen Truppen befunden; der heute so abgeschieden wirkende Ort war damals Teil des Kampfgebietes und lag immer wieder unter Beschuss. „Die Granateinschläge in und um das Dorf gingen in das Tausendfache", berichtet Rumbachs Alt-Bürgermeister Heinrich Kindelberger (1885-1955) in seinen Lebenserinnerungen. Darin schildert er auch, welche Zivilcourage und Standhaftigkeit erforderlich waren, um den Rückzug in die Stollen gegen den Widerstand von Parteifunktionären der NSDAP und Polizei durchzusetzen. „Niemand darf hierbleiben", habe der Ortsgruppenleiter angeordnet. Was ihm ein Hauptmann der Gendarmerie ins Gesicht geschrien hatte, notiert Kindelberger später so: „Über den Rhein müßt ihr, der Russe ist 800 Kilometer gelaufen, so könnt ihr auch einmal 80 Kilometer laufen." Die Antwort des Bürgermeisters: „Wenn der Krieg irgendwo über mich hinwegrollt, dann soll er lieber hier in der Heimat über mich hinwegrollen als draußen in der Fremde."

Die Rumbacherin Waltraud Bischoff hat vor Jahren die Erinnerungen von Zeitzeugen an diese Tage zusammengetragen. 38 Personen aus elf Haushalten – vor allem Kinder, Frauen und ältere Männer – verließen am 14./15. Dezember 1944 mit Leiterwagen voller Lebensmittel und Haushaltsgeräten den Ort und zogen sich zunächst für rund vier Wochen in die Stollen zurück. Vorübergehend konnten sie zwar wieder nach Hause, im Frühjahr 1945 mussten sie aber erneut im Berg Schutz suchen. „Für die Erwachsenen war es eine schwere Zeit, während die Kinder sie als Abenteuer erlebt haben", fasste Bischoff ihre Gespräche zusammen. Rumbacher, die damals als Mädchen und Buben dabei waren, erzählten noch lange Zeit später von „gemütlichen Märchenstunden". Tatsächlich aber tropfte von der Decke das Wasser auf die Lauschenden. Es war ein dürftiges, feuchtes Notlager. Die Temperatur in den Stollen beträgt im Winter zwischen sechs

Geheimnisvolle Ecke: der Hang unterhalb des Eppenbrunner Christkindelsfelsens.

und neun Grad. Man hielt zusammen, aber es kam auch zu Konflikten, wie Bischoff herausgefunden hat. Große Spannungen habe es unter den Stollenbewohnern beispielsweise wegen einer unerlaubten und versteckten Waffe gegeben: „Sie wurde aufgestöbert und in einem Kothaufen versenkt; es war damals streng verboten und lebensgefährlich, eine Waffe zu besitzen."

An Weihnachten 1944 wurde im vierten Stollen am Christkindelsfelsen ein Gottesdienst gefeiert. Der Rumbacher Pfarrer Ernst Köhle, den Altbürgermeister Kindelberger in seiner Rückschau als „ein Mann in treuester Pflichterfüllung" charakterisiert, hatte zuvor zusammen mit anderen Mutigen Gesangbücher und ein paar Kerzen aus dem Dorf geholt. „Es wurde die Weihnachtsgeschichte gelesen, wir haben Stille Nacht gesungen und gebetet, die Kinder saßen auf den Betten, die in den Stollen aufgestellt waren", berichtete die damals 30-jährige Karolina Görtler später über diese Christnacht.

Ihren Pfarrer haben die Rumbacher nach diesem besonderen Gottesdienst nicht mehr wiedergesehen. Köhle wollte am zweiten Weihnachtsfeiertag zu seiner Familie zurück, die in Waldfischbach bei Verwandten untergekommen war. Als er auf dem Weg dorthin in Dahn eintraf, lag der Ort plötzlich unter feindlichem Beschuss. Köhle wurde von einem Granatsplitter am Hals getroffen. Sein Leben endete wenig später in einem Gasthaus mit Bäckerei, zu dem er sich noch geflüchtet hatte. Die Rumbacher Autorin Lilo Hagen hat in einer ihrer Erzählungen die letzten Minuten Köhles gefühlvoll und bedrückend beschrieben: *„Dem Mann, der sich auf dem Boden der Backstube krümmte, war bei all der Qual der letzten Jahre Gottes Wort immer Trost und Licht gewesen, es hatte seinem Tun und Handeln Sinn gegeben."* Rumbach war eine Hochburg der Nationalsozialisten, Köhle sah sich immer wieder Schikanen ausgesetzt. Hagen schildert, wie der Pfarrer

Christkindelsfelsen und Fledermausstollen sind von Rumbach aus gut zu erreichen.

 TOURTIPP

DIE WEGE ZU DEN CHRISTKINDELSFELSEN

Der Fels bei Eppenbrunn: Wanderparkplatz Eselsteige (Wasserscheide) an der L 478 zwischen Eppenbrunn und Fischbach – Christkindelfels (1,4 km) – Wanderheim Hohe List (2 km), von dort Fortsetzung möglich auf „Eulenfels-Tour": Eppenbrunn (8 km) – Wanderparkplatz Eselsteige (13 km). Markierung: grünes Kreuz (bis Hohe List) bzw. Eule auf Fels. Rastplatz am Christkindelfels, Einkehrmöglichkeit: PWV-Haus Hohe List, geöffnet: samstags 10-18 Uhr, sonn- und feiertags 11-18 Uhr, mittwochs (von Pfingsten bis Ende Oktober) 11-18 Uhr. Info: www.hohelist.de.
ÖPNV: Keine Verbindung zum Wanderparkplatz. Busverbindung Pirmasens - Eppenbrunn (Linie 255, nur werktags), Wochenende Ruftaxi (Linie 2563, Telefon: 06331/228899).

Der Fels bei Rumbach: Parkplatz an der Christuskirche in Rumbach – Stollen (1 km) – Christkindelfels (1,4 km), von dort Fortsetzung möglich auf „Panoramaweg": Rastplatz Langentalblick (2,6 km) – Parkplatz Christuskirche (4,8 km). Markierung: weißes Auge auf orangefarbenem Grund.
ÖPNV: Linie 251 (Bus) bzw. Linie 2551 (Ruftaxi, Telefon: 06391/1824) von Hinterweidenthal bzw. Dahn nach Rumbach. Mai bis Oktober: Ausflugszug „Bundenthaler" bis Bundenthal.

Wer beide Christkindelsfelsen an einem Tag besuchen möchte, braucht ein Auto: Die Ausgangspunkte für die Wanderungen liegen zwar nur 20 km voneinander entfernt, mit öffentlichen Verkehrsmitteln ist dies aber dennoch kaum zu schaffen. Wer nur zu den Felsen will, muss nicht weit wandern – es sind gemütliche, kinderfreundliche Kurztouren. Beide Besuche lassen sich jedoch auch jeweils in einen Rundweg einbauen. Der Eppenbrunner Fels ist eine Station der „Eulenfels-Tour", einem der neuen Premiumwanderwege in der Südwestpfalz. Namensgeber ist der Eulenfelsen, von diesem Sandsteinriff hat man einen beeindruckenden Fernblick über den Pfälzerwald. Der Abstecher zum Christkindelsfelsen bei Rumbach ist ebenfalls mit einer Rundtour kombinierbar: Der „Panoramaweg" umkreist Rumbach in einer großen Schleife. Wer es spektakulärer mag: Der Rumbacher Felsen liegt am Schlussabschnitt des „Felsenland Sagenwegs". Dieser 86 km lange Weitwanderweg (Markierung: kleines Gespenst auf blauem Grund) führt in fünf Etappen von Dahn nach Bruchweiler-Bärenbach – 26 Sagen-Schauplätze, Burgen, idyllische Wiesentäler und Waldseen inklusive.

Info: „Eulenfels-Tour", www.urlaubsregion-pirmasens.land.de (Rubrik „Premiumwanderwege"). „Panoramaweg Rumbach": www.dahner-felsenland.net (Rubrik „Premium-Spazierwanderwege"). „Felsenland Sagenweg": www.dahner-felsenland.net (Rubrik „Wandern").

Erinnerte 2004 mit einer Friedensandacht vor den Stollen an die Geschehnisse an Weihnachten 1944: der damalige Rumbacher Pfarrer Ralph Gölzer.

verblutet, wie er sein Ende kommen sieht. Und wie er in diesen letzten Minuten nach dem Warum fragt, sich daran klammert, dass seine Familie und Gemeinde ihn doch noch so nötig brauchen. Lilo Hagen gibt vor zu wissen, was der Sterbende zu vernehmen glaubt. Es ist ein Lied, das der Pfarrer zuletzt immer an das Ende seiner Gottesdienste gestellt hatte und das von den verbliebenen Kirchgängern mit Inbrunst mitgesungen worden war. *„Ach, daß ich hören sollt das Wort / erschallen bald auf Erden, / daß Friede sollt an allem Ort, / wo Christen wohnen, werden! / Ach daß uns doch Gott sagte zu / des Krieges Schluß, der Waffen Ruh / und alles Unglücks Ende!"* Diese Schilderung entspringt in Teilen der Gedankenwelt der Autorin, die Realität war wohl schnöder, bitterer, trostloser. Ernst Köhle starb nicht in der warmen Backstube, sondern im Keller. Allein war er allerdings nicht; die Gastwirtsfamilie versorgte ihn so gut, wie es möglich war. Retten konnte sie ihn nicht.

Es gibt noch eine andere Version der Vorgänge in diesem Winter. Die Dorfgemeinschaft war gespalten, die Nationalsozialisten bestimmten aber noch. Als die Rumbacher sich im Dezember 1944 das erste Mal in die Stollen zurückzogen, wurde dies der Familie des Pfarrers verwehrt. Sie wurde offenbar unter Drohungen gezwungen, Rumbach zu verlassen. Trotz der Spannungen und der Anfeindungen machte sich Köhle dann aber an Weihnachten von Waldfischbach auf, die von ihm betreuten Gemeinden aufzusuchen. Erst Dahn, dann später bei Schnee und Eis auch Rumbach.

Die Stollen waren nach dem Krieg noch lange Zeit zugänglich, erst Anfang der 1980er-Jahre wurden sie zugemauert beziehungsweise mit schweren Eisentoren verschlossen. Es blieben aber kleine Öffnungen, die Stollen dienen deshalb inzwischen Fledermäusen als Winterquartier. Rund

Große Mausohr-Fledermaus

Wimperfledermäuse

50 Exemplare von sechs verschiedenen Arten sind es pro Saison, darunter die Kleine Bartfledermaus, das Große Mausohr und die Wimperfledermaus. „Rumbach gehört zu den sicheren Quartieren, da sind die Bestände seit Jahren relativ stabil", weiß Werner Mang vom Fledermausschutz Südwestpfalz des NABU. Mit einer kleinen Gruppe geht er jeden Winter in jene Stollen, deren Eingänge sich von Berechtigten noch öffnen lassen. Die Naturschützer zählen dort die Tiere, die teils von der Decke hängen, teils für den Winterschlaf in Felsspalten geschlüpft sind. Vorsicht, Ruhe, wenig Licht und Bedacht ist bei dieser Aktion Pflicht. „Wenn die Fledermäuse aufgeweckt würden und ausfliegen, dann besteht die Gefahr, dass sie verhungern, weil es im Winter keine Insekten gibt", sagt Mang.

Wer durch die Schlitze in die Stollen hineinspäht, sieht nichts. Die Zeit ist dennoch nicht stehen geblieben: Was 1944/45 für die Rumbacher ein Notquartier war, wo Blecheimer als Toilette dienen mussten, ist heute wichtiger Teil eines grenzüberschreitenden Projekts, mit dem 160 solcher Rückzugsorte für Fledermäuse gesichert werden sollen. Ihnen machen Feuchtigkeit, Dunkelheit und Temperaturen zwischen sechs und neun Grad nichts aus. Im Gegenteil. Dennoch sind viele Fledermausarten gefährdet und stehen auf der Roten Liste. Ihre Feinde: der Straßenverkehr, Windenergieanlagen, der Verlust von Biotopen, der Einsatz von Pestiziden und der damit verbundene Rückgang von Insekten – also ihrer Nahrungsquelle. Die Wimperfledermaus, die Werner Mang und seine Mitstreiter immer wieder in den Stollen gesichtet haben, gilt in Rheinland-Pfalz als vom Aussterben bedroht. Rumbach ist gerade für diese Art, die ihren Namen von den feinen Haaren an der Schwanzflughaut hat, ein bedeutsamer Stützpunkt. Der Pfälzerwald wird von Experten inzwischen sogar als „das wichtigste Überwinterungsgebiet" der Wimperfledermaus in Deutschland eingestuft.

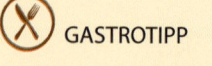

RESTAURANT „MARCOOK"

Dieses Restaurant ist in vielerlei Hinsicht eine Überraschung: Das „Marcook" liegt zwischen Rumbach und Bundenthal (Landkreis Südwestpfalz) auf der Höhe, fern der Zivilisation, dafür aber neben einem kleinen Flugplatz mit Rasenpiste. Ein Traumort für die Liebhaber später Sonnenuntergänge und der mediterranen Küche. Hausgemachte Antipasti, vom Grill Meeresfrüchte wie Schwertfisch oder Oktopus und Fleischspezialitäten wie Pluma vom Iberico-Schwein oder Lammcarrée – die Tageskarte wechselt. Veronika und Markus Burkhart betreiben ihr Restaurant seit 2015 mit viel Herz und Begeisterung. Weil die beiden alles alleine stemmen, ist die Gästezahl begrenzt. Deshalb: unbedingt reservieren. Wer keinen Platz mehr bekommt, aber nach einer Wanderung zum Christkindelsfelsen nicht hungrig nach Hause zurückkehren will, findet unten in Rumbach im Wirtshaus „Zum Salztrippler" ein solides Schnitzel- und Flammkuchen-Angebot.

„Marcook Restaurant am Söller",
Flugplatz 1, 76891 Bundenthal,
Telefon: 06394/9215757 oder
0160/96740353,
info@am-söller.de,
www.marcook.de
Sitzplätze: 25, Öffnungszeiten:
Mitte März bis November, Do bis So
ab 16 Uhr. Hauptgerichte: 30-35 Euro.

Wirtshaus „Zum Salztrippler",
Ortsstraße 13, 76891 Rumbach,
www.zumsalztrippler.de

Eine Infotafel am Stollen gibt Auskunft über das Fledermausschutz-Programm. Eine weitere beschreibt detailliert das karge Leben der Rumbacher in ihrem Versteck im letzten Kriegswinter. Erwähnt werden auf dieser Tafel auch Ernst Köhle und der Weihnachtsgottesdienst, den er im vierten Stollen gehalten hatte. 60 Jahre später erinnerte der damalige Rumbacher Pfarrer Ralph Gölzer noch einmal an die Geschehnisse von damals: Er hielt an Heiligabend 2004 unterhalb des Christkindelsfelsens eine Friedensandacht ab. Im Tal gibt es nur noch einen kleinen Hinweis auf Köhle: Sein Name steht auf einem Gedenkstein für die Toten und Opfer der beiden Weltkriege. Mehr nicht. Dabei gäbe es noch einiges aufzuarbeiten. Denn nach Köhles Tod durfte seine Familie dann, was ihr vorher verwehrt worden war: mit in die Stollen, als sich die Rumbacher dorthin im März 1945 beim Vorrücken der US-Truppen erneut flüchteten.

Rund 20 Kilometer weiter westlich geht es zum zweiten Christkindelsfelsen, der bei Eppenbrunn zu finden ist. Man erreicht ihn bequem über einen Waldweg, der weiter zum Wanderheim „Hohe List" führt. Die großen Steine auf dem Plateau liegen da wie heruntergefallene Wolken. Ein wenig steht die Welt dort Kopf. Der Fels ist seit Jahren ein Wünsche-Revier der Kinder. Sie hängen in der Vorweihnachtszeit gerne Zettel mit Botschaften ans Christkind in Sträucher und Bäume. „Mein größter Wunsch ist ein weißer West-Highland-Terrier – wenn ich den bekomme, möchte ich nichts mehr zu Weihnachten", schreibt die neunjährige Vivien. Paul wünscht sich als erstes „Gesundheit" und dann ein „Flughafenlöschfahrzeug". Viele Herzensanliegen sind garniert mit Lametta und Kugeln, das Christkind bekommt an diesem Felsen alle Hände voll zu tun. Nur Sophia (9) hat am Ende ihrer langen Liste ein Einsehen: „Nicht alle Wünsche müssen in Erfüllung gehen."

Wenn die Wunschgalerie gerade frisch aufgehängt ist, mag sie wie ein Märchenwald aussehen. Und wenn der Dezembernebel im Tal hängt und die Wintersonne verheißungsvoll über den Christkindelsfelsen streicht, dann scheint es tatsächlich so, als könnten all die Kindersehnsüchte bis zum Himmel fliegen. Wenn aber

„Pauls" Wunschzettel am Christkindelsfelsen bei Eppenbrunn.

Weihnachtsschmuck und Briefe ans Christkind hängen in den Zweigen.

erst einmal Regenschauer die Zettel durchweicht haben, dann wirkt die Szenerie auf dem Felsen doch sehr unfeierlich. Forstrevierleiter Hartmut Knoll: „Für die Kinder ist das natürlich eine schöne Sache, aber leider ist es so, dass der Schmuck nach einiger Zeit unansehnlich wird." Weil Sturmböen die Zweige immer wieder einmal durchschütteln, fallen etliche Überbleibsel der Wünschezeit auch zu Boden. Richtig zum Problem kann das dann bei Sonnenschein werden. „Die konkaven verspiegelten Flächen der zerbrochenen Kugeln wirken wie Brenngläser, wodurch die Waldbrandgefahr im Sommer extrem ansteigt", sagt Knoll. Deshalb gibt es inzwischen am Eppenbrunner Christkindelsfelsen jedes Frühjahr eine Aufräumaktion.

Am Pendant bei Rumbach ist die Situation ähnlich. „Tatsächlich ist alle Deko nach Weihnachten nur noch Müll im Wald und damit auch eine Gefahr für die Waldtiere", ärgert sich die für diesen Bereich zuständige Revierleiterin Bettina Weber. Auch an diesem Felsen werden die Reste vom Fest dann auf Kosten von Forst und Gemeinde immer wieder entfernt. Weber wünscht sich mehr Umweltbewusstsein: „Gerne kann die Tradition weitergehen, aber verantwortungsvolle Erwachsene sollten nach dem Event alles wieder abräumen für das nächste Weihnachten."

Oben auf den beiden Plateaus hat mancher Glanz also auch seine Schattenseiten. Wer sich aber an dem Eppenbrunner Felsen auf einem kaum sichtbaren Pfad zum Fuß des fast 18 Meter hohen Blocks vortastet, taucht tatsächlich in eine andere Welt ein: Es ist ein unschuldig-reines Zauber- und Elfenland. Und ein Platz für Träumereien und Sagenhaftes. Dort mag vor vielen Jahren Elisabeth Emmler gestanden und sich Inspirationen für eine ihrer Weihnachtsgeschichten geholt haben. Die 1998 verstorbene Pirmasenserin gilt als eine der bedeutendsten Scherenschnitt-Künstlerinnen Deutschlands. Nach der Schulzeit war Emmler als Stenotypistin in die Leh-

Die alte Krippe mit den Heiligen Drei Königen am Rumbacher Christkindelsfelsen

re gegangen, ihr Herz gehörte aber schon früh dem Scherenschnitt. An der Kunstschule beschäftigte sie sich intensiv mit Illustrationen, ihre filigranen Werke aus Licht und Schatten bebilderten später viele bekannte Kinderbücher. Emmlers großes Thema war die Natur, die Märchenwelt, das Land der Phantasie. Darum ranken sich ihre Scherenschnitte, von denen sie mehrere Zehntausend fertigte, und auch ihre Erzählungen, die sie schrieb. „Wenn du Märchenaugen hast, ist die Welt voll Wunder", das war so etwas wie Emmlers Lebensmotto, diesen Satz verwendete sie beim Signieren oft und gerne. Ihre Geschichten sind wie ihre Scherenschnitte liebevoll gestaltet bis ins kleinste Detail und geprägt von einer hoffnungsfrohen Sicht auf das Leben. Als Kulisse nahm Emmler dafür auch immer wieder die Pfälzer Landschaft.

So auch wohl in diesem Fall: *„Ich möchte heute die Geschichte vom Christkindelfelsen erzählen – von ihm ist nichts mehr überliefert. Es wird aber einmal so gewesen sein, wie es meine Phantasie mir eingibt."* Es ist die Geschichte einer armen Familie, deren sieben Kinder oft hungrig ins Bett gehen müssen; ihre Weihnachtsgeschenke sind aus Kochlöffel und Stoffresten gebastelte Puppen. Täglich zieht die Familie in den Wald, um Beeren zu pflücken und Holz zu sammeln, beides wird in der Stadt verkauft. Zwei Tage vor Weihnachten erleben Eltern und Kinder im Wald Seltsames: *„Sie gingen näher – und da – unter einem Vorsprung, der eine Vertiefung im Fels überdachte, standen sie staunend und wundersam berührt von einem Glanz so überirdisch schön – Strahlen fielen auf ihre Gesichter und auf die Schneeflocken und verwandelten sie in viele, viele glitzernde Sterne. Inmitten des Glanzes konnten die Leute plötzlich etwas wahrnehmen, was ihnen wie ein Traum erschien. Auf Stroh gebettet lag das Christkind, Maria und Josef knieten daneben, ein kleiner Engel schwebte in der Luft."* Der Glanz verblasst schließlich, doch auf ihrem Karren finden die Kinder plötzlich drei echte Puppen, ein Schaukelpferd, einen Ball und eine Trompete. Voller Freude laufen sie nach Hause,

Die neue Krippe

Scherenschnitt von Elisabeth Emmler

diesmal kann die Familie ein glückliches Weihnachten feiern: „*Dann ging die Tür auf und sie sahen die Lichter auf dem Bäumchen strahlen – Vater stimmte ein Weihnachtslied an und alle sangen mit und sahen sich dabei vor dem Felsen im Wald stehen und ganz deutlich trat noch einmal das Wunderbare vor ihre glänzenden Augen.*"

Emmlers Erzählung erschien erstmals 1985, elf Jahre später wurde sie nochmals in ihrem Buch „Weihnachts-Geschichten" veröffentlicht, die sie mit mehreren anrührenden Scherenschnitten illustriert hat. Einer zeigt die Familie unter dem Christkindelsfelsen stehen. Emmler nennt keinen genauen Ort; aber es könnte genau jene Zauberland-Ecke unterhalb des Eppenbrunner Felsens sein, zu der man auf dem kaum sichtbaren Pfad gelangt. Für die Autorin und Künstlerin ist offensichtlich, wie der Felsen zu seinem Namen kam. Die Nachricht von der außergewöhnlichen Bescherung der armen Familie habe schnell die Runde gemacht: „Einer erzählte es dem anderen und dann sprach jeder nur noch vom Christkindelfelsen – bis zum heutigen Tag."

Beide Felsen gehören „zu den verborgenen Kleinoden im Wasgau", sagt Heinz Illner, der frühere Präsident der Vereinigung Pfälzer Kletterer. In den 1980er- und 1990er-Jahren seien an den zwei Felsen einige Kletterrouten erschlossen worden, die jedoch nur wenig wiederholt wurden. Bleibt noch die Frage der unterschiedlichen Schreibweisen. Im Falle Rumbachs ist vom „Christkindl Fels" oder „Christkindelsfels" die Rede, die Stelle bei Eppenbrunn wird auf alten topographischen Karten als „Christkindlfelsen" oder „Christkindelfelsen" bezeichnet. Heinz Illner: „Im Kletterführer von 1992 werden beide Felsen als Christkindelsfels bezeichnet." Was nun der Ursprung und die tiefere Bedeutung dieser Wortspielereien sei, bleibe im Dunkeln, sagt der Pfälzer Naturliebhaber: „Es ist wahrscheinlich auch nicht so wichtig; uff Pfälzisch nennt man beide Felsen eh Chrischtkinnelfels."

Fotos: S. 188: Ulrich Büttner; S. 189: Rolf Schlicher; Stadtarchiv Pirmasens

Der Christkindelsfelsen bei Eppenbrunn ragt wie ein Riff in den Himmel.

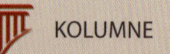 KOLUMNE

SAPPERLOT
FROHES FEST, „SCHACHTELMÄNNCHE"

Der Weihnachtsmarkt in Kaiserslautern unterscheidet sich wenig von anderen Angeboten dieser Art in der Pfalz: Es gibt Glühwein und Bratwurst. Beides heiß, beides dampfend. Doch wer sich mit seinem Becher ein paar Schritte von der Budenstadt entfernt, Lärmen und Lachen hinter sich lässt, macht eine ungewöhnliche Begegnung: Dort in der Seitenstraße steht das „Schachtelmännche". Durch den Glühweindampf betrachtet hat die Figur fast etwas Weihnachtliches: Die Schachteln und Kartons, die der Mann mit sich schleppt, sehen wie Geschenke aus. Ein besonderer Paketdienst sozusagen.

Doch wenn der Dezemberwind den Glühweindampf beiseite bläst, erkennt man, wie struppig und grimmig dieses Männchen eigentlich ist – Weihnachtsmänner kommen anders daher. Die mit dem Sockel etwa zwei Meter hohe Skulptur aus Sandstein erinnert an ein Kaiserslauterer Original. Meist stand der kleine, rundliche Mann mit einem Bart, der angeblich bis zum Hosenbund reichte, beim Kiosk am Stiftsplatz. Stets war er beladen mit Schachteln und Koffern, aus denen er Zigarettenpapier, Schuhbändel und anderen Kleinkram anbot.

Ein Hausierer also. Und zwar ein sehr ungepflegter, wie es heißt. Geboren wurde das „Schachtelmännche" 1872 als Karl Hager im baden-württembergischen Crailsheim. Nach der Schule lernte er Schriftsetzer. Als er 22 war, starb sein Vater, ein Jahr später die Mutter. Dann verliert sich zunächst die Spur, bis Hager 1915 kurz

Elisabeth Emmler

INFO

SCHERENSCHNITT-KABINETT IN PIRMASENS

Die Stadt Pirmasens besitzt den kompletten Nachlass der 1998 verstorbenen Scherenschnitt-Künstlerin und Autorin Elisabeth Emmler, darunter rund 350 ihrer Schnitte, Aquarelle und Zeichnungen. Eine Auswahl zeigt das Museum Altes Rathaus in einer Dauerausstellung. Emmlers bevorzugte Themen waren Märchen, Sagen und die Pfälzer Landschaften, ihre Arbeiten zeichnen sich durch sehr viel Liebe zum Detail aus.

Scherenschnitt-Kabinett von Elisabeth Emmler im Stadtmuseum Altes Rathaus, Pirmasens, Hauptstraße 26 (Fußgängerzone), geöffnet, Di bis So, 14-17 Uhr.

vor Weihnachten in Kaiserslautern auftauchte. Dort fand er zunächst bei einer Zeitung eine Beschäftigung in seinem Beruf, nach dem Ersten Weltkrieg wurde er aber arbeitslos. Und wie man sich später erzählte, soll auch eine „unglückliche Liebe" daran schuld gewesen sein, dass Hagers Leben keinen bürgerlichen Verlauf nahm und er zum „Schachtelmännche" wurde. Im Sommer schlief er im Wald und im Winter im Keller der Gastwirtschaft „Zu den drei Mohren". 1939 kam Hager in ein Kaiserslauterer Bürgerhospital. Nach intensiven Waschungen und einem Haarschnitt erkannte man das „Schachtelmännche" nicht mehr wieder, wenn es – jetzt ohne Schachteln und im Ruhestand – mit einem Spazierstock durch die Stadt schlenderte. 1943 erlitt Karl Hager einen Schädelbruch, an seinem 71. Geburtstag starb er. Die Erinnerungen an das einstige Original sind verblasst. Selbst alteingesessene Lautrer kennen lediglich den Spottnamen, wissen aber weiter nichts damit anzufangen.

Auch die Sandsteinfigur, mit der man dem unglücklichen Lebenskünstler ein Denkmal gesetzt hat, schweigt sich aus: Nur „Schachtelmännche" steht auf dem Sockel – mehr nicht. Womöglich birgt aber jener eine Karton, der seltsamerweise nicht wie alles andere an der Skulptur aus Stein, sondern aus Metall ist, ein Geheimnis. Vielleicht ein Tagebuch?

Der Glühwein dampft. Es liegt an diesem Abend freilich nicht am Dunst, wenn das „Schachtelmännche" fast doch etwas weihnachtlich anmutet: Jemand hat eine rote Christbaumkugel auf eine seiner Schachteln gelegt. Ein passendes Geschenk, eine schöne Geste. Als wollte da jemand sagen: „Frohe Weihnachten, Schachtelmännche!"

Fotos: S. 190: Rolf Schlicher; S. 191: Stadtarchiv Pirmasens

Die Fünfspitze auf der Moschee im Schwetzinger Schlossgarten sind mit Halbmonden verziert.

DER ERSTE PFÄLZER BLITZABLEITER

FÜNFFACHER GENIESTREICH

Es ist ein ungewöhnliches Experiment. Im Hochspannungslabor der Technischen Universität (TU) Kaiserslautern kommt 2006 ein Nachbau des ersten Pfälzer Blitzableiters auf den Prüfstand: der sogenannte „Hemmersche Fünfspitz". Die Erfindung ist zu diesem Zeitpunkt bereits 230 Jahre alt. Das Gerät erinnert heute eher an eine traditionelle Dachantenne für den Radio- und Fernsehempfang. Die Mittelstange wird durch zwei sich kreuzende Querstreben ergänzt, deren Spitzen in alle Himmelsrichtungen ragen. Konstruiert hatte die „Maschine", wie er seine Apparatur nennt, der 1733 im westpfälzischen Horbach geborene Johann Jakob Hemmer. Er ist ein Universalgenie, ein Tausendsassa der Wissenschaften: Theologe, Sprachforscher, Physiker und Meteorologe. Auf rund 150 Gebäude hatte Hemmer damals seinen fünfzackigen Blitzableiter gesetzt; in der Pfalz unter anderem am Schloss in Trippstadt, auf Hofkirche und Schloss in Oggersheim, auf ein Landhaus im heutigen Neustadter Ortsteil Mußbach, in Frankenthal auf eine Gastwirtschaft und das Haus eines Arzneihändlers, in Zweibrücken auf Wohnhaus und Stallungen eines Freiherrn

Ein Modell eines Hemmerschen Fünfspitzes wird im Technoseum Mannheim ausgestellt.

Dieses Ölgemälde des Mannheimer Hofmalers Johann W. Hoffnas von 1779 zeigt wohl Johann Jakob Hemmer.

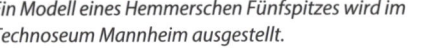

sowie in Kaiserslautern auf etliche Kirchen und ein Kaufhaus. Doch durchgesetzt hat sich diese Spezialkonstruktion später offensichtlich nicht. Denn was heutzutage auf den Dächern zu sehen ist, sind einzelne Fangstangen – ohne Fünffachschutz.

Im Hochspannungslabor der TU Kaiserslautern lassen sich Blitze mit einer Spannung von bis zu einer Million Volt künstlich erzeugen. Dem Hemmerschen Oldtimer stand also eine harte Belastungsprobe bevor. Zum Testteam gehörte damals auch der Wissenschaftler Karsten Glöser, heute Professor für regenerative Energiesysteme an der Hochschule Kaiserslautern. Sein Fazit: „Bei mehrfachem Beschuss des Fünfspitzes durch die Blitzstoßspannung erfüllte er seine Funktion tadellos." Potzblitz! Eine solch überaus positive Bestätigung hätte Johann Jakob Hemmer zu seinen Lebzeiten gut gebrauchen können. Denn Aberglaube und Zweifel waren weitverbreitet; bis weit ins 18. Jahrhundert hinein wurde hinter einem Blitzeinschlag nicht eine Naturgewalt, sondern ein göttliches Strafgericht gesehen, das der Mensch nicht verhindern darf. Für große Teile der Bevölkerung galt es deshalb als Frevel, Blitze abzuleiten und sich so aktiv gegen Gottes Willen zu stellen. Wie man sich stattdessen gegen Gewitter zu wappnen suchte, führt eine Schilderung aus dem Jahr 1782 vor Augen: Schutzsuchende wickelten sich beispielsweise in die Häute von Kälbern und Seehunden, behängten Zimmer mit Teppichen aus blauer Seide oder flüchteten sich auf Stühle und Betten, die auf Füßen aus Glas standen. Im Ernstfall half dies natürlich alles nichts.

Hemmer gelangt als 26-Jähriger an den kurfürstlichen Hof in Mannheim. Zunächst ist er Hauskaplan, 1768 wird er als Mitglied der Kurpfälzischen Akademie der Wissenschaften in die naturwissenschaftliche Klasse aufgenommen. Ein Jahr später kommt es in der kurfürstlichen Sommerresidenz, dem Schloss in Schwetzingen, zu einem dramatischen Zwischenfall, der für Hemmer zu

Auf den Dächern des Schwetzinger Schlosses und seiner Nebengebäude sind heute noch 13 Hemmersche Fünfspitze im Original zu finden.

einer Art Schlüsselerlebnis wird. Er schildert es später so: *„Im jahre 1769 fiel der bliz in den kurfürstlichen marrstall zu Schwezingen; schlug in einem zimmer 22, in einem anderen 18 löcher in die wand, wo nämlich eben so viele nägel steckten; von dannen drang er in den stall selbst ..., sprang alsdann auf das reff und die krippe herab, die beide mit eisen beschlagen sind, und warf das neünte pferd todt zur erde nieder. Dasselbe war kurz zuvor von einer reise zurück gekommen, von der es noch erhizet war."*

Hemmer ist ein scharfsinniger Wissenschaftler und zugleich ein findiger Praktiker. Der Blitzeinschlag in den Marstall spornt ihn offenbar an, nach wirksamen Schutzvorrichtungen für Mensch, Tier und Gebäude zu suchen. Hemmer, der seine eigenen Ergebnisse später in zahlreichen Schriften veröffentlicht, kennt natürlich die Forschungsresultate Benjamin Franklins (1706-1790). Der amerikanische Staatsmann und Naturwissenschaftler hatte dargelegt, dass es sich bei einem Blitz um eine elektrische Entladung handelt. Als Beleg dafür führte er sein später vielfach zitiertes Drachenexperiment an. Nach Franklins Schilderung ließ er im Juni 1752 bei einem nahenden Gewitter einen Drachen aufsteigen, den er aus Holzleisten und einem Seidentaschentuch gebaut hatte. An der Kopfseite war ein Eisendraht befestigt. Als der Blitz in die Spitze schließlich einschlug, schoss der Strom die regennasse, leitende Schnur hinab. An deren Ende hatte Franklin einen Schlüssel befestigt, von dem im entscheidenden Augenblick Funken zur Erde übersprangen. Noch im selben Jahr sorgte Franklin dafür, dass auf seinem Haus in Philadelphia eine Metallstange als Blitzableiter installiert wurde.

Hemmer geht den Dingen gerne auf den Grund. So lässt er selbst immer wieder Papierdrachen, die mit Drähten präpariert sind, bei aufkommenden Gewittern steigen. Dass diese Versuche ge-

Ursprünglich ganz geometrisch: der Garten des Trippstadter Schlosses.

fährlich sind und er sie möglicherweise nur mit viel Glück überlebt hat, ist Hemmer ziemlich schnell bewusst. Dies zeigt seine Aussage, die elektrische Entladung sei mitunter so stark gewesen, *„das, wenn jemand, der auf feüchten boden stund, di schnur berürte, er glaubte, er würde klaftertif in di Erde geschlagen".*

Inzwischen gibt es Zweifel daran, ob Franklins weltberühmter Drachenversuch überhaupt stattgefunden hat. Erst vier Monate nach dem angeblichen Experiment berichtete er darüber in einem Zeitungsartikel, nannte darin aber – entgegen seiner Gewohnheit – zunächst weder Ort, Zeitpunkt noch Zeugen. Erst Jahre später erfuhr man unter anderem, dass sein Sohn dabei gewesen sein soll. Der amerikanische Wissenschaftshistoriker Tom Tucker wies 2003 auf weitere Ungereimtheiten hin. Er hatte Franklins Drachen nachgebaut und festgestellt, dass dieser in der beschriebenen Form gar nicht abheben konnte – schlicht deshalb, weil ein Schlüssel, wie er im 18. Jahrhundert angefertigt wurde, zu schwer dafür war.

Hatte sich Franklin also die Episode nur ausgedacht, um seine richtige Schlussfolgerung zu belegen, dass Gewitterwolken elektrisch geladen sind? War alles eher ein Gedankenexperiment? Wenn dem so wäre, dann hätte der Pfälzer Johann Jakob Hemmer mit seinen risikoreichen Drachentests erst den Beweis geliefert, dass der Wissenschaftsstar Franklin mit seiner Vermutung richtig lag. Auch ohne diesen Coup sind Hemmers Verdienste um den Blitzableiter nicht hoch genug einzuschätzen. Er hat ihn zwar nicht erfunden, aber er hat für seine Verbreitung in ganz Süddeutschland gesorgt. Und er hat dabei tatkräftig geholfen, Elektrizität und Blitzeinschläge aus dem Aberglauben zu befreien und auf den Boden der Naturwissenschaften zu stellen, wie der Kaiserslauterer Hochschullehrer Karsten Glöser sagt. Denn der Theologe Hemmer hatte ge-

TOURTIPP

AB IN DIE SCHLUCHT

Die Strecke: *Trippstadt Ortsmitte (Wilenstein-schule, Steiggasse 5) – Schlossgarten (0,4 km) – Burg Wilenstein (1,4 km) – Klugsche Mühle (1,6 km) – Karlstalschlucht (2,6 km) – Oberhammer (3,3 km) – Trippstadt Ortsmitte (5,1 km). Erweiterung ab Oberhammer: Gutenbrunnen (6 km) – Sägmühlweiher (8,5 km) – Trippstadt Ortsmitte (10,1 km).*
Markierung: Karlstal-Pavillon auf grünem Grund (großer Rundweg) oder rotem Grund (kleine Runde). Rastplätze an der Strecke, Einkehrmöglichkeit: Klugsche Mühle (www.klugsche-muehle.de).

ÖPNV: *Buslinie 170 Kaiserslautern (Hbf) - Trippstadt.*

Der Pavillon in der Karlstalschlucht

Das Karlstal ist schon lange kein Geheimtipp mehr. Und dennoch: Wer noch nicht dort war, für den ist dieser Ausflug ein „Muss". Die anderen kommen ohnehin immer wieder. Die Landschafts-Klischees „wildromantisch", „malerisch" und „pittoresk" werden häufig überstrapaziert, aber genau hier in dieser Schlucht treffen sie zu. Der schmucke Pavillon, den man beim Überqueren der Moosalbe wie ein Brückentor passiert, gehört zu den beliebtesten Fotomotiven im Pfälzerwald. Mit etwas Glück hat man diesen Ort dennoch ein Viertelstündchen für sich ganz allein und sollte dies für eine ganz besonders stimmungsvolle Picknickpause nutzen. Rundum gluckert und gluckst es. Ja genau: wildromantisch, malerisch und pittoresk. Die etwa einen Kilometer lange Strecke durch die Schlucht ist Teil zweier abwechslungsreicher neuer Rundwanderwege, die ihren Ausgangs- und Endpunkt in Trippstadt haben. Zu erleben gibt es dabei auch Skulpturen am Wegesrand, Mühlen, viele kleine Wasserfälle, eine sagenumwobene Höhlenwohnung und eine Burg. Gleich nach dem Start wird es etwas knifflig: Der Weg hinaus aus dem Garten des Trippstadter Schlosses führt durch ein kleines, verstecktes Holztürchen.

„Eines der schönsten Thäler, die ich in dieser Art gesehen und auch bearbeitet habe", schrieb Friedrich Ludwig von Sckell 1818 über das Kleinod. Der berühmte Landschaftsgärtner, zu dessen Werken unter anderem der Englische Garten in München zählt, hat die Schlucht parkähnlich ausgestaltet und so eine Verbindung zu dem oberhalb liegenden Schlossgarten geschaffen. Seine faszinierende Idee: Gemalte Bilder sollten in einem Garten kunstvoll Wirklichkeit werden. Und genau so wirken all die großen, dicht bemoosten Felsriesen links und rechts des Tals – als hätte man sie dort nach einem genauen Plan drapiert. Garantiert kein Kunstwerk und garantiert echt sind die Holzblöcke in der Moosalbe, über die man an manchen Stellen mit etwas Geschick ans andere Ufer hüpfen kann.

Mehr Infos: www.trippstadt.de (Rubrik „Wandern")

230 Jahre nach der Erstinstallation eines Hemmerschen Fünfspitzes auf dem Trippstadter Schloss wurde 2006 in Horbach ein Gedenkstein enthüllt, an dem ursprünglich auch ein Nachbau des Blitzableiters angebracht war.

lernt, präzise und überzeugend zu argumentieren: *„Aber wenn es doch eine Verwegenheit seyn soll, den Bliz von den Gebäuden abzuhalten, so muß es auch eben sowohl eine seyn, das Feuer zu löschen, welches er durchs Einschlagen erreget. Man müßte also den wüthenden Flammen ruhig zusehen, um den göttlichen Gerichten nicht zu nahe zu treten. Welcher Mensch ist dieser Meinung?"*

Am Ende seiner Experimente steht eine eigene Blitzableiter-Konstruktion: Hemmer will mit fünf Spitzen den Schutz erhöhen. Auch bei tiefliegenden Wolken, so seine These, würde damit *„immer eine der vier Seitenspitzen dem anrückenden Dunstkreis senkrecht entgegenstehen und in Einsaugung des Blitzstoffes theils wegen ihrer Gestalt, theils wegen ihrer Richtung eine gewünschte Wirkung thun"*.

Den ersten seiner Fünfspitze montiert Hemmer am 15. April 1776 auf dem einige Jahre zuvor fertiggestellten Schloss des Freiherrn von Hacke in Trippstadt im heutigen Landkreis Kaiserslautern. Die Freiherren von Hacke hatten in ihrer Funktion als Obristjäger- und Forstmeister das gesamte kurfürstliche Wald- und Jagdgebiet zu verwalten. Der markante Barockbau ist heute Sitz der Forschungsanstalt für Waldökologie und Forstwirtschaft, der rund drei Hektar große Garten ist frei zugänglich. Der Park war zunächst im französischen Stil und somit ganz geometrisch angelegt worden. Später wurde er zum englischen Landschaftsgarten umgestaltet und war wesentlich größer als heute. Geplant und realisiert hatte dies seinerzeit Friedrich Ludwig von Sckell (1750-1823), einer der größten Gartenkünstler seiner Zeit. Der Clou: Er entwickelte das romantische und schluchtartige Karlstal unterhalb von Trippstadt teilweise zu einer Fortsetzung der Gartenanlage am Schloss. Wer heute die Schluchtstrecke durchwandert, weiß nie genau, was ein echtes Stück Natur und was vielleicht nur geschickt arrangierte Kulisse ist – ein besonderes Ausflugsabenteuer also (S. 197).

Eine kleine Tafel erinnert in Horbach am Geburtshaus Hemmers an den Gelehrten. Er hatte kurioserweise dort auf dem Dach keinen seiner Fünfspitze angebracht.

Dass Hemmer seinen ersten Blitzableiter ausgerechnet auf diesem Schloss mitten im Pfälzer-wald anbringt, hängt wohl auch mit seinem Lebensweg zusammen. Geboren wird er in dem Dorf Horbach, das rund 15 Kilometer westlich von Trippstadt liegt. Es ist der Gemeindepfarrer, der Begabung und Talent Hemmers erkennt und dafür sorgt, dass er auf die Lateinschule nach Kaiserslautern kommt. Doch seine Eltern haben zehn Kinder und sind Kleinbauern, sie können die Kosten für die Schule nicht lange aufbringen. Ihr Sohn sieht seine Zukunft allerdings nicht in Horbach, er schlägt sich bis nach Köln durch, wo er sich zunächst als Straßenmusiker mit Lauten-spiel über Wasser hält. Der Kunst- und Technikhistoriker Kai Budde, langjähriger Ausstellungs-macher am Mannheimer Landesmuseum „Technoseum", hat sich intensiv mit Hemmers Biographie beschäftigt und meint: „Das ist nun der ungewöhnlichste Punkt in Hemmers Vita; dass er ohne Abschied zu nehmen fortlief und auch über zwei Jahre keinen Kontakt mit seiner Familie pflegte."

Dem Ausreißer gelingt die Aufnahme in das Jesuitengymnasium in Köln. Als Klassenbester studiert er Philosophie, Mathematik und katholische Theologie. Hemmer überlegt, dem Jesuitenorden bei-zutreten. Doch sein Vater, zu dem jetzt wieder Kontakt besteht, bringt ihn von diesem Plan ab. Hemmer kehrt in die Pfalz zurück: Es ist sein Mentor, der frühere Horbacher Gemeindepfarrer, der ihm schließlich eine Stelle als Hauslehrer beim kurpfälzischen Kämmerer Freiherr von Sturmfelder in Dirmstein im heutigen Landkreis Bad Dürkheim vermittelt. Ein Glücksfall. Denn Franz Georg von Sturmfelder ebnet Hemmer den Weg zum Mannheimer Hof von Kurfürst Carl Theodor. Und: Von Sturmfelders Schwester ist verheiratet mit jenem Freiherrn von Hacke aus Trippstadt, der dann den Fünfspitz-Blitzableiter montieren lässt. Hemmer rechnet ihm diese Fortschrittlichkeit hoch an: „Des hiesigen herrn oberjägermeisters, freiherr von Hake exzellenz sind bei uns der erste, welche sich über das alte vorurtheil hinaus gesetzet, und einen gebrauch von den wetterleitern gemachet haben."

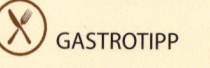 GASTROTIPP

CAFÉ UNTERHAMMER IM KARLSTAL

Leberknödel gibt es fast überall im Pfälzerwald. Aber eine grandiose Auswahl selbst gebackener Torten und Kuchen ist schon eher die Seltenheit. Im Café Unterhammer bei Trippstadt (Landkreis Kaiserslautern) kann man sich den Ausflug in das Karlstal so richtig schön versüßen lassen. Das Café gehört zu einem Gebäudeensemble, das im 18. und 19. Jahrhundert einmal ein Eisenwerk war: In dessen ehemaligem Wirtschaftstrakt sitzt man großzügig in einem Saal mit schlanken Säulen, im Sommer genießen Gäste die Terrasse. Beim freundlichen Service ist gute Laune Trumpf. Eine bestimmte Torte steht immer auf der Karte: Unterhammer Kirsch. „Das ist seit 18 Jahren unsere Pfälzer Antwort auf die Schwarzwälder Kirschtorte", sagt Caféhaus-Betreiberin Judith I. Lambrecht. Das Kuchenangebot wird ergänzt durch verschiedene, liebevoll angerichtete Vesperteller (Schinken oder Käse), das Bier kommt von der kleinen Brauerei direkt gegenüber dem Café.

Café Unterhammer im Karlstal (an der L 500), Unterhammer 1-3, 67705 Trippstadt, Telefon: 06306/701460, j.lambrecht@unterhammer.com, www.unterhammer.com

Sitzplätze innen: 70, außen: 70. Öffnungszeiten: Mi bis Sa, 12-18 Uhr, So 10-18 Uhr. Ruhetage: Mo, Di. Kuchen/Torten: 2,10-3,50 Euro.

Es gibt eine schöne Schilderung dessen, was nur ein paar Monate nach dieser Pioniertat im Trippstadter Schloss geschieht. Ob es nur Fiktion ist oder durch historische Quellen verbürgt wird, sei dahingestellt: An einem schwül-heißen Sommertag 1776 kündigt sich mit Donnergrollen ein Unwetter an. Die Bewährungsprobe für den ersten Blitzableiter in der Pfalz. Ganz traut man der neuen Errungenschaft nicht, die Dienerschaft soll sich in der Küche versammelt und gebetet haben. Das Feuer im Herd soll man gelöscht haben, damit der aufsteigende Rauch die Blitze nicht in den Kamin zieht. Nicht jeder im Haus des Freiherrn von Hacke hat offenbar „das alte vorurtheil" überwunden und sich vom Aberglauben verabschiedet. Die Angst sei spürbar gewesen, so heißt es. Dann schlägt der Blitz ein, mehr als 80 Millionen Volt entladen sich über den Fünfspitz zur Erde. Der übersteht das Naturereignis ohne Schaden, ebenso das Schloss und seine Bewohner.

Trotz dieses Erfolgs: Ohne die Unterstützung des Kurfürsten hätte Hemmers Fünfspitz sicher keine Verbreitung gefunden. Carl Theodor (1724-1799) zählte zu den aufgeklärten Fürsten des 18. Jahrhunderts und war stets ein großer Förderer der Wissenschaften. „Er interessierte sich für alles, was sich am Himmel und auf der Erde bewegte, egal ob sichtbar oder nicht", sagt Ralf Wagner, Konservator bei der baden-württembergischen Schlösserverwaltung. In der Mannheimer Residenzstadt blühte unter Carl Theodor das geistige und kulturelle Leben auf, Pioniergeist war die Grundlage für Innovationen. Schon am 27. Februar 1776 hatte der Kurfürst angeordnet, dass alle Schlösser und Pulvertürme der Länder, in denen er regierte, mit Blitzableitern geschützt werden sollten. Intern gab es allerdings Widerstände, große Befürchtungen und eindringliche Warnungen; der Kurfürst wurde bedrängt, die Anordnung zurückzunehmen. Die Hofkammer versuchte, die für das Vorhaben erforderlichen Verfügungen hinauszuzögern. Doch Carl Theodor hielt an seiner Entscheidung fest.

Im Juli 1776 beginnt Hemmer mit der Montage seiner Fünfspitze auf dem Schwetzinger Schloss. Hemmer schildert die Anfeindungen später so: *„Man ersparte*

Die Karlstalschlucht bei Trippstadt

sich keinen kunstgriff, kein mittel um den fürsten von seinen vorhaben abzubringen. Doch er blieb standhaft, wie ein Fels: Er wußte aus erfahrung wohl, dass ein kranker von der hand des arztes, die ihn operieren will angst hat, ist der kranke aber nachher wieder gesund geworden, so küsst er dieselbe." Hemmer setzt seine Fünfspitze – er selbst spricht dabei von „Bewaffnen" mit „Wetterleitern" – in den folgenden Jahren auf viele exponierte Gebäude. In Mannheim unter anderem auf Schloss und Zeughaus, in Heidelberg auf die Pulvertürme, in München auf die Residenz und die Gemäldegalerie. Im Auftrag des Herzogs Karl August von Pfalz-Zweibrücken macht er dessen Schloss Karlsberg mitsamt seinen zahlreichen Nebengebäuden blitzsicher.

Teilweise kommt es weiterhin zu Behinderungen. In München versucht beispielsweise eine Menschenmenge, angetrieben von Aberglauben und Unverständnis, die neue Technik zu verhindern; am Ende muss dort das Militär die Arbeiten schützen. Die spezielle Hemmersche Konstruktion mit fünf Spitzen stößt aber seinerzeit auch auf fachliche Kritik. Sie kommt vor allem von dem Hamburger Arzt und Naturforscher Albert Heinrich Reimarus (1729-1814), der sich ebenfalls stark für die Verbreitung von Blitzableitern engagiert. Seine Bedenken: Mehrere Spitzen könnten auch mehr Blitz anziehen und damit die größere Menge der abfließenden Energie am Ende doch Schaden an den Gebäuden anrichten.

Letztlich sollte sich herausstellen, dass die Anzahl der Schutzstachel keinen Einfluss auf die Wirksamkeit eines Blitzableiters hat. Die Fünfspitze haben deshalb schon lange keine praktische Bedeutung mehr. Nach und nach verschwanden sie von den Dächern. So auch in Trippstadt. Das Barockschloss war durch den Beschuss französischer Truppen im Koalitionskrieg 1794 schwer beschädigt worden, ein Flügel war danach lange Zeit unbewohnbar. Der bayerische Staat, der in-

Nur zart angedeutet, aber zu erkennen: Fünfspitz auf dem Trippstadter Schloss. Das Aquarell Wilhelm von Kobells entstand Ende des 18. Jahrhunderts.

zwischen Besitzer des Anwesens war, ließ das Schloss 1888 umfassend renovieren, um dort eine Waldbauschule einzurichten. Der Trippstadter Heimatforscher Dieter Faas vermutet, dass damals die Hemmerschen Fünfspitze gegen herkömmlichen Blitzschutz ausgetauscht wurden. Alte Fotoaufnahmen, auf denen der erste Blitzableiter der Pfalz noch zu sehen wäre, sind bisher nicht aufgetaucht. Aber es gibt ein Aquarell des Mannheimer Landschaftsmalers Wilhelm von Kobell (1766-1853), das eine Ansicht des Trippstadter Schlosses mit dem Fünfspitz auf dem Dach zeigt.

Der technische Wandel mag ein Grund sein, dass Hemmer und seine Verdienste für lange Zeit in Vergessenheit gerieten. Auch in seinem Geburtsort. Erst 1964 wurde eine kleine Erinnerungstafel an Hemmers Elternhaus nahe der Kirche angebracht, danach passierte über 40 Jahre hinweg zunächst nichts mehr. Dann aber schaffte es der kleine Ort in der Südwestpfalz, Hemmer wieder ins Bewusstsein der Region und der Wissenschaften zu rücken. Zu verdanken ist dies vor allem Walfried Schäfer, bis zu seiner Pensionierung Physik- und Mathematiklehrer an einem Gymnasium und seit 2009 Ortsbürgermeister von Horbach: „Schon während meines Studiums wollte ich mehr über diese Person wissen." Neben dem fachlichen Interesse gibt es einen privaten Berührungspunkt: Schäfers Großmutter stammt aus Hemmers Geburtshaus, ob aber tatsächlich eine verwandtschaftliche Beziehung besteht, ist noch nicht geklärt. „Ich will da jetzt nachforschen, seit meiner Pensionierung habe ich dafür ja jetzt etwas mehr Zeit."

Die Wiederentdeckung Hemmers in Horbach begann 2006 mit einer Vortragsreihe, zwei Jahre später kam es zur Gründung des Vereins „Academia Domitor – Studienforum Johann Jakob Hemmer", dessen Vorsitzender Walfried Schäfer in den ersten Jahren war. Der Verein konnte namhafte Unterstützer gewinnen. Aus der Wissenschaft beteiligen sich Experten verschiedener Universitäten und

Nachbau eines Hemmerschen Fünfspitzes auf dem Dach des Museums Zeughaus in Mannheim.

Museen – so beispielsweise auch Karsten Glöser und Kai Budde. Engagiert haben sich aber auch Persönlichkeiten aus Wirtschaft und Politik. Das Studienforum war äußerst rührig, verschiedene öffentliche Symposien beschäftigten sich mit den Aktivitäten Hemmers, der Verein machte eine Vielzahl von dessen Schriften in digitalisierter Form zugänglich und veröffentlichte selbst eigene Forschungsergebnisse. Thematisch war es ein weites Feld: Denn Hemmer hatte sich auch als ein – aus heutiger Sicht recht moderner – Sprachreformer hervorgetan, der so schrieb, wie man die Worte aussprach. Sein Leitspruch lautete: „Di fernunft siget." Dass „Vernunft" hier mit „f" daherkommt, war kein Zufall, sondern Programm. Zudem war Hemmer ein Pionier auf dem Gebiet der Wettervorhersagen: Er installierte das erste weltweite Beobachtungsnetz mit 39 Wetterstationen, an denen täglich zum selben Zeitpunkt und mit den gleichen Messinstrumenten Daten ermittelt wurden.

2016 endete allerdings das Horbacher Hemmer-Feuerwerk recht abrupt, seitdem gibt es keinen Eintrag mehr auf der zuvor opulent bestückten Internetseite des Vereins Academia Domitor. „Das Studienforum ist leider sanft entschlafen, zu einem großen Teil, weil Neuentdeckungen oder neue wissenschaftliche Zugänge zu Leben und Werk nicht mehr zu erwarten sind", sagt der Historiker Wilhelm Kreutz, außerplanmäßiger Professor für Neuere Geschichte an der Universität Mannheim. In Horbachs Ortsbild sind Hemmers Fünfspitze aber inzwischen präsent: Als an einem gemeindeeigenen Gebäude, in dem der Kindergarten untergebracht ist, die Blitzschutzanlage erneuert werden musste, kam man schnell auf die Idee, dafür die alte Technik aus dem 18. Jahrhundert zu verwenden. Dass sie tadellos funktioniert, hatte ja das Experiment an der TU Kaiserslautern gezeigt. Horbachs Ortsbürgermeister Schäfer weist auf ein Detail hin, das etwas kurios anmutet: „Auf seinem Elternhaus hatte Hemmer damals keinen Fünfspitz angebracht, wir haben das jetzt an anderer Stelle nachgeholt."

Blitzableiter, die von Hemmer selbst montiert wurden und im Originalzustand erhalten sind, kann man heute wohl nur noch auf den Gebäuden des Schwetzinger Schlosses bewundern. Insgesamt sind es 13 Stück: unter anderem auf dem Wasserturm, dem Marstall sowie auf der Kuppel und den Minaretten der Moschee im Schlossgarten. „Schwetzingen besitzt die ältesten Blitzableiter Europas", sagt Konservator Ralf Wagner. In Mannheim sind immerhin mittlerweile wieder Nachbauten zu sehen: Auf dem Zeughaus, das heute die Reiss-Engelhorn-Museen beherbergt, wurden bei der 2004 bis 2007 vorgenommenen Generalsanierung zwei Hemmersche Blitzableiter platziert. Die Originale waren 125 Jahre zuvor nach einem Dachbrand nicht mehr verwendet worden.

Möglicherweise macht sich heutzutage in Sachen Blitzschutz ein neuer Aberglauben breit: Ist er inzwischen überflüssig? Wer sich in der modernen Dachlandschaft umschaut, wird vor allem auf Wohnhäusern viel weniger Blitzableiter finden als dies noch früher der Fall war. Dabei ist das Risiko eines Einschlags nicht geringer geworden. Auch nicht in der Pfalz. Speyer schaffte es 2019 beispielsweise zum Titel „Blitzhauptstadt Deutschlands". Jährlich wertet Siemens das Gewittergeschehen aus. In Speyer, wo die Türme von Dom und Gedächtniskirche 71 beziehungsweise sogar 100 Meter aufragen, wurden damals knapp 3,1 Blitzeinschläge pro Quadratkilometer gezählt. Nirgendwo waren es mehr. Zum Vergleich: Im Landkreis Südwestpfalz, in dem Hemmers Geburtsort Horbach liegt, wurden lediglich 0,75 Blitze pro Quadratkilometer registriert.

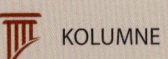 KOLUMNE

SAPPERLOT
PFÄLZER KOPFSCHMERZEN

Zum Jahreswechsel haben sie stets Konjunktur: die kleinen Glücksbringer. Ob Schweinchen, Schornsteinfeger, Hufeisen, vierblättriges Kleeblatt oder Marienkäfer, ob aus Marzipan, Schokolade oder Plastik – solche gut gemeinten Aufmerksamkeiten sollen die besten Wünsche zum neuen Jahr symbolisieren. Alles nur Aberglaube? Vielleicht. Aber wir Pfälzer haben solchen Zuspruch offenbar durchaus nötig. Denn im „Glücksatlas" landet Rheinland-Pfalz unter den 16 Bundesländern stets nur im Mittelfeld. Aktuell ist es der achte Rang. Eine passable, aber keine himmelhochjauchzende Platzierung. Alljährlich nimmt eine Studie die Glücksgefühle der Deutschen unter die Lupe. Mit verschiedenen Indikatoren wie „Geld", „Gesundheit" oder „Gemeinschaft" messen Freiburger Wissenschaftler dabei die subjektive Lebenszufriedenheit. Glaubt man den Ergebnissen, dann leben die glücklichsten Deutschen in Schleswig-Holstein. Die Menschen dort empfinden ganz offensichtlich schlechtes Wetter wie Sturm und wenig Sonnenschein nicht als Pechsträhne. Nun ja. Vielleicht wissen die Norddeutschen einfach nur nichts von dem Glück, in der Toskana Deutschlands, also in der Pfalz, zu Hause zu sein. Doch was lässt uns in der Studie eigentlich nur so mittelmäßig abschneiden? An der Fürsorglichkeit für Glücksbringer kann es zumindest nicht liegen, wie das Beispiel Marienkäfer zeigt. Den haben Pfälzer früher auch gerne „Herrgottskäferchen" genannt, auf sein Wohlergehen haben sie stets besonders geachtet. In seinem 1910 erschienenen Werk „Die Insekten in Sage, Sitte

Weshalb Bauherren mittlerweile am Blitzschutz sparen, mag an den verbesserten Materialien und Baustoffen liegen. Die Gefahr, dass heutige Gebäude ebenso schnell Feuer fangen wie die früher verbreiteten Fachwerkbauten oder Häuser mit Strohdach, ist sicher geringer geworden. Die rheinland-pfälzische Landesbauordnung schreibt Blitzschutzanlagen auch nur noch für solche Einrichtungen vor, „bei denen Blitzschlag leicht eintreten oder zu besonders schweren Folgen führen kann". Auf welche Bauten dies konkret zutrifft, lassen die Vorschriften allerdings offen. Schwerwiegende Folgen könnte nach Auffassung des Mainzer Finanzministeriums solch ein Schadensereignis unter anderem für Chemieunternehmen, Landwirtschaftsbetriebe mit Massentierhaltung, Krankenhäuser oder Bibliotheken haben. Als weiteres Beispiel nennt eine Ministeriumssprecherin „Verkaufsstätten", womit wohl auch Kaufhäuser gemeint sind.

Johann Jakob Hemmer sollte im April 1790 damit beginnen, das Kaufhaus in Mannheim mit Fünfspitzen auszurüsten. Doch er fühlte sich nicht wohl und überließ die Montage einem Helfer. Fünf Tage später erlag er einem Schlaganfall. Auch ohne Hemmer hätte der von ihm entwickelte spezielle Brandschutz weiter Verbreitung finden können: Er hatte in einer Anleitung die Konstruktion so genau beschrieben und auf Bildtafeln dargestellt, dass es jedem Schmied oder Schlosser bis heute möglich ist, sie problemlos anzufertigen. Es gibt also keinen Grund, dass ausgerechnet auf dem Dach des Tripp-stadter Schlosses kein Nachbau eines Fünfspitzes an Hemmers Pioniertat vom 15. April 1776 erinnert.

und Literatur" hat der Volkskundler Karl Knortz dazu folgende Begebenheit überliefert: „Wollen in der Pfalz Kinder dieses Tierchen töten, ruft man ihnen zu: Tu's nicht! Der liebe Herrgott schlägt Dir sonst einen Nagel in den Kopf."

Scharfsinnige Kulturredakteure sprechen heute noch von „einer alten Weisheit aus der Pfalz", mit der sich Kopfschmerzen und Migräne erklären lassen. Doch trifft diese Schlussfolgerung tatsächlich den Nagel auf den Kopf? Dazu sollte man wissen: Der Marienkäfer wird oft als Himmelsbote der Muttergottes angesehen. Wer ihn tötet, muss nach dem Volksglauben mit dem Zorn der Madonna, mit schlechtem Wetter oder gar mit dem baldigen Tod und Höllenqualen rechnen. Migräneanfälle könnten also die pfälzische Spielart dieses Strafenregisters sein. Ganz von der Hand zu weisen ist ein solcher Zusammenhang nicht. Marienkäfer vertilgen bekanntlich große Mengen an Blattläusen. Insektenexperten haben ausgerechnet, dass ein Käferchen in seinem Leben davon rund 40.000 Stück zur Strecke bringt. Vor allem Bauern schätzten diese Hilfe und waren deshalb früher davon überzeugt, dass so ein nützliches Wesen nur vom Himmel geschickt worden sein kann. Quasi auf Geheiß der Heiligen Maria.

Wem die Sache dennoch weiter Kopfzerbrechen bereitet, sei gesagt: Marienkäfer können auch zum Schutzengel für das Mutterkraut werden – eine Pflanze, über die sich Blattläuse ebenfalls gerne hermachen. Das Mutterkraut, dessen Blüten an die Kamille erinnern, gilt als Heilpflanze und – ganz genau – speziell als wirksames Mittel gegen Kopfschmerzen und Migräne. Ob dies alles nun stimmt oder purer Aberglaube ist: Es gibt keinen Grund, mit Marienkäferchen ruppig umzugehen. Sie sind einfach ein Glücksfall.

LITERATURVERZEICHNIS

Academia Domitor (Hrsg.): Johann Jakob Hemmer (1733-1790). Geistlicher, Sprachforscher, erfolgreicher Physiker, Meteorologe und Vollender des Blitzableiters. Zum 275. Geburtstag des Gelehrten, Aachen 2008

Althoff, Karl: Der Krähenberger Meteorit, in: Heimatkalender : das Pirmasenser und Zweibrücker Land, 1979, S. 223-227

Backhaus, Egon: Die geologische Deutung der Felsschüsseln ("Opfersteine") im Buntsandstein der Pfalz, mittels Stoffwanderungen, in: Mitteilungen der Pollichia, Band 19, Bad Dürkheim 1972, S. 79-96

Bauer, Erich: Kleine Chronik von Wald und Schloß Trippstadt im Pfälzerwald, in: Jahrbuch zur Geschichte von Stadt und Landkreis Kaiserslautern, Band 5, Kaiserslautern 1967, S. 139-163

Bauer, Gerhard; Budde, Kai; Kreutz, Wilhelm; Schäfer, Patrick (Hrsg.): "Di Fernunft Siget". Der kurpfälzische Universalgelehrte Johann Jakob Hemmer (1733-1790) und sein Werk, Bern 2010

Bergner, Anna: Pfälzer Kochbuch, Neuausgabe, Ludwigshafen 2008

Bettag, Franz-Josef: Das älteste Karussell der Pfalz, Film 1989, ausleihbar beim Landesfilmdienst, Standort Neustadt-Mußbach (www.av-medienzentrum.de)

Bilfinger, Ernst: Schießregister des Pfalzgrafen Johann Casimir, in: Mitteilungen des Historischen Vereins der Pfalz, Band 37/38, Speyer 1918, S. 129-145

Bischoff, Waltraud: Zufluchtsorte im Zweiten Weltkrieg – Die Stollen in den Gemarkungen Stirn und Avishalde in Rumbach, in: Heimatkalender : das Pirmasenser und Zweibrücker Land, 2006, S. 79

Blinn, Hans: Heinrich Kohl - ein Pfälzer, den man nicht vergessen sollte, Landau 1998

Bruckert, Harald: Schwefelbrunnen in der Pfalz: Natur- und Kulturdenkmäler, in: Pfälzer Heimat, Nr. 2/2014, S. 84-95

Budde, Kai: "Eiserne Stangen, den Donnerstoff aufzunehmen" – Johann Jakob Hemmer und die Einführung des Blitzableiters im deutschen Südwesten, in: Momente – Beiträge zur Landeskunde von Baden-Württemberg, Nr. 1/2009, S. 24-26

Christmann, Ernst: Menhire und Hinkelsteine in der Pfalz, Speyer o. J. (1947)

Dietzen, Christian und Mitarbeiter: Die Vogelwelt von Rheinland-Pfalz, Band 2, Mainz 2015

Dolch, Martin/Greule, Albrecht: Historisches Siedlungsnamenbuch der Pfalz, Speyer 1991

Dolch, Martin: Sankt Julian und seine Heilige, in: Westricher Heimatblätter 1990, S. 122-125

Eitelmann, Walter: Rittersteine im Pfälzerwald. Gedenksteine und Inschriften, 2. Auflage, Mannheim 1979

Fredriksson, Kurt/Wlotzka, Frank: Krähenberg – ein Schatz aus dem Weltraum im Historischen Museum der Pfalz zu Speyer, in: Pfälzer Heimat, Nr. 4/1979, S. 121-124

Glöser, Karsten; Stolz, Johannes; Schäfer, Patrick: Johann Jakob Hemmer. Geistlicher, Sprachforscher, erfolgreicher Physiker, Meteorologe und Vollender des Blitzableiters, in: Unispectrum – Das Hochschulmagazin der Technischen Universität Kaiserslautern, Nr. 4/2006, S. 26

Gödel, Otto: Menhire – Zeugen des Kults, Grenz- und Rechtsbrauchtums in der Pfalz, Rheinhessen und dem Saargebiet, Speyer 1987

Gödel, Otto: Menhire – ein wissenschaftlich-volkskundlicher Beitrag zu unseren Steindenkmälern, in: Mitteilungen des Historischen Vereins der Pfalz, Band 96, Speyer 1998, S. 27-76

Grogro, Julius und Gödel, Otto: Der "Lange Stein" südlich des Dorfes Stahlberg, in: Nordpfälzer Geschichtsblätter Nr. 4/1981, S. 84-86

Groh, Günter: Abschußzahlen vom Auerhuhn – Tetrao urogallus – in der Pfalz und Gedanken zur Erhaltung dieser Art, in: Mitteilungen der Pollichia (III) 16, Bad Dürkheim 1969, S. 125-127

Groh, Günter: Zum Vorkommen einiger gefährdeter Vogelarten in der Pfalz, in: Naturschutz und Ornithologie in Rheinland-Pfalz Nr. 1, Landau 1978, S. 32-57

Groht, Johannes: Menhire in Deutschland, Mainz 2013

Habermann, Helmut: Familie Sartorio, in: Kirmes & Park Revue, Nr. 61, 2002, S. 20-23

Habermehl, Paul: Die Deckengemälde in der Vorhalle der Neustadter Stiftskirche, Neustadt 2006

Häberle, Daniel: Eine Spaltenhöhle beim Forsthaus Breitenstein im Pfälzerwald, in: Pfälzische Heimatkunde, Heft 8, 1916, S. 114-120

Häberle, Daniel: Die Mineralquellen der Rheinpfalz und ihrer nächsten Nachbargebiete in geologisch-historischer Beziehung, in: Wanderbuch des Pfälzerwald-Vereins, Kaiserslautern, 1912, S. 17ff

Haeming, Anne: "Was essen die Studenten?" "Enten!" Der Musiker Christian Zehnder sammelt Echo-Orte in der Schweiz, in: DIE ZEIT Nr. 44/2015.

Hänsel, Sylvaine: Herbert Lorenz (1916-2013), Maler – Graphiker – Bildhauer, in: Pfälzer Heimat, Nr. 1/2017, S. 1-6

Häßel, Helmut: Tausend Jahre unter dem Kreuz Christi. Ein kirchengeschichtlicher Beitrag zum 50. Baujubiläum der Kirche von St. Alban, in: Chronik der Pfarrei St. Alban, St. Alban 1962, S. 7-24

Hagen, Lilo: Sagen und Geschichten aus einem kleinen Wasgaudorf, Worms 1996

Hannwacker, Volker: Friedrich Ludwig von Sckell. Der Begründer des Landschaftsgartens in Deutschland, Stuttgart 1992

Hemmer, J. Jakob: Anleitung, Wetterleiter an allen gattungen von gebäuden auf di sicherste art anzulegen, 2. Auflage, Mannheim 1788

Hartkopf, Herbert: Vor 275 Jahren – Edenkoben ein Kurort, in: Heimatjahrbuch des Landkreises Südliche Weinstraße, 1990, S. 99-103

Heinemann, Günter: Pfalzgraf Johann Casimir als Jäger aus Kurpfalz. Das Waidwerk vor 400 Jahren nach Notizen aus seinen Tagebüchern 1567-1589, Bavaria antiqua 7, München 1975

Kaufmann, Henning: Pfälzische Ortsnamen, München 1971

Kindelberger, Heinrich/Friedewald, Michael (Hrsg.): „So manchen Idealisten habe ich aber versinken sehen im Strudel der Zeit" – Die Erinnerungen des Rumbacher Alt-Bürgermeisters Heinrich Kindelberger, 2. Auflage, Landau 2016

Kistner, Adolf: Die Pflege der Naturwissenschaften in Mannheim zur Zeit Karl Theodors, Mannheim 1930

Kretzer, Hans-Jochen: Windrose und Südpol. Leben und Werk des großen Pfälzer Wissenschaftlers Georg von Neumayer, Pollichia-Sonderdruck 4 (3. Auflage), Bad Dürkheim 1990

Kröher, Hein: Der große Hahn vom Wasgauwald, in: DIE RHEINPFALZ, 8. Januar 1983

Kuby, Alfred Hans (Hrsg.): 1200 Jahre Edenkoben, Mannheim 1969.

Luschnat, Nina: Himmlische Tropfen! Vom Jesuitengarten über das Kirchenstück zur Hölle oder ins Himmelreich, Speyer 2013

Mehlis, Christian: Die Glazialfrage im Pfälzerwald, in: Die Eiszeit, Zeitschrift für allgemeine Eiszeitforschung, 2. Band, 1. Heft, Leipzig 1925, S. 53-55

Missenharter, Hermann: Hundert Jahre Scheufelen in Oberlenningen 1855 - 1955, Oberlenningen 1955

Neumayer, G.: Der Meteorit von Krähenberg, in: Jahresbericht der Pollichia, Dürkheim 1870, S. 143-170

Ortlam, Dieter: Subglaziale Hohlformen im außeralpinen Mitteleuropa, in: Jahresberichte und Mitteilungen des Oberrheinischen Geologischen Vereins, Band 76, Stuttgart 1994, S. 351-394

Papierfabrik Scheufelen. 150 Jahre Unabhängigkeit - 150 Jahre Zukunft. 1855 - 2005, Oberlenningen 2005.

Pass, Sigrun: Max Slevogt und die Pfalz, Halle (Saale) 2013

Pietzsch, Friedrich August: Schieß-Register des Pfalzgrafen Johann Casimir für die Jahre 1582 und 1589, in: Pfälzer Heimat, Nr. 14, 1963, S. 130-133

Ramus, Margit: Kulturgut Volksfest. Architektur und Dekoration im Schaustellergewerbe, Köln 2013

Reinsch, Paul: Die Meteorsteine, Zweibrücken 1869

Rüger, L.: „Gletschermühlen" im Pfälzerwald, in: Pfälzisches Museum – Pfälzische Heimatkunde, Speyer 1924, S. 155-159.

Scherer, Karl: Pfalzgraf Johann Casimir (1543-1592) und das Volkslied „Ein Jäger aus Kurpfalz", in: Werner Kremp (Hrsg.), The Huntsman from Kurpfalz, Atlantische Texte Band 18, Trier 2002, S. 29-64

Schöler, M.: Fritz Bothmann. Caroussell-, Waggon- und Maschinenfabrik Gotha, Schriftenreihe des Urania Kultur- und Bildungsvereins Gotha e.V., Heft 12, Teil 1 und 2, 2000

Schreiner, Werner: Lehrer des Humanistischen Gymnasiums - Ihr Wirken in Forschung, Literatur und Wissenschaft, in: Kurfürst-Ruprecht-Gymnasium Neustadt an der Weinstraße. 1578 - 1978. Entwicklung einer Schule, Neustadt 1978, S. 254-280.

Sischka, Norbert: Das Auerhuhn – Tetrao urogallus – ein ehemaliger Brutvogel des Bienwaldes, in: Mitteilungen der Pollichia (III) 16, Bad Dürkheim 1969, S. 123-124

Schworm, Ernst: Sankt Julian und seine Kirche, in: Westricher Heimatblätter, Nr. 1/1981, S. 170-178

Thieß, Kath.: Urhahn, Urhahn balze – von der Auerhahnjagd, in: DIE RHEINPFALZ (Pälzer Feierowend), 20. April 1963

Uhlmann, Eckart/Annawald, Florian: Der Studerbildschacht. Eine Dokumentation der tiefsten Höhle der Pfalz. Mitteilungen der Höhlenforschergruppe Karlsruhe, Heft 17, Karlsruhe 2003

Westenburger, Gerhard: Der durstige Futtes - Liebenswerte Aussteiger und Lebenskünstler: Lauterer Originale, in: DIE RHEINPFALZ (Pfälzische Volkszeitung), 15. August 2013

Ziegler, Cäcilia: St. Martin / Südliche Weinstraße – Kirche und sakrale Kunstwerke, Lübeck 1988

DANKSAGUNG

Für viele Anregungen, wertvolle Hinweise und tatkräftige Unterstützung danke ich herzlich:

Rainer Bartoschewitz, Johannes Becker, Peter Behrens, Waltraud Bischoff, Jens Bramenkamp, Dr. Harald Bruckert, Dr. Kai Budde, Gerd Faber, Lothar Feldner, Günter Franz, Judith Geib, Andreas Gumpp, Helga Gutermann, Herbert Hartkopf, Dr. Hans-Wolfgang Helb, Anke Herbert, Markus Herr, Klaus Hünerfauth, Heinz Illner, Karin Jung, Carola Ibrom, Thomas Kayser, Andrea Kindelberger, Martin Kirch, Klaus Klonig, Barbara Knopp, Dr. Winfried Kuhn, Sabine Ledebur, Birgit Merkle, Hubert Minges, Alfons Müller, Jürgen Müller, Uta Müller, Hans-Jochim Noll, Stefanie Ofer, Hauptgeschäftsstelle des Pfälzerwald-Vereins, Guido Pfalzer, Pollichia-Geschäftsstelle Neustadt, Walfried Schäfer, Dr. Thomas Schaub (PK e.V.), Timo Scherne, Dr. Armin Schlechter, Dr. Katharina Schneeberg, Dr. Christina Schubert, Dieter Schwarzmann, Martin Seebald, Jochen Stadler, Hanno Strufe, Dr. Ludger Tekampe, Dr. Ralf Wagner, Ralf Weber, Heike Wittmer, Judith Ziegler-Schwaab sowie Gabi Himmer für die mitunter abenteuerlichen Fototouren und meiner lieben Familie.

Im Februar 2022, Rolf Schlicher

IMPRESSUM

Bibliografische Informationen der Deutschen Bibliothek:
Die Deutsche Bibliothek verzeichnet diese Publikation in der Deutschen Nationalbibliografie: detaillierte bibliografische Daten sind im Internet über https://www.dnb.de abrufbar

1. Auflage 2022

ISBN: 978-3-946777-22-9

Autor: Rolf Schlicher

Druck:
Englram & Partner GmbH, Haßloch,
www.englram.de

Verlag und Gesamtherstellung:
Peregrinus GmbH,
Pilgerverlag, Speyer,
www.pilgerverlag.de